Before/After 相続法改正

潮見佳男 Yoshio Shiomi
窪田充見 Atsumi Kubota
中込一洋 Kazuhiro Nakagomi
増田勝久 Katsuhisa Masuda
水野紀子 Noriko Mizuno
山田攝子 Setsuko Yamada

編著

弘文堂

はしがき

　今般、民法をはじめとして、相続法全体を見直す法改正がされた。2018（平成30）年7月6日に成立した民法の一部改正法と「法務局における遺言書の保管等に関する法律」（遺言書保管法）は、同年7月13日に、それぞれ、平成30年法律第72号・73号として公布された。この改正のうち、遺言の方式緩和については、すでに2019（平成31）年1月13日に施行されており、他の改正部分も、原則的には2019（令和元）年7月1日、配偶者居住権・短期居住権関係は2020（令和2）年4月1日、遺言書保管法は同年7月10日に施行されることとなっている。

　この改正について、立案担当者による解説は、今年になって、堂薗幹一郎＝神吉康二編著『概説　改正相続法』（きんざい）と、堂薗幹一郎＝野口宣大編著『一問一答　新しい相続法』（商事法務）が刊行されている。また、この改正に直結する法制審議会民法（相続関係）部会の審議内容を条文ごとにまとめたものとして、中込一洋『実務解説　改正相続法』（弘文堂）が刊行されている（また、潮見佳男編『民法（相続法）改正法の概要』〔きんざい〕も、本書と同時期に刊行予定である）。

　ひるがえって、相続法の学習をする学生・院生や、相続法を自らの仕事や研究の場で用いる実務家・研究者らが、今回の相続法改正により、民法その他の関連法を用いたこれまでの事件処理が変わるのか、それとも変わらないのか、変わる場合にはどこがどのように変わるのか、改正前の民法の下での判例は、改正後もその意義が失われないのか、そもそも、個々の案件を処理するにあたり、改正後はどの条文を用いて処理をすればよいのかといった点に強い関心を抱くことは、想像するに難くない。

　こうしたニーズが見込まれる中で、本書は、改正の前後で相続法の解釈・適用にどのような違いが生じるのかを、簡単な **Case** を素材として、「改正前の相続法下での処理はどのようなものであったか」（【Before】）・「改正後の相続法の下での処理はどうなるのか」（【After】）に分けて解説するものである。本書の内容を改正法に対応する教科書・体系書等と併せて理解することにより、改正法に関する認識がいっそう深まることが期待できよう。また、改正前の民法に関して知見を有している読者にとっては、本書は、改正前の民法の下で有していた知見を改正後の民法その他の関連法の下へとスムーズに移行するための一助となるであろう。

　本書が成るにあたって、執筆に協力いただいた研究者・実務家の諸先生には、短期間で、すでに公刊されている文献・資料等を調査していただいたうえに、**Case** の作成から始まり、コンパクトな解説に至るまでの、非常に手間のかかる作業を引き受けていただいた。テーマによっては、手探りに近い状態で執筆するという困難な作業をお願いす

ることとなったものも少なくなかった。執筆者各位のご尽力に対しては、ただただ頭の下がる思いである。編者一同、心より御礼を申し上げる。

　本書の企画は、先般の債権法改正の際に『Before/After 民法改正』を企画して刊行した編者の1人である潮見が、弘文堂の北川陽子さんと懇談する中で持ち上がったものである。同書は、おかげさまで多くの読者の手元に置かれ、民法教育と学習、実務の現場、さらには研究の場面でも幅広く活用されている。今回の相続法の改正に関しても、同様に想定される多くの方々のニーズに応えてはどうかということを端緒とし、本書の編者の1人である中込一洋弁護士が細目についての素案を作成したうえで、今回の法改正に精通する窪田充見、増田勝久、水野紀子、山田攝子の各氏が編者として加わって、今般、1冊の書として刊行することができた次第である。この間、北川さんには、多くの執筆者とのやりとりを一手に引き受け、企画の遂行をしていただいた。この時期に本書を刊行することができたのも、ひとえにそのご尽力の賜物である。

　本書が世に出るに至った経緯は、以上である。編者一同、本書が学生・院生、実務家、研究者その他相続法に関心を寄せる、より多くの方々に広く活用されることを望むところである。

　　2019（令和元）年5月15日

編者を代表して
潮見佳男

編者
　　潮見佳男・窪田充見・中込一洋
　　増田勝久・水野紀子・山田攝子

●編者紹介

潮見佳男（しおみ・よしお）
　1959年生まれ。京都大学法学部卒。
　現在、京都大学大学院法学研究科教授。
　主著：『新債権総論Ⅰ・Ⅱ』（信山社・2017）、『詳解相続法』（弘文堂・2018）、『民法（全）〔第2版〕』（有斐閣・2019）

窪田充見（くぼた・あつみ）
　1960年生まれ。京都大学法学部卒。
　現在、神戸大学大学院法学研究科教授。
　主著：『過失相殺の法理』（有斐閣・1994）、『家族法―民法を学ぶ〔第3版〕』（有斐閣・2017）、『不法行為法―民法を学ぶ〔第2版〕』（有斐閣・2018）

中込一洋（なかごみ・かずひろ）
　1965年生まれ。法政大学法学部卒。
　現在、弁護士（司綜合法律事務所）。
　主著：『実務解説改正相続法』（弘文堂・2019）、『ケースでわかる改正相続法』（共著、弘文堂・2018）、『Before/After 民法改正』（共編著、弘文堂・2017）

増田勝久（ますだ・かつひさ）
　1958年生まれ。京都大学法学部卒。
　現在、弁護士（増田・飯田法律事務所）。
　主著：日本弁護士連合会編『Q＆A改正相続法のポイント』（分担執筆、新日本法規・2018）、『家事事件手続法』（共著、有斐閣・2014）、『Q＆A家事事件手続法と弁護士業務』（編著、日本加除出版・2012）

水野紀子（みずの・のりこ）
　1955年生まれ。東京大学法学部卒。
　現在、東北大学大学院法学研究科教授。
　主著：『信託の理論と現代的展開』（編、商事法務・2014）、『財産管理の理論と実務』（共編、日本加除出版・2015）、『相続法の立法的課題』（編、有斐閣・2016）

山田攝子（やまだ・せつこ）
　1954年生まれ。早稲田大学法学部卒。
　現在、弁護士（山田法律事務所）。
　主著：日本弁護士連合会編『Q＆A改正相続法のポイント』（分担執筆、新日本法規・2018）、『家事事件手続モデル書式・文例集』（分担執筆、新日本法規・2014）、『面会交流と養育費の実務と展望〔第2版〕』（共著、日本加除出版・2017）

●執筆者一覧（五十音順・敬称略）　＊編著者

安部　将規	（あべ・まさき）	弁護士（アイマン総合法律事務所）
阿部　裕介	（あべ・ゆうすけ）	東京大学大学院法学政治学研究科准教授
岩田真由美	（いわた・まゆみ）	弁護士（岩田総合法律事務所）
浦野由紀子	（うらの・ゆきこ）	神戸大学大学院法学研究科教授
奥田かつ枝	（おくだ・かつえ）	不動産鑑定士（株式会社緒方不動産鑑定事務所取締役）
角田　智美	（かくた・ともみ）	弁護士（中島・彦坂・久保内法律事務所）
加藤　祐司	（かとう・ゆうじ）	弁護士（加藤祐司法律事務所）
金澄　道子	（かなずみ・みちこ）	弁護士（金澄道子法律事務所）
川　　淳一	（かわ・じゅんいち）	成城大学法学部教授
木村真理子	（きむら・まりこ）	弁護士（ときわ法律事務所）
窪田　充見＊	（くぼた・あつみ）	神戸大学大学院法学研究科教授
潮見　佳男＊	（しおみ・よしお）	京都大学大学院法学研究科教授
冷水登紀代	（しみず・ときよ）	甲南大学共通教育センター教授
白須真理子	（しらす・まりこ）	関西大学法学部准教授
水津　太郎	（すいづ・たろう）	東京大学大学院法学政治学研究科教授
全　　未来	（ぜん・みらい）	弁護士
田髙　寬貴	（ただか・ひろたか）	慶應義塾大学法学部教授
田中　智晴	（たなか・ともはる）	弁護士（弁護士法人経営創輝）
鳥山　泰志	（とりやま・やすし）	東北大学大学院法学研究科教授
中込　一洋＊	（なかごみ・かずひろ）	弁護士（司綜合法律事務所）
西　希代子	（にし・きよこ）	慶應義塾大学大学院法務研究科教授
幡野　弘樹	（はたの・ひろき）	立教大学法学部教授
羽生　香織	（はぶ・かおり）	上智大学法学部教授
前田　昌代	（まえだ・まさよ）	弁護士（やつき法律事務所）
巻淵眞理子	（まきふち・まりこ）	弁護士（巻淵秀夫法律事務所）
増田　勝久＊	（ますだ・かつひさ）	弁護士（増田・飯島法律事務所）
松久　和彦	（まつひさ・かずひこ）	近畿大学法学部教授
松本　智子	（まつもと・ともこ）	弁護士（久保井総合法律事務所）
水野　紀子＊	（みずの・のりこ）	白鷗大学法学部教授
宮本　誠子	（みやもと・さきこ）	金沢大学人間社会研究域法学系准教授
山田　攝子＊	（やまだ・せつこ）	弁護士（山田法律事務所）

contents

はしがき……… i 目次……… v
編者紹介……… iii 凡例……… xi
執筆者一覧……… iv

第1章　相続の効力　　　　　　　　　　　　2

Ⅰ　相続による権利の承継………2
1　不動産に関する権利の承継と対抗要件　　水津太郎………2
2　動産に関する権利の承継と対抗要件　　　水津太郎………4
3　債権の承継と対抗要件　　　　　　　　　水津太郎………6
4　「相続させる」旨の遺言に与える影響　　水津太郎………8

Ⅱ　義務の承継………10
5　債権者の権利の行使に関する原則　　　　　　　　　　水津太郎………10
6　指定相続分に応じた債務の承継についての債権者の承認　水津太郎………12

Ⅲ　持戻し免除の推定………14
7　居住用不動産の贈与等と特別受益の持戻し　　　　浦野由紀子……14
8　居住用不動産以外の財産の贈与等と特別受益の持戻し　浦野由紀子……16

Ⅳ　分割前の財産処分………18
9　遺産分割前に無断で払い戻された預貯金の遺産性　浦野由紀子……18
10　無断の払戻し預貯金を遺産とすることの同意　　　浦野由紀子……20
11　無断の払戻し預貯金を同意により遺産とした場合　浦野由紀子……22
12　無断で払い戻した者以外の相続人が同意しない場合　浦野由紀子……24

Ⅴ　一部分割………26
13　一部の遺産分割の調停申立て　　　　　田中智晴………26
14　一部の遺産分割を禁ずる遺言　　　　　田中智晴………28
15　価値の乏しい不動産と一部分割の可否　田中智晴………30
16　特別受益・寄与分と一部分割の可否　　田中智晴………32

VI　分割前の預貯金債権行使……………34

 17　遺産分割前に預貯金の払戻しが認められる場合　　松本智子………34
 18　複数金融機関の預貯金を払い戻せる場合　　　　　　松本智子………36
 19　預貯金の払戻し可否の判断基準　　　　　　　　　　松本智子………38

VII　家事事件手続法の一部改正……………40

 20　預貯金債権の仮分割の仮処分が認められる場合　　　松本智子………40
 21　複数金融機関の預貯金と仮分割の仮処分　　　　　　松本智子………42

第2章　遺　言　　　　　　　　　　　　　　44

I　自筆証書遺言の方式緩和……………44

 22　自筆証書遺言の作成の方式　　　　　　　　　　　　増田勝久………44
 23　自筆証書遺言の変更の方式　　　　　　　　　　　　増田勝久………46

II　遺贈の担保責任……………48

 24　遺贈義務者の引渡義務と別段の意思表示　　　　　　窪田充見………48
 25　第三者の権利の目的とされている目的物の遺贈　　　窪田充見………50

III　遺言執行者の権限……………52

 26　遺言執行者の一般的な権限　　　　　　　　　　　　幡野弘樹………52
 27　遺言執行者の当事者適格　　　　　　　　　　　　　幡野弘樹………54
 28　遺言執行者による特定遺贈の実現　　　　　　　　　幡野弘樹………56
 29　遺言執行者による特定財産承継遺言の実現　　　　　白須真理子………58
 30　特定財産承継遺言における預貯金の特例　　　　　　安部将規………60
 31　特定承継遺言と預貯金以外の金融商品等　　　　　　安部将規………62
 32　遺言執行者の行為の効果　　　　　　　　　　　　　安部将規………64
 33　遺言執行者と相続人との利益相反　　　　　　　　　安部将規………66
 34　遺言執行者の復任権　　　　　　　　　　　　　　　安部将規………68

IV　遺言執行と相続人の行為……………70

 35　相続人による遺言執行の妨害　　　　　　　　　　　白須真理子……70

	36	相続人の債権者による遺言執行の妨害	白須真理子……72
	37	相続債権者による遺言執行の妨害	白須真理子……74

V　遺言の撤回…………76

	38	遺言の撤回	窪田充見………76

第3章　配偶者の居住の権利　　　　　　78

I　配偶者居住権…………78

	39	配偶者居住権の意義	中込一洋………78
	40	死因処分による配偶者居住権の設定	阿部裕介……80
	41	一部使用と配偶者居住権の成立範囲	阿部裕介……82
	42	遺産分割協議による配偶者居住権の成立	阿部裕介……84
	43	被相続人と第三者による居住建物の共有	阿部裕介……86
	44	居住建物の配偶者による取得と配偶者居住権	阿部裕介……88
	45	配偶者居住権の遺贈とその後の遺産分割	阿部裕介……90
	46	遺産分割審判による配偶者居住権の取得	中込一洋………92
	47	配偶者居住権の存続期間	田髙寛貴……94
	48	配偶者居住権に関する登記請求権	田髙寛貴……96
	49	配偶者居住権の第三者対抗要件	田髙寛貴……98
	50	配偶者居住権に基づく妨害排除請求	中込一洋……100
	51	従前使用していなかった部分と配偶者居住権	全　未来……102
	52	配偶者居住権の譲渡禁止	全　未来……104
	53	配偶者による居住建物の増改築等と承諾	全　未来……106
	54	義務違反等による配偶者居住権の消滅請求	岩田真由美……108
	55	配偶者居住権と建物の修繕等	角田智美……110
	56	配偶者居住権と費用の負担	角田智美……112
	57	配偶者居住権の消滅と建物返還等	鳥山泰志……114
	58	配偶者居住権の消滅と附属物収去等	岩田真由美……116
	59	配偶者居住権の消滅と原状回復義務	岩田真由美……118
	60	配偶者居住権の消滅と損害賠償請求等	角田智美……120
	61	配偶者の死亡と配偶者居住権	鳥山泰志……122
	62	期間満了等と配偶者居住権	鳥山泰志……124
	63	第三者による使用の承諾と配偶者居住権	鳥山泰志……126
	64	第三者による使用と配偶者居住権の合意消滅	鳥山泰志……128
	65	配偶者居住権の財産価値の評価１	奥田かつ枝……130
	66	配偶者居住権の財産価値の評価２	奥田かつ枝……132

II 配偶者短期居住権……………134

- 67 一部使用と配偶者短期居住権の成立範囲　　　　　　前田昌代……134
- 68 配偶者居住権の取得等と配偶者短期居住権の成立　　前田昌代……136
- 69 遺産分割未了状態の継続と配偶者短期居住権　　　　中込一洋……138
- 70 第三者への居住建物の遺贈等と配偶者短期居住権　　前田昌代……140
- 71 居住建物取得者による居住建物の譲渡等の禁止　　　前田昌代……142
- 72 居住建物取得者による配偶者短期居住権の消滅請求　木村真理子……144
- 73 従前使用していなかった部分と配偶者短期居住権　　全　未来……146
- 74 第三者による使用・収益と配偶者短期居住権　　　　全　未来……148
- 75 第三者による使用の承諾と配偶者短期居住権　　　　岩田真由美……150
- 76 配偶者居住権の取得等と配偶者短期居住権の消滅　　木村真理子……152
- 77 配偶者短期居住権の消滅と建物返還等　　　　　　　中込一洋……154
- 78 配偶者短期居住権の消滅と附属物収去等　　　　　　岩田真由美……156
- 79 配偶者短期居住権の消滅と原状回復義務　　　　　　岩田真由美……158
- 80 配偶者の死亡と配偶者短期居住権　　　　　　　　　木村真理子……160
- 81 配偶者短期居住権の消滅と損害賠償請求等　　　　　角田智美……162
- 82 配偶者短期居住権の譲渡禁止　　　　　　　　　　　全　未来……164
- 83 配偶者短期居住権と建物の修繕等　　　　　　　　　角田智美……166
- 84 配偶者短期居住権と費用負担　　　　　　　　　　　角田智美……168
- 85 配偶者短期居住権の明文化と内縁の配偶者　　　　　水野紀子……170
- 86 配偶者短期居住権の明文化と配偶者以外の相続人　　水野紀子……172

第4章　遺留分制度　　　　　　　　　　　　　　174

I 遺留分制度……………174

- 87 遺留分の帰属およびその割合　　　　　　　　　　　川　淳一……174
- 88 遺留分を算定するための財産の価額　　　　　　　　川　淳一……176
- 89 遺留分の算定対象となる贈与の範囲　　　　　　　　西　希代子……178
- 90 負担付贈与と遺留分　　　　　　　　　　　　　　　西　希代子……180
- 91 不相当な対価による有償行為と遺留分　　　　　　　西　希代子……182
- 92 相続分の指定と遺留分侵害額請求権　　　　　　　　潮見佳男……184
- 93 相続分の譲渡と遺留分侵害額請求権　　　　　　　　潮見佳男……186
- 94 遺留分が金銭債権化されたことの影響　　　　　　　加藤祐司……188
- 95 遺産分割されていない場合の遺留分侵害額の請求　　加藤祐司……190
- 96 遺産分割が成立している場合の遺留分侵害額の請求　加藤祐司……192
- 97 遺留分侵害額の計算方法　　　　　　　　　　　　　加藤祐司……194

98	受遺者と受贈者がいる場合の遺留分負担額	巻淵眞理子	196
99	複数人に同時に贈与した場合の遺留分負担額	巻淵眞理子	198
100	複数人に異時に贈与した場合の遺留分負担額	巻淵眞理子	200
101	転々と譲渡された場合の遺留分負担額	巻淵眞理子	202
102	負担付贈与等と遺留分負担額	宮本誠子	204
103	受遺者等の行為による債務消滅と遺留分負担額	宮本誠子	206
104	受遺者等の無資力と遺留分負担額	宮本誠子	208
105	遺留分侵害額の支払に関する期限の許与	宮本誠子	210
106	遺留分侵害額請求権の期間制限等	宮本誠子	212

第5章 特別の寄与　　　　　　　　　　　214

I　相続人以外の者の貢献……………214

107	特別寄与料の請求が認められる要件	羽生香織	214
108	特別寄与料の請求と寄与分審判の関係	羽生香織	216
109	被相続人の親族による特別の寄与	羽生香織	218
110	相続人の履行補助者としての寄与分との関係	松久和彦	220
111	内縁の配偶者による特別の寄与	松久和彦	222
112	特別寄与料の額を定める審判の判断要素	金澄道子	224
113	特別寄与料の額の上限	金澄道子	226
114	相続人が複数いる場合の特別寄与料の負担額	金澄道子	228

II　家事事件手続法の一部改正……………230

115	特別の寄与に関する審判事件の手続	金澄道子	230

第6章 遺言書保管法　　　　　　　　　　232

I　自筆証書遺言の保管制度……………232

116	法務局における遺言書の保管制度	冷水登紀代	232
117	遺言書の保管の申請等	冷水登紀代	234
118	遺言書の保管の申請の撤回等	冷水登紀代	236
119	遺言書情報証明書・遺言書保管事実証明書の交付等	山田攝子	238
120	遺言書の検認の適用除外	山田攝子	240
121	遺言書の保管に要する手数料等	山田攝子	242

事項索引……………244
判例索引……………248
条文索引……………250

凡　　例

1　本書は、121 の設例（**Case**）について、各設例を見開き 2 頁で、「旧法での処理はどうだったか」（【**Before**】）、「新法での処理はどうなるか」（【**After**】）の順序で解説を行っている。

2　法令は、2019 年 5 月 1 日現在による。ただし、本書の解説（【**After**】）においては、「民法及び家事事件手続法の一部を改正する法律」（平成 30 年法律第 72 号。本書では、「相続法改正法」という）の一部、および「民法の一部を改正する法律」（平成 29 年法律第 44 号。本書では、「債権法改正法」という）の施行日前であるが、改正を反映して解説した。

　なお、相続法改正法の施行は、多くのもの（遺産分割等の見直し、遺言執行者の権限の見直し、相続の効力と対抗要件制度の見直し、遺留分制度の見直し、特別寄与料の制度）は 2019 年 7 月 1 日からと定められた。自筆証書遺言の方式緩和については同年 1 月 13 日から施行されている。配偶者居住権・配偶者短期居住権については 2020 年 4 月 1 日から、法務局遺言書保管法については同年 7 月 10 日から施行される（平成 30 年政令第 316 号・317 号）。

　債権法改正法の施行は、一部の規定を除き、2020 年 4 月 1 日と定められている（平成 29 年政令第 309 号）。

3　判例の引用については、大方の慣例に従った。引用中の〔　〕は、項目担当執筆者が補った注記である。判例集等を略語で引用する場合には、以下の例による。

　　　民録　　大審院民事判決録
　　　民集　　最高裁判所（大審院）民事判例集
　　　集民　　最高裁判所裁判集民事
　　　高民集　高等裁判所民事判例集
　　　下民集　下級裁判所民事判例集
　　　家月　　家裁月報
　　　判時　　判例時報
　　　判タ　　判例タイムズ
　　　金法　　金融法務事情

4　法令についての表記は、以下の例によるほか、慣例に従った。ただし、民法・家事事件手続法については、相続法改正・債権法改正前の条文を「旧法」と表記し、相続法改正・債権法改正後の条文を「新法」と表記した。改正がなかった条文については、「新」「旧」をつけていない。

不登　　不動産登記法
　　　借地借家　　借地借家法
　　　区分所有　　建物の区分所有等に関する法律
　　　遺言書保管法　　法務局における遺言書の保管等に関する法律
　　　家事　　家事事件手続法
5　以下の文献引用については、略称を用いた。
　　　部会資料1～26　　法制審議会民法（相続関係）部会資料1から26-2まで（いずれも法務省のウェブサイトで公表されている）
　　　第1回～第26回会議議事録　　法制審議会民法（相続関係）部会第1回から第26回までの議事録（いずれも法務省のウェブサイトで公表されている）
　　　中間試案　　『民法（相続関係）等の改正に関する中間試案』別冊NBL157号（商事法務・2016）
　　　中間試案補足説明　　「民法（相続関係）等の改正に関する中間試案の補足説明」（法務省のウェブサイトで公表されている）
　　　一問一答　　堂薗幹一郎＝野口宣大編著『一問一答　新しい相続法』（商事法務・2019）
　　　新版注釈民法　　『新版注釈民法（1）〜（28）』（有斐閣・1988〜2015）
　　　我妻・有泉　　我妻榮＝有泉亨＝清水誠＝田山輝明『我妻・有泉コンメンタール民法　総則・物権・債権〔第2版追補版〕』（日本評論社・2010）
　　　潮見　　潮見佳男『詳解相続法』（弘文堂・2018）

Before/After 相続法改正

相続の効力

遺　　言

配偶者の居住の権利

遺留分制度

特別の寄与

遺言書保管法

第1章 相続の効力

I……相続による権利の承継❶

1 不動産に関する権利の承継と対抗要件

Case

Aが死亡した。Aの相続人は、その子BとCである。Aの遺産には、甲土地があった。Cは、甲について、相続を原因としてAからCへとその所有権が移転した旨の登記を備え、Dに対し、甲を譲渡した。以下の場合、Bは、登記をしないで、権利の取得をDに対抗することができるか。

(1) Aは、Bの相続分を4分の3とし、Cの相続分を4分の1とする遺言をしていた。
(2) Aは、甲をBに相続させる旨の遺言をしていた。
(3) CがDに甲を譲渡したのは、Bが甲を取得する旨の遺産分割協議をした後であった。
(4) CがDに甲を譲渡したのは、Cが相続放棄をした後であった。

【Before】

判例によれば、登記を要する物権変動（177条）には、すべての不動産物権変動が含まれる（①大連判明41・12・15民録14-1301）。他方、同条の「第三者」は、正当な利益を有する第三者に制限され（②大連判明41・12・15民録14-1276）、無権利者を含まない。

この考え方によれば、相続による甲土地の承継にも、登記を要することとなる。もっとも、Bの法定相続分に応じた部分については、Cは無権利者であり、登記に公信力がない結果、譲受人Dも無権利者となる。したがって、Dは、この限りで、同条の「第三者」にあたらない。そのため、Bは、法定相続分に応じた部分については、登記をしないで、権利の取得をDに対抗することができる（③最判昭38・2・22民集17-1-235）。

(1)では、Aは、遺言によりBの相続分を4分の3と指定している。指定相続分も、法定相続分と同じように扱われる（④最判平5・7・19家月46-5-23）。そのため、Bは、指定相続分に応じた部分については、登記をしないで、権利の取得をDに対抗することができる。また、(2)では、甲をBに相続させる旨の遺言は、特段の事情がない限り、遺産分割方法を指定したものであり、この場合には、甲は、Aが死亡した時に、直ちに相続によりAからBへと承継される（→ Case 4）。これによる権利の取得は、法定相続分または指定相続分に応じた権利の取得と異ならない（⑤最判平14・6・10家月55-1-

77）。そのため、Bは、法定相続分を超える部分についても、登記をしないで、権利の取得をDに対抗することができる。

(3)では、遺産分割の効力は、相続開始時に遡って生じる（909条本文）。分割後の第三者Dは、同条ただし書の「第三者」にあたらない。もっとも、Bは、Dとの関係では、遺産分割時にCからその共有持分の譲渡を受けたものと構成される（移転主義的構成）。そのため、Bは、法定相続分を超える部分については（③判決参照）、登記をしなければ、権利の取得を分割後の第三者Dに対抗することができない（⑥最判昭46・1・26民集25-1-90）。他方、(4)では、Cは、相続放棄により、相続開始時に遡って相続人とならなかったこととなる（939条）。この効力は、絶対的なものである。そのため、Bは、法定相続分を超える部分についても、登記をしないで、権利の取得をDに対抗することができる（⑦最判昭42・1・20民集21-1-16）。

【After】
　新法によれば、「相続による権利の承継」は、遺産分割によるものかどうかにかかわらず、「〔法定〕相続分を超える部分」については、登記その他の対抗要件を備えなければ、「第三者」に対抗することができない（899条の2〔以下、「本条」とする〕第1項）。
　本条1項と177条との関係について、「相続による権利の承継」には、そもそも177条は適用されないと説明するものがある。しかし、この説明は、①判決と整合しない。①判決を前提とすれば、本条1項は、不動産物権以外の権利を含む、「相続による権利の承継」を包括的に規律する点で、177条の特則にあたるとみるべきであろう。
　本条1項は、③判決を維持する一方で、④判決と⑤判決を変更するものである。このことは、「〔法定〕相続分を超える部分」については、登記をしなければ、第三者に対抗することができないという文言にあらわれている。Bは、(1)や(2)の遺言がされたときでも、法定相続分を超える部分については、登記をしなければ、権利の取得を第三者Dに対抗することができない。④判決と⑤判決によると、遺言の有無や内容を知る手段をもたない相続債権者や被相続人の債務者（→ Case 3）に不測の損害が生じたり、権利と公示との不一致が生じる場面が増えたりするなどとされている（一問一答160頁）。
　本条1項は、⑥判決と⑦判決の結論を変更するものではない。もっとも、本条1項によれば、(3)において、Bに登記が求められるのは、⑥判決とは異なり、遺産分割により、相続開始時にBがAから法定相続分を超える部分を承継した（宣言主義的構成）からであるとされることとなろう（部会資料17・7頁参照）。本条1項は、「遺産の分割」を(1)や(2)の遺言と同様に、「相続による権利の承継」と位置づけているからである。他方、(4)において、Bに登記が求められないのは、Cの相続放棄の遡及効が絶対的に生じるため、BがAから単独で甲を相続したものと扱われるからであると考えられる。

［水津太郎］

I……相続による権利の承継❷

2
動産に関する権利の承継と対抗要件

Case
　Aが死亡した。Aの相続人は、その子BとCである。Aの遺産には、絵画（甲）があった。Aは、甲をBに相続させる旨の遺言をしていた。Cは、Dに対し、甲の共有持分2分の1を譲渡した。Aが死亡した時、甲は、それぞれ次の状況にあった。以下の場合、Bは、引渡しを受けないで、権利の取得をDに対抗することができるか。
　(1)　AがBに対し、甲を預けていた。
　(2)　AがEに対し、甲を預けていた。
　(3)　AがCに対し、甲を預けていた。
　(4)　甲は、Aのところにあった。

【Before】
　178条によれば、引渡しを要する動産物権変動は、「譲渡」に限られる。相続を原因とする動産物権の承継は、「譲渡」にあたらないため、同条は適用されない。この扱いは、一般に、被相続人の占有が相続開始時に相続人へと承継される（最判昭 44・10・30 民集 23-10-1881）以上、引渡しを問題とする必要はないからであると説明されている。
　遺産分割協議については、共同相続人は、第三者との関係では、遺産分割時にそれぞれの共有持分を譲渡するものと構成される（→ Case 1 (3)）。そのため、遺産分割協議がされたときは、178条が適用され、法定相続分を超える部分については、引渡しを受けなければ、権利の取得を分割後の第三者に対抗することができない。
　Case において、絵画（甲）をBに相続させる旨の遺言は、特段の事情がない限り、遺産分割方法を指定したものであり、この場合には、甲は、Aが死亡した時に、直ちに相続によりAからBへと承継される（→ Case 4）。Bは、法定相続分を超える部分についても、引渡しを受けないで、権利の取得をDに対抗することができる。上記の説明によれば、その理由は、Aが死亡した時に、Bが相続によりその占有を承継するため、引渡しを問題とする必要はないからであるとされることとなる。

【After】
　新法によれば、相続による動産物権の承継は、法定相続分を超える部分については、

引渡しを受けなければ、第三者に対抗することができない（899条の2〔以下、「本条」とする〕第1項・178条）。これにより、相続分の指定または遺産分割方法の指定としての相続させる旨の遺言がされたときの扱いが、変更された。また、遺産分割協議がされたときも、「相続による権利の承継」が生じたものとして、178条ではなく、本条が適用される（以上について、→ Case 1 (1)～(3)）。

Caseでは、Bは、法定相続分を超える部分については、引渡しを受けなければ、第三者である持分の譲受人Dに権利の取得を対抗することができない。動産物権譲渡における譲渡人に相当する者は、Aの地位を包括的に承継した共同相続人全員B・Cであり、譲受人に相当する者は、Bであるとされる。そして、前者の側は、対抗要件を備えるために必要な行為を、全員でしなければならない（本条2項を参照）。

そうすると、(1)では、Bは、簡易の引渡しについて、Cの同意を得なければならない。(2)において、Bが指図による占有移転を受けるためには、Cの同意を得るとともに、Cと共同で、Eに対し、以後Bのために占有することを命じる必要がある。(3)では、Bは、Cから同意を得て、現実の引渡しまたは占有改定の方法による引渡しを受けることとなる。(4)において、Bが現実の引渡しを受けるためには、Cの同意を得たうえで、絵画（甲）の所持を取得する必要がある。このように、引渡しにより対抗要件を備えるためには、登記の共同申請主義（不登60条）や債権譲渡の通知（467条2項）と同様に、引渡しをすることによって直接不利益を受ける者、ここではCの協力が求められる。

もっとも、Cは、Bに対し、対抗要件具備義務を負わないとされている。そして、Bが対抗要件を備えるためにCが任意に協力することは、期待することができない。そこで、相続により債権を承継したときは、Bは、本条2項により、単独で通知をすることができることとなった（→ Case 3）。また、相続により不動産物権を承継したときは、Bは、単独で登記を申請することができる（不登63条2項）。これに対し、相続による動産物権の承継については、遺言執行者があるとき（1014条2項）を除いて、何らの措置も講じられていない。解釈論としては、次の対処が考えられよう。

第1は、Aが死亡した時に、相続によりAからBへと占有が観念的に承継されるため、引渡しを問題とする必要はないとする構成である（→【Before】）。しかし、このような占有の承継には、公示作用がまったくない。そのため、これをもって引渡しがされたのと同じであると評価するのは、適切でないと考えられる。

第2は、AからBへと直接引渡しがされるとする構成である（これについては、佐久間毅『民法の基礎2〔第2版〕』139頁参照）。この構成によると、(3)では、Bは、Cを占有代理人として、Aから指図による占有移転を受けることができる。指図による占有移転については、本条2項の類推適用により、またはその法意に照らし、Bが単独で指図をすることができるとすべきである。

[水津太郎]

I……相続による権利の承継❸

3 債権の承継と対抗要件

Case

Aが死亡した。Aの相続人は、その子BとCである。Aの遺産には、Dに対する2,000万円の貸金債権があった。Aは、Bの相続分を4分の3とし、Cの相続分を4分の1とする遺言をしていた。以下の場合、Bは、対抗要件を備えずに、権利の取得をDまたはEに対抗することができるか。
(1) Bは、Dに対し、1,500万円の支払を求めた。
(2) Cに対して1,100万円の貸金債権を有するEは、Cが相続により1,000万円の貸金債権を取得したとして、これを差し押さえた。

【Before】

467条は、債権の「譲渡」の対抗要件を定めている。譲渡とは、移転的承継のうち、意思に基づくものをいう。相続を原因とする債権の承継は、「譲渡」にあたらないため、同条は適用されない（遺贈については、→ Case 4）。他方、相続分の指定または遺産分割方法の指定としての相続させる旨の遺言については、相続を原因とする債権の承継について意思表示が介在するため、同条に準じて扱うことも考えられる。この考え方によったとしても、それらの遺言がされたときは、法定相続分を超える部分についても、同条の対抗要件を備えずに、債務者または債務者以外の第三者（以下、たんに「第三者」とする）に対抗することができる（→ Case 1 (1)・(2)）。

遺産分割協議については、共同相続人は、債務者または第三者との関係では、遺産分割時にそれぞれの共有持分を譲渡するものと構成される（→ Case 1 (3)）。そのため、遺産分割協議がされたときは、467条が適用され、法定相続分を超える部分については、同条の対抗要件を備えなければ、分割後に債務者に権利を行使し、または分割後の第三者に権利の取得を対抗することができない（最判昭48・11・22金法708-31参照）。

可分債権は、「その相続分に応じて」、共同相続人が分割承継する（最判昭29・4・8民集8-4-819）。ここでの「相続分」が指定相続分であるとすると、Caseでは、Aが死亡した時に、Bは1,500万円の貸金債権を承継し、Cは500万円の貸金債権を承継する。そして、(1)では、Bは、債務者対抗要件を備えずに、1,500万円の貸金債権の承継をDに対抗することができる。そのため、DがCに対し、1,000万円を支払ったとしても、

478条の要件を充たさない限り、Dは、Bに対し、1,000万円ではなく、1,500万円を支払わなければならない。また、(2)では、Bは、第三者対抗要件を備えずに、1,500万円の貸金債権の承継をEに対抗することができる。

【After】

　新法によれば、相続による債権の承継は、法定相続分を超える部分については、対抗要件を備えなければ、債務者または第三者に対抗することができない（899条の2〔以下、「本条」とする〕第1項は、このように理解される）。これにより、相続分の指定または遺産分割方法の指定としての相続させる旨の遺言がされたときの扱いが、変更された。また、遺産分割協議がされたときも、「相続による権利の承継」が生じたものとして、467条ではなく、本条が適用される（以上について、→ Case 1 (1)～(3)）。

　Case (1)では、Bは、法定相続分を超える500万円については、債務者対抗要件を備えなければ、権利の取得を債務者Dに対抗することができない。債権譲渡における譲渡人に相当する者は、Aの地位を包括的に承継した共同相続人全員B・Cであり、譲受人に相当する者は、Bであるとされる（一問一答167頁注1）。したがって、債務者対抗要件を備えるためには、①BとCが共同で（または遺言執行者が）、Dに対して通知をするか、②Dが承諾をすることとなる（本条1項・467条1項）。もっとも、Cは、Bに対し、対抗要件具備義務を負わない。そして、Bが対抗要件を備えるためにCが任意に協力することは、期待することができない。そこで、本条2項は、Bが単独で通知をすることができるとする特則を設けている。すなわち、③Bが、債権にかかる「遺言の内容」を「明らかにして」、Dに通知をしたときは、①の通知がされたものとみなされる。遺言の内容を明らかにするためには、CがDに対し、遺言書を交付することは必要でなく、遺言書の原本を提示し、Dの求めに応じて、債権にかかる部分についての写しを交付することでもよいとされる。他方、遺言書の写しを提示するときは、その写しは、同一内容の原本が存在することについて疑義を生じさせない客観性のある書面であることが求められる（具体的には、一問一答168頁）。この扱いは、虚偽の通知の防止と、相続人のプライバシーの保護とのバランスをとったものである。

　(2)では、Bは、法定相続分を超える500万円については、第三者対抗要件を備えなければ、第三者である差押債権者Eに権利の取得を対抗することができない。第三者対抗要件を備えるためには、①、②または③を、確定日付のある証書によってしなければならない（本条1項・467条2項）。BとEとの間の優劣は、承継通知の到達時または承継の承諾時と、差押通知の送達時との先後によって定まる。もっとも、③において、確定日付のある証書による通知の到達時よりも、遺言の内容が明らかになった時が後れるときは、後者が基準時となるとされている。

〔水津太郎〕

I……相続による権利の承継❹

4 「相続させる」旨の遺言に与える影響

Case

Aが死亡した。Aの相続人は、その子BとCである。Aの遺産には、甲土地や普通預金（乙）があった。
(1) Aは、甲をBに相続させる旨の遺言をしていた。
(2) Aは、乙をCに相続させる旨の遺言をしていた。

【Before】

　遺言の実務において、特定の遺産を特定の相続人に「相続させる」旨の遺言（以下、「相続させる旨の遺言」とする）がされるようになった。この遺言は、特定遺贈（旧964条）であるとも、遺産分割方法の指定（908条）であるとも考えられる。**Case**(1)では、そのどちらかにより、次のような違いが生じる。①特定遺贈であるとすると、甲土地は、遺言の効力発生と同時に、直接Bへと移転する（大判大5・11・8民録22-2078）。他方、遺産分割方法の指定であるとすると、従来の一般的な考え方によれば、遺産分割がされるまでは、甲は、遺産共有の状態になる。また、②特定遺贈であるとすると、受遺者Bは、遺贈を原因とする所有権移転登記手続を、Cとの共同で申請しなければならない（不登60条）。これに対し、遺産分割方法の指定であるとすると、受益相続人Bは、相続を原因とする所有権移転登記手続を、単独で申請することができる（不登63条2項）。さらに、③登記原因が遺贈であるときと、相続であるときとでは、後者のほうが前者よりも、登録免許税の税率が低かった。この状況の下では、甲を直接Bへと移転させる（①）ためには、特定遺贈とみるべきである一方、Bに相続を原因とする登記手続をさせる（②・③）ためには、遺産分割方法の指定とみるべきであることとなる。

　この問題について、最判平3・4・19民集45-4-477は、第3の考え方を示した。一方で、相続させる旨の遺言は、特段の事情がない限り、特定遺贈ではなく、遺産分割方法の指定であると捉えられる。他方で、この遺言がされたときは、特段の事情がない限り、「何らの行為を要せずして、被相続人の死亡の時（遺言の効力の生じた時）に直ちに当該遺産が当該相続人に相続により承継される」。つまり、相続させる旨の遺言とは、相続を原因とする権利の承継について、特定遺贈の効果をもたらすものである。これにより、①については、遺産分割方法の指定としての相続させる旨の遺言と特定遺贈とでは、違

いがなくなった。また、③についても、平成15年の登録免許税法改正により、登録免許税の税率が同一とされた。

　これに対し、権利の承継の対抗要件については、違いが残っていた。すなわち、④特定遺贈がされたときは、Bは、法定相続分を超える部分については（→ Case 1 ③判決）、登記をしなければ、権利の取得を第三者に対抗することができない（最判昭39・3・6民集18-3-437）。これに対し、遺産分割方法の指定としての相続させる旨の遺言がされたときは、Bは、法定相続分を超える部分についても、登記をしないで、権利の取得を第三者に対抗することができる（→ Case 1 ⑤判決）。つまり、旧法の下では、遺産分割方法の指定としての相続させる旨の遺言と特定遺贈との主な違いは、②登記の申請手続と、④権利の承継の対抗要件にあった。

【After】

　遺産分割方法の指定には、ⓐ遺産分割の方式を指定するものと、ⓑ遺産分割により特定の遺産を特定の相続人に取得させることを指定するものとがある。遺産分割方法の指定としての相続させる旨の遺言は、ⓑに属する。そこで、新法は、この遺言に、「特定財産承継遺言」という新たな用語（一問一答117頁注2）をあてている（1014条2項）。

　新法は、相続による権利の承継の対抗要件について、899条の2を新設した（→ Case 1）。同条によれば、特定財産承継遺言がされたときでも、Bは、法定相続分を超える部分については、登記その他の対抗要件を備えなければ、権利の取得を第三者に対抗することができない。これにより、④権利の承継の対抗要件については、特定財産承継遺言と特定遺贈との違いはなくなった。

　同条の「相続による権利の承継」には、遺贈を原因とする権利の承継は含まれない。そのため、特定遺贈による権利の承継の対抗要件については、従来どおり、177条・178条・467条等が適用される。そうすると、Case (2)において、Cが債権の承継について、債務者または第三者に対する対抗要件を備えるための方法が問題となる。Aの遺言が特定財産承継遺言であるとすると、Cは、899条の2第2項の特則により、単独で通知をすることができる（→ Case 3）。これに対し、特定遺贈であるとすると、467条が適用されるため、Cは、単独では通知をすることができない（最判昭49・4・26民集28-3-540参照）。つまり、新法の規定によれば、特定財産承継遺言と特定遺贈とで、⑤債権の承継に関する通知の方法が異なることとなる（特定遺贈について、899条の2第2項の類推適用を認めるものとして、潮見495頁注33）。

　他方、②登記の申請手続について、特定遺贈についても、特定財産承継遺言と同様に、単独申請を認めるべきではないかが検討されている。もっとも、ここでも、特定遺贈については、共同申請を維持すべきであるという方向がとられている（「登記制度・土地所有権の在り方等に関する研究会最終報告書」28頁）。　　　　　　　　　　［水津太郎］

II……義務の承継❶

5 債権者の権利の行使に関する原則

Case
　Aが死亡した。Aの相続人は、その子BとCである。Aには、Dに対する2,000万円の借入金債務があった。Aは、Bの相続分を4分の3とし、Cの相続分を4分の1とする遺言をしていた。
　(1) Dは、Cに対し、1,000万円の支払を求めることができるか。
　(2) Cは、Dに対し、1,000万円を支払った。Cは、Bに対し、500万円を求償することができるか。

【Before】
　被相続人が負担した可分債務は、法律上当然に分割され、各共同相続人は、その相続分に応じてその債務を承継する（最判昭34・6・19民集13-6-757）。では、相続分の指定がされた場合において、当然分割承継の基準となる「相続分」は、法定相続分となるのか、指定相続分となるのか。
　旧法の下での判例は、この問題について、次の準則を示した（最判平21・3・24民集63-3-427）。①相続分の指定の効力は、相続債権者に対しては及ばない。②共同相続人間では、相続債務は、指定相続分に応じて承継される。③相続債権者の側から、相続分の指定の効力を承認することは、妨げられない。

【After】
　新法の立案過程では、上記平成21年判決の準則を明文化することが試みられた。もっとも、その提案の内容には、大きな変遷があった。
　中間試案では、被相続人は、自分が負担した債務については、処分権限を有しないという考え方が基礎に据えられた（中間試案補足説明41頁）。債務者は、自分の債務をだれにどのように負担させるかについて、自由に決定することができないからである。この考え方は、部会第19回会議まで維持された。部会資料19-1・16頁は、上記平成21年判決の準則を、次のような形で明文化している。まず、①「相続債務が可分である場合には、各相続人は、その法定相続分に応じてその債務を承継する」。もっとも、②積極財産が指定相続分に応じて承継される以上、共同相続人間の内部的な負担割合は、指定

相続分に応じて定まるとするのが公平である（部会資料17・12頁）。そのため、「相続債務に関する各相続人の負担部分は、その承継割合による」。また、③積極財産が指定相続分に応じて承継される一方、消極財産が法定相続分に応じて承継されるとすると、責任財産の確保という観点から問題が生じることがある（中間試案補足説明42頁）。そのため、相続債権者が指定相続分に応じた相続債務の承継を「承諾」したときは、各共同相続人は、それに応じた相続債務を承継する。この「承諾」は、債務者と引受人との間の契約でされる免責的債務引受において、債権者が引受人に対して行う「承諾」（472条3項）と、その性質を同じくするものであるとみることができる。

　これに対し、部会第21回会議では、被相続人は、相続分の指定により、積極財産の承継割合と消極財産の承継割合とを等しい割合で定めることができる、という考え方が基礎に据えられた。現行法との連続性という観点（899条・902条参照）からは、その方が望ましいからである（部会資料21・38頁）。そこで、部会資料21・36頁では、上記平成21年判決の準則は、次のような形で明文化されることとなった。①「相続分の指定による義務の承継は、……相続債権者に対抗することができない」。これは、相続債務は指定相続分に応じて承継されるものの、法定相続分に応じた債務の承継を主張するについて正当な利益を有する「第三者」である相続債権者には、そのことを主張することができないとしたものであると考えられる。このように、②相続債務が指定相続分に応じて承継される以上、特別な事情がない限り、共同相続人間の内部的な負担割合も、それに応じて定まる。そのため、各共同相続人の負担部分に関する規定は、削除された（部会資料21・38頁）。他方、③対抗不能の性質上、相続債権者の側から、相続債務が指定相続分に応じて承継されたことを「承認」することは、妨げられない。もっとも、この段階では、なお、「承諾」の文言が用いられていた。

　新法は、部会第21回会議の考え方と親和的であるとみることができる（902条の2。これに対し、一問一答169頁は、中間試案の考え方に親和的な説明をしている）。まず、②準則に対応する規定が設けられていない。また、③準則については、「承諾」ではなく、「承認」（同条ただし書）の文言が選択されることとなった（この変更がされたのは、部会第22回会議である。平成21年判決も、「承認」を用いていた）。他方、①準則は、相続債権者の側から表現されることとなったため、「対抗」の文言は消えている（この変更がされたのも、部会第22回会議である）。すなわち、新法によれば、相続債権者は、相続分の指定がされた場合であっても、各共同相続人に対し、法定相続分に応じて「その権利を行使することができる」とされている（同条本文）。

　Case(1)では、Dは、Cに対し、1,000万円の支払を求めることができる（902条の2本文〔①準則〕）。また、(2)では、Cは、Bに対し、500万円を求償することができる（明文なし〔②準則〕）。この解決は、旧法と新法とで同じであり、また、法律構成によっても変わらない。同条ただし書（③準則）の詳細は、→ Case 6。　　　　　　　　〔水津太郎〕

Ⅱ……義務の承継❷

6 指定相続分に応じた債務の承継についての債権者の承認

Case

　Aが死亡した。Aの相続人は、その子BとCである。Aには、Dに対する2,000万円の借入金債務があった。Aは、Bの相続分を4分の3とし、Cの相続分を4分の1とする遺言をしていた。⑴、⑵および⑶は、それぞれ別個の問いである。
　⑴　Dは、Bに対し、1,500万円の支払を求めた。Cは、Dに対し、いくら支払わなければならないか。
　⑵　Dは、Bから、1,000万円の支払を受けた後、さらに追加して、500万円の支払を求めることができるか。
　⑶　Dは、Cから、1,000万円の支払を受けた。Dは、Bに対し、1,500万円の支払を求めることができるか。また、Cは、Dに対し、500万円の返還を求めることができるか。

【Before】

　被相続人が負担した可分債務は、法律上当然に分割され、各共同相続人は、その相続分に応じてその債務を承継する（最判昭34・6・19民集13-6-757）。相続分の指定がされたときは、次の準則が適用される（最判平21・3・24民集63-3-427）。①相続分の指定の効力は、相続債権者に対しては及ばない。②共同相続人間では、相続債務は、指定相続分に応じて承継される。③相続債権者の側から、相続分の指定の効力を承認することは、妨げられない。①と②の準則については、Case 5 で取り上げた。
　③の準則によれば、相続債権者が指定相続分に応じた相続債務の承継を承認したときは、それに応じて権利を行使することができる。この場合には、相続債権者は、法定相続分に応じて権利を行使することができなくなる。もっとも、この準則については、次の点が明らかでなかった。第1に、相続債権者が共同相続人の1人に対してのみ承認をしたときに、その効力はどうなるか（Case ⑴）。第2に、相続債権者が法定相続分に応じて権利を行使した後、指定相続分に応じた相続債務の承継を承認することができるか、もしできるとしたら、その後、どのような処理がされるか（Case ⑵・⑶）。

【After】

　新法は、第1の問題を明文で解決した。また、その立案過程では、第2の問題についても、一定の方向性が示された。

　第1の問題については、相続債権者が指定相続分に応じた相続債務の承継を、「共同相続人の1人に対して」承認したときは、その承認の効力は、他の共同相続人に対しても及ぶとされた（902条の2ただし書）。その趣旨は、法律関係の複雑化を防止することにある（部会資料9・10頁）。したがって、相続債権者が共同相続人の1人に対して指定相続分に応じた相続債務の承継を承認したときは、他の共同相続人に対しても、法定相続分に応じて権利を行使することができなくなる。

　Case(1)では、Dは、Bに対し、1,500万円の支払を求めることで、指定相続分に応じた債務の承継を承認したものとみることができる。そのため、Cは、Dに対し、500万円を支払えばよいこととなる。

　第2の問題については、まず、承認の可否が問題となる。相続債権者が法定相続分を上回る相続分の指定を受けた共同相続人に対し、法定相続分に応じて権利を行使した後、指定相続分に応じた債務の承継を承認することができるか。これについては、承認の可否を禁反言の原則によってコントロールすることが予定されている（部会資料22-2・32頁注）。それによれば、①相続債権者が遺言の存在や内容を知らなかったときはもちろん、②遺言の内容を知っていたとしても、それだけで当然に、指定相続分に応じた債務の承継を承認することが認められなくなるわけではない。他方、③相続債権者が遺言の内容を知った後、「法定相続分に応じた権利の行使しかしない」と明言していたときは、指定相続分に応じた債務の承継を承認することは、禁反言の原則に反し、認められない。

　Case(2)では、Dは、原則として、Bに対し、500万円の支払を求めることができる。

　次に問題となるのは、承認の効力である。相続債権者が法定相続分を下回る相続分の指定を受けた共同相続人に対し、法定相続分に応じて権利を行使し、その義務の履行を受けた後、指定相続分に応じた債務の承継を承認したときに、どのように処理されるか。承認がされても、その効力は遡及せず、債務が消滅した効果は覆らない（一問一答171頁）。そのため、この場合には、義務を履行した共同相続人は、他の共同相続人に対し、求償をすることとなる。

　Case(3)では、CがDに対し、1,000万円を支払ったことで、借入金債務は、1,000万円に減少している。Dが指定相続分に応じた債務の承継を承認しても、この効果は覆らない。そのため、Dは、Bに対し、1,000万円しか請求することができない。他方、Cは、Dに対し、不当利得として、500万円の返還を求めることができる。Cは、Bに対し、500万円を求償することとなる。

［水津太郎］

Ⅲ……持戻し免除の推定❶

7 居住用不動産の贈与等と特別受益の持戻し

> **Case**
> Aが死亡し、相続が開始した。Aの相続人は妻Bおよび子C・Dである。Aの相続財産は積極財産3,000万円のみで、消極財産はない。Aは、相続開始の20年前に、Cが婚姻する際、Cに1,000万円を贈与し、相続開始の5年前に、Bに、夫婦で居住していた住宅（1,000万円）とその敷地（1,000万円）を贈与した。A・B間の婚姻関係は、Aの死亡によって解消されるまで45年継続した。この場合に、各相続人の具体的相続分はいくらか。

【Before】

被相続人が、相続人に対して、財産を遺贈したり、婚姻・養子縁組のためまたは生計の資本として贈与した場合に、その趣旨は、①当該相続人に、その相続分の一部として、当該財産を取得させる趣旨（中立的遺贈・贈与）、②当該相続人に、その相続分として、当該財産のみを与える趣旨（限定的遺贈・贈与）、③当該相続人に、その相続分とは別に、余分に当該財産を与える趣旨（先取的遺贈・贈与）のいずれかであると考えられる。民法は、相続人に対する旧903条1項所定の遺贈や贈与（特別受益）を、原則として①とみる。すなわち、特別受益の額を相続財産額に計算上含めて（＝持ち戻して）相続分が算定され、算定された相続分から特別受益の額を控除したものが、特別受益者の具体的相続分となる（同項）。その結果、当該相続人の具体的相続分が0以下になる場合は、特別受益は②として扱われ、当該相続人は、特別受益を除き、相続財産を何も取得しない（同条2項）。例外的に、被相続人が①・②と異なる旨の意思表示（持戻し免除の意思表示）を明示または黙示にした場合は、特別受益は③として扱われ、持戻しの対象にはならない（同条3項）。旧903条3項の適用を受けるためには、持戻し免除の意思表示があったことを、特別受益者たる相続人が主張立証する必要がある。

Caseで、妻B・子Cへの各贈与について、持戻し免除の意思表示がなかった場合は、原則どおり、各贈与の額が相続財産に持ち戻されて、次のように具体的相続分が算定される。その結果、Bが最終的に取得する財産額は、贈与がなかった場合と同じ（＝3,000万円）になる。

みなし相続財産：3,000（相続財産）＋ 2,000（Bへの贈与）＋ 1,000（Cへの贈与）＝

6,000万円

妻Bの具体的相続分：6,000 × 1/2 − 2,000 = 1,000万円
子Cの具体的相続分：6,000 × 1/2 × 1/2 − 1,000 = 500万円
子Dの具体的相続分：6,000 × 1/2 × 1/2 = 1,500万円

【After】

　903条1〜3項については、1項と3項の文言が修正されたのみで、実質的変更はない。新法では、被相続人が、ⓐ20年以上婚姻関係にある配偶者に対して、ⓑその居住の用に供する建物またはその敷地を遺贈または贈与した場合に、903条3項の持戻し免除の意思表示があったものと推定する規定を新設した（同条4項）。このような場合は、配偶者の長期間の貢献に配慮し、その老後の生活保障を図るために、配偶者に本来の法定相続分より多くの財産を取得させるという被相続人の意思を、定型的に推定しうるからである（部会資料18・2頁）。したがって、ⓐ・ⓑの要件を充たす特別受益は、原則として③と扱われ、持戻しの対象から外れる。例外的に、被相続人が③と異なる旨の意思を表示した（とみるべき）場合は、①として扱われて持戻しの対象となる。ⓐの婚姻期間は、遺贈または贈与の時点で20年以上であることを要すると解される（もっとも、相続開始の時点で20年以上あればよいとする解釈もありうる。→ Case 45）。

　遺贈・贈与目的物は、遺贈または贈与時に、「居住の用に供する」不動産（居住用不動産）であることを要する。相続開始時に配偶者が現に当該不動産に居住していることを要しない。居住用不動産の所有権・持分権が遺贈・贈与された場合に限らず、その配偶者居住権が遺贈された場合にも903条4項が準用される（1028条3項）。

　Caseで、Bへの贈与時にA・Bの婚姻期間は40年であり、贈与目的物はBの居住の用に供するための不動産なので、Bへの贈与には持戻し免除の意思表示があったものと推定される。したがって、Cへの贈与について持戻し免除の意思表示がなかったとすると（Cには、903条4項は適用されない）、具体的相続分は次のようになる。

みなし相続財産：3,000 + 1,000（Cへの贈与）= 4,000万円
妻Bの具体的相続分：4,000 × 1/2 = 2,000万円
子Cの具体的相続分：4,000 × 1/2 × 1/2 − 1,000 = 0
子Dの具体的相続分：4,000 × 1/2 × 1/2 = 1,000万円

　Bは、本来の相続分に加え、居住用不動産も取得できる（最終的に取得する財産額は4,000万円）。ただし、特別受益たる贈与で、相続開始前10年間にされたものは、持戻しが免除されていても遺留分侵害額請求の対象にはなる（1044条3項）。Caseで、もし相続開始時にAに積極財産がなかったとすれば、Bへの贈与（2,000万円）のみが遺留分算定の基礎財産となり、Bへの贈与によりDの遺留分が250万円侵害されているので、DはBに対して遺留分侵害額請求をすることができる。

[浦野由紀子]

Ⅲ……持戻し免除の推定❷

8
居住用不動産以外の財産の贈与等と特別受益の持戻し

Case

　Aが死亡し、相続が開始した。Aの相続人は、後妻Bおよび前妻との子C・Dである。Aの相続財産は積極財産3,000万円（居住用不動産ではない）のみで、消極財産はない。Aは、相続開始の20年前に、Cが婚姻するに際してCに現金1,000万円を贈与し、相続開始の2年前に、Bに、現金2,000万円を贈与した。A・B間の婚姻関係は、Aの死亡によって解消されるまで19年継続した。この場合に各相続人の具体的相続分はいくらか。

【Before】

　Case 7で述べたように、相続人に対する特別受益たる遺贈・贈与は、原則として、その価額を相続財産に計算上含めて具体的相続分が算定される（旧903条1項）。Caseにおける具体的相続分の算定結果は、Case 7の【Before】で示した結果と同じである。

　例外的に、被相続人が特別受益の持戻しを免除する旨の意思を表示した場合は、当該特別受益は持戻しの対象から除かれる（旧903条3項）。持戻し免除の意思表示があったことは、特別受益者たる相続人において主張立証しなければならない。持戻し免除の意思表示の方式には制限はなく、また、明示でなく黙示になされてもよい。持戻し免除の黙示の意思表示は、贈与等のなされた趣旨や経緯、贈与等の内容・価額、相続人と被相続人との生活関係、相続人および被相続人の経済状態や健康状態等、諸般の事情を総合的に考慮して認定される。

　裁判例では、①持戻し免除に合理的理由があると認められる場合や、②被相続人が受贈者・受遺者から対価的利益を得ていた場合には、被相続人が特別受益者たる相続人に本来の相続分よりも多くの財産を取得させる意思を有していたとして、持戻し免除の黙示の意思表示があったものと認定される。①の例としては、身体的・精神的障害や高齢のため独立した生計を営むことが困難な相続人に、被相続人の死後における扶養・生活保障のために贈与等をした場合（東京高決昭51・4・16判タ347-207、東京高決平8・8・26家月49-4-52、高松高決平11・3・5家月51-8-48）があり、②の例としては、特別受益者が被相続人の面倒をみたり扶養したりすることを前提に贈与等がされた場合（東京家審昭49・3・25家月27-2-72、東京高決平9・6・26家月49-12-74）がある。①は、配偶者に対する遺

贈・贈与の事例が多い。上記平成8年決定は、妻に対する土地の共有持分の贈与につき、「長年にわたる妻としての貢献に報い、その老後の生活の安定を図るためにしたもの」であり、「他に老後の生活を支えるに足る資産も住居もないこと」を理由に、持戻し免除の黙示の意思表示を認定した。また、上記平成11年決定は、被相続人が締結した妻を受取人とする生命保険契約により妻が取得した保険金について、被相続人と妻の間に子どもがなかったことなどから、被相続人死亡後の妻の生活保障を目的としたものとして、持戻し免除の黙示の意思表示を認定した。配偶者への遺贈・贈与は、配偶者自身に相応の資産がない状態で、生活保障の趣旨でなされた場合には、持戻し免除の黙示の意思表示が認定されやすい。

【After】
　903条4項は、居住用不動産や配偶者居住権以外の財産が遺贈または贈与された場合や、居住用不動産が遺贈または贈与されていても、遺贈または贈与の時点で婚姻期間が20年に満たない場合には、適用されない（ただし、婚姻期間については、相続開始の時点で20年以上あればよいとする解釈もありうることにつき、→ Case 9・45）。Case で、Bに対する2,000万円の贈与は、Aによる持戻し免除の意思表示があったことが認定されない限り、持戻しの対象とされる（なお、贈与目的物が居住用不動産だったとしても、A・Bの婚姻期間は贈与の時点でも、相続開始の時点でも、20年に満たないので、903条4項は適用されない）。

　Case では、Aによる持戻し免除の明示の意思表示はないので、Bとしては、持戻し免除の黙示の意思表示があったことを主張立証する必要がある。持戻し免除の黙示の意思表示の認定については、基本的には【Before】で述べたことが新法の下でもあてはまるだろう。もっとも、立案担当者によれば、903条4項が新設されたことにより、配偶者に居住用不動産以外の財産が遺贈または贈与された場合について、旧法下よりも、持戻し免除の黙示の意思表示があったという事実上の推定が及びやすくなる可能性も示唆されている。すなわち、903条4項が新設されたのは、居住用不動産のように価値があり、かつ、生活の基本となる財産を遺贈または贈与したならば、当該遺贈または贈与は特に配偶者の貢献に報いるという趣旨が強く、かつ、生活保障のために配偶者により多くの財産を取得させる趣旨であると定型的に推定されるからである。そうすると、居住用不動産以外の財産であっても、非常に価値があり、配偶者の生活保障に役立つ財産が遺贈または贈与された場合は、903条4項を根拠に、事実上の推定を働かせる余地もありうるというのである（第18回会議議事録8～9頁〔堂薗幹一郎〕）。そうであれば、居住用不動産を有しない被相続人が、ほかにめぼしい財産がないために、配偶者に、生活保障の趣旨で居住用不動産でない財産を遺贈または贈与した場合には、持戻し免除の黙示の意思表示があったとされる可能性がある。

[浦野由紀子]

IV……分割前の財産処分❶

9 遺産分割前に無断で払い戻された預貯金の遺産性

Case

　Aが死亡し、相続が開始した。Aの相続人は子B・C・Dである。相続開始時におけるAの遺産は、E銀行に対する普通預金債権（3,000万円）のみである。Dは、Aの死亡直後に、B・Cに無断でAの口座から1,000万円の払戻しを受けた。なお、Aは、相続開始の10年前に、Dの婚姻に際してDに1,500万円を贈与した。この場合に、Dが払戻しを受けた預金1,000万円は、遺産分割の対象か。

【Before】

　可分債権は、相続開始と同時に、相続分に従って当然に分割されて各相続人の単独債権となる（遺産ではなくなる）とされ、預貯金債権もそのような可分債権にあたるとするのが、かつての判例であった。したがって、預貯金債権は原則として遺産分割の対象にならなかった。しかし、最大決平28・12・19民集70-8-2121は、預貯金債権に関する従来の扱いを否定し、預貯金債権は、ⓐ相続開始時に当然分割されずに、遺産分割の対象となり、ⓑ遺産分割前に相続人が単独で権利行使することはできない、とした。機能面での現金との類似性から、遺産分割における調整要素として、預貯金債権を遺産分割の対象に含める必要性・相当性があることが、その実質的理由である。平成28年決定以後は、遺産分割前に相続人が遺産に属する預貯金について単独で払戻しをすることは、原則としてできなくなった。受領権限のないDによる払戻しは、①（法定相続分額以下の払戻しであっても）478条の要件を充足しない限り弁済の効力を生じないが、②478条が適用される場合は、その全額につき弁済の効力が生じる。

　預貯金債権の各相続人への帰属は、遺産分割を待ってはじめて確定する。遺産分割の対象は、相続開始時に存在し、遺産分割時にも遺産中に「現存する」財産である。遺産中の財産が遺産分割前に処分された場合に（**Case**の払戻しも処分にあたる）、当該財産が遺産中に「現存」するか否かは、理論上は、当該処分の効力によるはずである。Dに払い戻された1,000万円分の預金債権は、①ならば遺産中に現存し、遺産分割の対象になるが、②ならば遺産から逸出し、遺産分割の対象にならない。しかし、家裁実務では、処分された財産は、これを遺産分割の対象に含むとする相続人全員の合意がない限り、

当該処分の有効・無効に関係なく、遺産に現存しないものとして遺産分割の対象から除外されることがある。これは、処分の効力をめぐる争いを取り込まないことで、迅速な遺産分割手続の実現を図る趣旨と思われる。

もっとも、処分された財産が遺産分割の対象から外れることで、各相続人の最終的な取得額には不公平が生じうる。Dの払戻しがなければ、遺産（3,000万円の預金債権）は、具体的相続分どおりに、B・Cが（3,000＋1,500）×1/3＝各1,500万円を、Dが（(3,000＋1,500)×1/3）－1,500＝0円（＋特別受益1,500万円）を、取得する。しかし、Dの払戻しが弁済の効力を生じる場合は、残存する2,000万円の預金債権のみを分割することになる。この場合も、相続開始時の財産に基づいて算定された上述の具体的相続分が分割基準となるので、最終的な取得額は、B・Cが2,000×（1,500/3,000）＝各1,000万円、Dが2,000×（0/3,000）＝0円（＋特別受益1,500万円＋払戻額1,000万円）となる。Dは、遺産分割前に預貯金の払戻しを受けたことによって、払戻しがなかった場合よりも多くの遺産を取得でき、B・Cの取得額はその分減る。Dが払戻しを受けた1,000万円につき、改めて遺産分割ができれば相続人間の公平を実現できるが、そうでない場合には不当利得等による調整がなされるところ、同様に公平な結果に至るかは不明である。

【After】

新法は、預貯金債権につき、ⓐの扱いを維持しつつ、ⓑの不都合を緩和した。相続人が遺産分割前に預貯金を払い戻す必要がある場合は、仮分割の仮処分（家事200条3項）や909条の2に基づく預貯金債権の行使（いわゆる仮払い）が認められる（これによる弁済は有効として扱われる）。そのうえで、このいわゆる仮払い制度で払い戻された（＝遺産から逸出した）預貯金は、遺産分割の対象に含めて遺産分割調停・審判をすることとされたり（家事200条3項）、相続人が当該行使した預貯金を遺産分割により取得したものとみなされる（909条の2後段）。

以上の方法によらない払戻しがあった場合に、Dに払い戻された預金債権は、【Before】の①・②と同様に、理論上、①478条の要件を充足しなければ弁済の効力を生じず、遺産分割の対象になるが、②478条の適用により弁済の効力が生じる場合には遺産分割の対象から外れる。もっとも、906条の2により、②の場合に、払戻しを受けた相続人以外の相続人全員の同意があれば、払い戻された預貯金債権は遺産分割時に遺産として存在するものとみなされ、遺産分割の対象になる。①の場合も、払戻しを受けた相続人以外の相続人全員が同条に基づく同意をすれば、払戻しを受けた相続人の受領権限が追完されて、②と同じ状態になる（遺産から逸出した）と同時に、払戻全額が遺産として存在するものとみなされて、遺産分割の対象となる。各相続人の具体的相続分額は、【Before】でDによる払戻しがない場合のそれ（各1,500万円）と同じであり、これに基づき3,000万円の遺産について遺産分割がなされることになる。　　［浦野由紀子］

Ⅳ......分割前の財産処分❷

10 無断の払戻し預貯金を遺産とすることの同意

Case

Aが死亡し、相続が開始した。Aの相続人は子B・C・Dである。相続開始時におけるAの遺産は、E銀行に対する普通預金債権（3,000万円）のみである。Dは、Aの死亡直後に、B・Cに無断でAの口座から1,000万円の払戻しを受けた（この払戻しは478条により弁済の効力を生じたとする）。なお、Aは、相続開始の10年前に、Dの婚姻に際してDに1,500万円を贈与している。B・Cは、Dに払い戻された預金債権を含めて遺産分割をすべきだと主張しているが、Dはこれに反対している。この場合に、Dによって払い戻された預金債権は、遺産分割の対象に含まれるか。

【Before】

Dに払い戻された預金債権のように、相続開始時に存在したが、相続人によって処分されたために、遺産分割時には遺産中に現存しない財産（以下、「処分財産」という）は、原則として遺産分割の対象にならない。例外的に、相続人全員がこれを遺産分割の対象に含める旨を同意した場合に限り、遺産分割の対象とされた。相続人全員の同意があれば、処分財産に関する処分の有無・効力をめぐる争いが遺産分割手続の中で生じないことが担保されるので、手続長期化等のリスクなしに、当該財産を含めた公平な遺産分割を実現することができるからである。相続人らによる合意の法的性質は、処分財産につき、遺産分割手続によって相続人間に分配することを選択する旨の合意、すなわち手続選択の合意と解されていた。

処分財産を遺産分割の対象にするには、相続人「全員」の同意が必要とされた。同意権者には処分をした相続人も含まれる。Case 9でも解説したように、処分財産（Dが払戻しを受けた預金1,000万円）を除いて遺産分割がされるならば、最終的な取得額は、B・Cが $2,000 \times (1,500/3,000) =$ 各1,000万円、Dが $2,000 \times (0/3,000) = 0$ 円（＋特別受益1,500万円＋払戻額1,000万円）となる。超過特別受益者（903条2項）たるDは、遺産分割前に預貯金の払戻しを受けたことによって、払戻しがなかった場合には取得できなかったはずの財産を取得できる。Dとしては、処分財産を遺産分割の対象とすることは明らかに不利益となるので、これに反対している。そして、1人でも反対する相続人が

いれば、反対者が処分者であろうと、また、反対の理由を問わず、処分財産を遺産分割の対象にすることはできない。また、いったん全員の同意が得られても、その後、一部の相続人が同意を撤回すれば、やはり処分財産を遺産分割の対象にすることはできない。このように、相続人「全員」の同意を要件とすることには、一部の相続人の恣意によって、遺産分割の対象財産が左右され、公平な遺産分割の実現が妨げられる点で、弊害があった。

【After】

　新法は、相続人全員の同意があれば、処分財産（相続人が滅失・毀損した財産も含む）も遺産分割の対象に含める、という旧法下の基本的な考え方を維持しつつ（906条の2第1項）、当該処分をした相続人の同意は不要とした（同条2項）。Dが払戻しを受けた預金1,000万円を遺産分割の対象とすることにつき、反対しているのは同意権のない処分者Dのみである。他の相続人（B・C）はみな同意しているので、払い戻された預金債権は、「遺産の分割時に遺産として存在するもの」とみなされて遺産分割の対象となる。なお、処分の効力との関係で、この同意要件がもつ意義については、→ Case 9 【After】。

　処分財産を遺産として存在するものとみなすという実体法上の効果は、B・C全員が同意した時点で生じ、以後、B・Cは同意を撤回することはできない（部会資料25-2・13頁）。一度生じた実体法上の効果を一部の相続人の意思のみで覆滅させるのは相当でないからである。もっとも、民法総則の定める無効・取消原因がある場合には、相続人がした同意（意思表示）は、無効となったり、取り消されうる。

　906条の2の文言を素直に読めば、処分をした相続人は、自身が処分をした財産についてのみ、同意権がないということになる。仮に、BもC・Dに無断でAの口座から預金（1,200万円）の払戻しを受けていた場合には、Bは、自身が払戻しを受けた預金1,200万円については同意権がないが、Dが払戻しを受けた預金1,000万円については同意権がある。Dは、自身が払戻しを受けた預金1,000万円については同意権がないが、Bが払戻しを受けた預金1,200万円については同意権がある。B・Dは、自身の処分した財産を遺産分割の対象としないほうが利益になるところ、示し合わせて互いが払戻しを受けた預金について互いに同意しないことにより、不公平な財産取得を維持しうる。これでは、遺産共有からのなしくずし的な遺産の離脱にもかかわらず、遺産の公平な配分を実現しようとする906条の2の趣旨は、没却される。同条の趣旨の貫徹のためには、処分者は、自分の処分した財産以外の処分財産についても同意権がないものとする必要があると思われる。

[浦野由紀子]

Ⅳ……分割前の財産処分❸

11 無断の払戻し預貯金を同意により遺産とした場合

Case

　Aが死亡し、相続が開始した。Aの相続人は子B・C・Dである。相続開始時におけるAの遺産は、E銀行に対する普通預金債権（3,000万円）である。なお、Dには300万円の特別受益があり、Bには600万円の寄与分がある。Dが、Aの死亡直後に、B・Cに無断でAの口座から、(1) 600万円の払戻しを受けた場合と、(2) 900万円の払戻しを受けた場合に、遺産分割においてB・C・Dはそれぞれいくらの財産を取得できるか。
　なお、Dによる払戻しは478条により弁済の効力を生じたものとし、また、Dの払戻しに気づいたB・Cは、払い戻された預金を遺産分割の対象に含むことにつき同意しており、Dもこれに反対していないものとする。

【Before】

　相続開始後、遺産分割までの間に遺産から逸出した財産がある場合は、相続人全員の同意があれば（旧法下では処分者Dの同意も必要である）、これを遺産分割手続の中で考慮することができるとされていた。その際の具体的な考慮の仕方については、①Dが払い戻された預金を保管しているとみて、これを分割対象財産とする方法と、②Dによって払い戻された預金について、Dの特別受益（旧903条1項）に準じて具体的相続分を算定する方法が考えられる。

　①の方法によると、具体的相続分は、相続開始時の（Dによる処分前の）預金債権の額を基礎に算定されるので、みなし相続財産は2,700万円（3,000（相続開始時の遺産）＋300（Dの特別受益）－600（Bの寄与分））となる。各自の具体的相続分は、B：(2,700×1/3)＋600＝1,500万円、C：2,700×1/3＝900万円、D：(2,700×1/3)－300＝600万円となる。相続開始後にDが払戻しを受けた預金も遺産分割の対象財産に含まれるので、遺産分割における各相続人の取得額は具体的相続分と同額となる。すなわち、(1)の場合は、Dは具体的相続分どおりの預金額を保管しているので、これが遺産分割によってDの取得した財産とされる。(2)の場合に、Dは、具体的相続分を超過した預金額を保管しているので、すでに払戻しを受けた預金額のうち600万円はDが遺産分割によりすでに取得したものとされるが、超過分の300万円については、遺産分割により

DがB・Cに対して代償金支払債務を負うことになる。

②の方法によれば、(1)の場合に、みなし相続財産は2,700万円（2,400（払戻し後の残余の遺産）＋300（Dの特別受益）＋600（Dが受けた払戻し＝特別受益）－600（Bの寄与分））であり、各自の具体的相続分はB：(2,700×1/3)＋600＝1,500万円、C：2,700×1/3＝900万円、D：(2,700×1/3)－300－600＝0円となるので、Dの取得額は払戻しがなかった場合と同じになる。(2)の場合には、みなし相続財産は2,700万円（2,100（払戻し後の残余の遺産）＋300（Dの特別受益）＋900（Dが受けた払戻し＝特別受益）－600（Bの寄与分））であり、各自の具体的相続分はB：(2,700×1/3)＋600＝1,500万円、C：2,700×1/3＝900万円、D：(2,700×1/3)－300－900＝－300万円となる。超過特別受益者たるDは具体的相続分が0とされるだけで、超過分300万円を返還する必要はない（903条2項）。そうすると、現存する遺産2,100万円についてDは何も取得せず（しかし、特別受益として1,200万円を取得している）、B：C＝1,500/2,400：900/2,400の割合で、すなわち、Bが1,312万5,000円、Cが787万5,000円を取得することになる。②の方法によると、Dが超過特別受益者である場合に、Dの超過受益は返還されないため、払戻しがなかった場合よりもDの取得額は増えている。

【After】

Case 10で解説したように、906条の2のもとでは、相続開始後、遺産分割までの間に相続人によって処分されて遺産から逸出した財産について、処分者以外の相続人全員の同意があれば、当該財産が遺産分割時に遺産として存在するものとみなされ、分割対象財産となる。当該財産に関する遺産分割における扱いは、【Before】の①の方法と同じになる。したがって、(1)の場合に、払戻しを受けた預金額600万円はそのままDが遺産分割によって取得した財産とされるが、(2)の場合には、払戻しを受けた預金額のうちDが遺産分割によって取得したとされるのは600万円のみで、超過取得分300万円については、DがB・Cに対して代償金支払債務を負うことになる。遺産分割審判による場合は、例えば、「Bに預金1,350万円を取得させる。Cに預金750万円を取得させる。Dにすでに取得した預金900万円を取得させる」と、遺産分割の時点では現存しない預金（Dが払戻しを受けた預金）も主文で掲げられたうえで、「Dは、B・Cに対し、代償金各150万円を支払え」として、代償金支払が命じられることになると考えられる。

[浦野由紀子]

Ⅳ……分割前の財産処分❹

12 無断で払い戻した者以外の相続人が同意しない場合

Case

Aが死亡し、相続が開始した。Aの相続人は、妻B、子C（Aの非嫡出子）および子D（A・B間の嫡出子）である。Aの相続財産はE銀行に対する普通預金債権（4,000万円）のみである。Dは、Aの死亡直後に、B・Cに無断で、Aの預金口座から1,200万円の払戻しを受けた（この払戻しは478条により弁済の効力を生じたとする）。Cは、Dに払い戻された預金債権も含めて遺産分割をすべきだと主張しているが、Dはこれに反対し、Dと生計をともにするBも同じくこれに反対している。なお、Dは、相続開始の10年前に、Aから特別受益たる生前贈与（800万円）を受けている。この場合、B・C・Dは、遺産分割により、Aの遺産からそれぞれいくら取得できるか。

【Before】

Case 10で述べたように、旧法では、相続開始時に存在したが、相続人によって処分されたために、遺産分割時には遺産中に現存しない財産は、原則として遺産分割の対象にならず、例外的に、相続人「全員」（処分者を含む）がこれを遺産分割の対象に含める旨同意した場合に限り、遺産分割の対象とされる。**Case**では、B・Dが反対しているので、Dに払い戻された預金債権を遺産分割の対象とすることはできず、現存する遺産のみを対象として遺産分割をすることになる。具体的相続分は、相続開始時の財産の額（払戻しがされる前の預金債権額）を基礎に算定されるので、B：2,400万円、C：1,200万円、D：400万円である。これを基準として、遺産分割手続では、現存する遺産（2,800万円）について、Bが1,680万円（2,800×2,400/4,000）、Cは840万円（2,800×1,200/4,000）、Dは280万円（2,800×400/4,000）を取得する（さらに、Dは払戻しによる1,200万円も取得している）。

Dによる払戻しがあったために、払戻しがなかった場合よりもCの取得額が減少したことに関して、差額（Dの超過取得分）の調整を本来の遺産分割手続の中ですることはできない。これについては、侵害不当利得によって（要件を充足する場合には不法行為によっても）調整されることになる。**Case**のように、Dによる払戻しが478条により有

効である場合、真の債権者である共同相続人らは、僭称債権者であるDに対して不当利得として1,200万円の返還を求めることができるはずである。Dによる払戻しがなかった場合と同様の結論に至るためには、①追加的な遺産分割により、もしくは、②共有物分割の場合に準じて、具体的相続分の割合に従ってDから返還された1,200万円をB・C・D間で分割するか、または、③Dによる返還前にすでに具体的相続分に応じた分割債権をB・CがDに対して有しているとみることが考えられるが、この問題に関する議論はほとんどない。具体的相続分による場合は、Dから返還された預金につき、B：720万円（1,200×2,400/4,000）、C：360万円（1,200×1,200/4,000）、D：120万円（1,200×400/4,000）を取得することになる。もっとも、具体的相続分には権利性がないとされていること（最判平12・2・24民集54-2-523）との関係で、具体的相続分に従って分配すること自体には異論がある。他方、法定相続分に応じて分割されるとした場合は、B：600万円、C・D：各300万円を取得することになるが、Dによる払戻しがなかった場合と同様の結論には至らない点で問題がある。

【After】
　906条の2は、遺産分割前に処分されたために、遺産分割時には遺産中に現存しない財産がある場合に、処分者以外の相続人全員の同意があれば、当該財産を遺産分割の対象とすることができるとする。もっとも、**Case**では、処分者であるDの同意は不要だが、Bの同意がないために、Dが払戻しを受けた預金を遺産分割の対象とすることはできない。その結果、【Before】で述べたのと同様に、本来の遺産分割手続では、現存する遺産（2,800万円）につき、Bが1,680万円、Cが840万円、Dが280万円を取得することになる。そのうえで、新法のもとでも、Dの超過取得分については、不当利得等、民事訴訟手続によって調整されることになるので、Dが払戻しを受けた預金が不当利得返還請求によって返還される場合に、その各相続人への帰属について、【Before】で述べた①〜③の可能性が問題となる。　　　　　　　　　　　　　　　［浦野由紀子］

V……一部分割❶

13
一部の遺産分割の調停申立て

Case

　相続人Aが、当面の生活費・相続税支払のために預貯金（2,000万円）のみを対象とする一部分割の調停を申し立てた。他方、Bは、不動産業界に詳しく今なら高値で売れると判断し甲土地および乙建物（2,000万円）のみを対象とする一部分割の調停を申し立てた。これに対し、Cは、遺産全部（預貯金と甲・乙以外に、丙土地〔山林。100万円〕骨董品〔評価額不明〕）について分割の調停を申し立てた。Aは被相続人の介護等に係る寄与分100万円を主張し、またBはCが生前生計の資本として300万円の贈与（特別受益）を得ていると主張している。
　AまたはBの一部の遺産分割の調停申立てに対し、調停ないし審判をすることは認められるか。AまたはBの一部に係る申立てとCの遺産全部に係る分割の調停申立ての関係はどうなるか。また、これらの場合に家庭裁判所は一部の遺産についてのみ審判をすることができるか。

【Before】

　旧法下では、遺産の一部に係る分割の調停ないし審判の許否ないし要件について明文の規定はない。
　この点、共同相続人間の実質的公平の実現と紛争の1回的解決の観点から一部分割は許されないとする考え方もあるものの、実務上は、次の要件のもと、一部分割は認められていた。すなわち、遺産分割協議・調停については、共同相続人間で分割する遺産について、他の遺産とは別個独立に分割する旨の合意が成立していることが必要とされ（一部分割部分と残余部分が明白に分離されていない場合には一部分割協議ないし調停の効力が否定されることがあった）、遺産分割審判については、必要性（遺産の一部を他の部分と分離独立して分割する合理的理由）と許容性（遺産の一部分割によって全体として公平適正な遺産分割が妨げられないこと、すなわち、分割基準に照らして残余遺産についての公平な分配が可能で、また分割全体も総合的にみて同条の基準に合致すること）が必要とされていた。具体的には、必要性については、相続人全員の合意がある場合や、一部の遺産について、その範囲や評価に争いがあり、その審理に相当時間がかかるような場合に認められると

されていた。また、許容性については、最終的に適正な分割を達成しうるという明確な見通しが得られれば認められるとされ、仮に一部分割において具体的相続分を超過する遺産を取得させることとなるおそれがある場合でも、残部分割の際に当該遺産を取得する相続人が代償金を支払うことが確実視されるような場合には許容性が認められるとされていた。他方、寄与分や特別受益等について激しい争いがあり、これらが具体的相続分に大きな影響を与える場合で、一部分割の対象財産が高額で残余財産が少額の場合には、最終的に適正な分割を達成しうる明確な見通しがないとして許容性が認められないことがあるとされていた。

　AまたはBの一部申立てについて、調停に関しては他の遺産とは別個独立に分割する旨の合意があれば認められる。審判に関しては、Aの申立ては不動産や骨董品の評価に争いがあり審理の長期化が予想される場合には必要性が認められよう（Bの申立てについてはその逆のことがいえよう）。また、許容性については、A・B・Cの寄与分や特別受益の主張内容にもよるが、**Case** の金額（寄与分100万円、特別受益300万円）であれば、残部分割において公平適正な遺産分割がなしうるとして許容性も認められよう。

　一部と一部または全部の申立てが重複した場合については、あまり論じられていないところであるが、実務上は、審理が併合されることが多いであろう。一部申立てが重複する場合は、併合審理のうえ、それぞれについて必要性・許容性が認められれば、一部分割の審判がなされ、一部申立てと全部申立てが重複する場合には、前者は後者に包含されて、全部について判断されることになる（なお、全部申立てがなされた場合でも家庭裁判所は一部についてのみ審判できる〔家事73条2項〕）。

【After】

　新法は、旧法下の通説・実務を明文化したものであるが、旧法下より、共同相続人の遺産に係る処分権限を重視したものである。すなわち、新法では、必要性の要件は不要とされ、許容性について「遺産の一部を分割することにより他の共同相続人の利益を害するおそれがある場合におけるその一部の分割については、この限りでない」（907条2項ただし書）で維持された。その内容は旧法下と実質的に同じと解されているが、改正の趣旨からすると、旧法下より若干要件が緩められたといえよう。

　AまたはBの一部申立てについては、許容性のみで審判の可否が判断される。仮に、旧法下では許容性が認められないような場合（例えば、**Case** より寄与分や特別受益に係る主張が高額であるような場合）であっても、共同相続人の遺産に係る処分権限も重視するという新法の趣旨からすると、「遺産の一部を分割することにより他の共同相続人の利益を害するおそれ」がないとして、認められる余地があろう。もっとも、どのような場合に旧法下と異なり許容性が認められるのかは明らかではなく、今後の実務の運用ないし集積によるところである。

［田中智晴］

V……一部分割❷

14
一部の遺産分割を禁ずる遺言

Case

被相続人Aの相続人は妻B、子C・Dである。

Aの遺産は、Aが生前Bと住んでいた住宅（甲土地および乙建物）と丙土地（山林）と預貯金である。

Aは、丙についてのみ、先祖伝来の大切な土地なので10年間遺産分割を禁ずる旨遺言にて定めた。B・C・Dは合意により、丙も含めて遺産全部の分割をすることができるか。B・C・Dが合意により2年後に遺産分割をした場合、同分割は有効か。Aが、遺言では定めなかったが、生前、口癖のように丙については10年間遺産分割禁止である旨述べていた（口頭で遺産分割を禁ずる意思が明確に表明されていた）場合はどうか、または、遺言書ではないもののノートや日記には明確に記載されていた場合はどうか。また、Aが遺産の4分の1については分割を禁ずるといった割合的一部の禁止を定める遺言をしていた場合はどうか。

【Before】

旧法下では、遺言で、遺産について相続開始の時から5年を超えない期間を定めて遺産の分割を禁ずることができるとされており（908条）、遺産の一部のみの分割を禁ずることができるのか明文規定はなかった。

もっとも、解釈として、旧907条3項が「特別の事由があるときは、家庭裁判所は、期間を定めて、遺産の全部又は一部について、その分割を禁ずることができる」と定めていたことから、遺言により一部の遺産についてのみ分割禁止を定めることも可能と解されていた（ただし、個別の遺産ではなく割合的一部の分割禁止については、その割合に遺産中の何を含めるのかが不明確であること等から消極的に解されていた）。また、被相続人が分割禁止の意思を表明していたことが証明できる場合でも、その意思を遺言にしていなければ、908条による禁止の効力は生じないとされていた。また、分割禁止期間は5年を超えることはできないが、5年を超える期間を指定した遺言も5年の禁止として有効に解してよいとされていた。

なお、分割禁止の遺言があるにもかかわらず協議分割がなされた場合の効力について

は争いがあり、分割自由の原則（907条1項）から共同相続人全員の合意があれば有効とする見解もある。しかしながら、908条の趣旨が、被相続人の意思を尊重しつつ、分割自由の原則、および、法的安定性、すなわち、遺産共有状態が一時的・暫定的状態であり、長期間遺産共有が続くことは法的安定性の観点から好ましくないため、これらの調和を図り、5年に限り遺産分割の禁止を認めるものであることからすると、5年の期間内に分割禁止の遺言に反して行われた協議分割は無効であり、第三者保護は、虚偽表示（94条2項）、即時取得（192条）、表見受領権者に対する弁済（478条）等によって図るのが相当である。

Case についていうと、遺言により丙土地のみ期間10年の分割禁止が定められていた場合、5年の分割禁止として有効となるから、B・C・Dの合意をもってしても、これを分割することはできない。また、2年後に行われた遺産分割は、B・C・D全員の合意をもってしても無効である。

他方、Aが明確ではあっても書面ではなく口頭で丙の遺産分割禁止の意思表明をしていたに過ぎない場合や、明確には記載されているが遺言書ではなくノートや日記その他の書面に記載されていた場合には、分割禁止の効力は生じないから、B・C・Dは丙を分割できる。

また、Aが遺産の4分の1といった割合的一部の分割禁止を遺言で定めた場合、分割禁止としては無効となるので、B・C・Dは丙を分割できる。

【After】

908条については、改正はない。また、907条の改正により、一部分割が許容される場合があることが明文化され（同条1項）、遺産の一部のみの分割の申立ての要件が明確化されたが（同条2項）、これらの改正は従前の通説・実務を明文化したものであるから（→ Case 13）、基本的には908条の解釈に影響を与えるものではない。したがって、【Before】の取扱いと同じとなる。

もっとも、907条の改正の趣旨は、上記のとおり旧法下の通説・実務を明文化したものであるが、相続人間の実質的公平を重視しながらも、旧法下よりも、共同相続人の遺産に係る処分権限を重視したものである。他方で、908条の趣旨は、被相続人の意思の尊重と分割自由の原則および法的安定性の調和であるところ、共同相続人の遺産に係る処分権限を重視するという907条の改正の趣旨ないし方向性が、908条の解釈（例えば、遺言の解釈）においても、分割禁止の遺言を認めることにつき限定的ないし厳格な方向に働く可能性はあるといえる（実務において、遺言により一部分割の禁止を定める例は多くはなく、今後の事例の集積が待たれる）。

［田中智晴］

Ⅴ……一部分割❸

15
価値の乏しい不動産と一部分割の可否

Case
相続人および遺産が以下のとおりである場合に、Aが①および④についてのみ一部分割の申立てをした。この遺産の一部に係る調停または審判は認められるか。

相続人：被相続人の妻であるA、子であるB・C・D
遺産：①自宅土地建物（甲土地、乙建物。被相続人は事業を営んでいた。現在はAとBが居住している。評価額は1,500万円）
②丙建物（被相続人がかつて他人に貸していたが20年以上誰も居住等しておらず朽廃している。敷地は借地。評価額90万円）
③丁土地（広大な山林。一部隣地境界不明。また、一部は崖地を含む。評価額60万円）
④預貯金3,000万円

【Before】

　旧法下においては、一部分割に係る調停の要件は、他の遺産とは別個独立に分割する旨の合意があることであり、審判の要件は、必要性と許容性とされていた（→Case 13）。このうち、許容性については、具体的相続分と906条の分割基準に照らして残余遺産についての公平な分配が可能で、また分割全体も総合的にみて同条の基準に合致することを意味するとされており、相続人間の実質的公平が確保されるかどうかが基準とされていた。したがって、許容性について、公益的見地、例えば、遺産の一部分割の結果、経済的価値の低い不動産（例えば、利用価値の低い山林や長期間空き家になっている家屋等）や周辺に対し危険ないし何らかの悪影響を与えうる不動産（朽廃した家屋、崖崩れのおそれのある山林、有害物質を含む土地等）が未分割のまま放置される可能性やその弊害等については、特段、要件ないし考慮要素とはされていなかった。

　Aが①および④についてのみ一部分割の申立てをしているところ、この調停や審判を認めると、①・④に比べて経済的価値が低い②丙や③丁が未分割のまま放置されることになる可能性がある。その結果、これらの不動産については、被相続人登記のまま二次相続、三次相続が発生し、現在の所有者が誰か分からない状況（戸籍をたどって所有者を確定しても所有者もこれらの土地・建物について全く認識していない状況）が発生し、例え

ば、朽廃した丙の壁が地震等で崩れたり、台風によって屋根等が飛ばされたりして近隣に多大な迷惑がかかったり、今後の倒壊等を防ぐための何らかの処置が必要になることが予想される。また、丁の崖地が崩れそうになって何らかの対策を講じなければならない状況が発生したり、丁の隣地所有者が自分の土地を売買や分筆等するために境界確定が必要となっても境界立会を求めるのが困難となることも予想される。

　もっとも、上述のとおり、旧法下では、これらの公益的な観点は要件ないし考慮要素とされておらず、公益的観点から一部分割の調停ないし審判が認められないという解釈・運用は採られていなかった。

　したがって、これらを理由に一部分割に係る調停ないし審判が認められないということはなかった。

【After】
　新法下においても、旧法下と同じ解釈が採られている。
　この点、改正過程においては、上述の懸念をふまえて、公益的な観点から一部分割の請求を認めない場合も含まれるような要件設定が検討された。
　しかしながら、旧法では、共同相続人は「いつでも、その協議で、遺産の分割をすることができる」（旧907条1項）とされており、遺産分割をするか否かは共同相続人の任意の判断に委ねられ、特に公益的な観点からの時的限界等は設けられていないところ、当事者が一部のみ遺産分割をすることとした場合に、公益的な観点を考慮して全部分割すべき（一部分割を認めない）とすることができるのか、理論的整合性が問題とされた。また、相続開始によって遺産はすべて共同相続人の共有になっており、遺産分割協議で当該財産を共同相続人の共有とした場合も同様の状況は発生するから、一部分割の請求を明文上認めることが、必ずしも所有者の把握が難しい不動産の増加につながらないと判断され、公益的観点の考慮を要件とすることは見送られた。
　したがって、新法下においても、これらの公益的観点は考慮されずに一部分割に係る調停ないし審判の可否が判断され（907条2項）、上述の予想される弊害等を理由に調停・審判が認められないということはないことになる。

[田中智晴]

Ⅴ……一部分割❹

16 特別受益・寄与分と一部分割の可否

Case

相続人および遺産が Case 15 と同じである場合に、Aが①および④についてのみ一部分割の申立てをした。この遺産の一部に係る調停または審判は認められるか。なお、BおよびCはDが特別受益にあたる生計の資本としての贈与 300 万円を得ていると主張し、これに対し、Dは持戻しの免除ありとして争っている。また、Bは被相続人の家業に係る寄与分 300 万円を主張し、CおよびDはこれを争っている。

【Before】

旧法下においては、一部分割に係る調停の要件は、他の遺産とは別個独立に分割する旨の合意があることであり、審判の要件は、必要性と許容性とされていた（→ Case 13）。

このうち、許容性については、具体的相続分と 906 条の分割基準に照らして残余遺産についての公平な分配が可能で、また分割全体も総合的にみて同条の基準に合致することを意味するとされており、相続人間の実質的公平が確保されるかどうかが基準とされていた。

具体的には、寄与分や特別受益について争いがあり、これらが具体的相続分に大きな影響を与える場合で、争いのある財産が高額である一方、争いのない財産が少額である、または、一部分割の対象財産が高額で残余財産が少額であるとき等には、許容性が認められないことがあるとされていた。

仮にDの特別受益およびBの寄与分が認められれば、みなし相続財産は、① 1,500 ＋ ② 90 ＋ ③ 60 ＋ ④ 3,000 ＋ 特別受益 300 － 寄与分 300 ＝ 4,650 万円となり、具体的相続分は次のとおりとなる。

　　A：2,325 万円（＝ 4,650 × 1/2）
　　B：1,075 万円（＝ 4,650 × 1/2 × 1/3 ＋ 300）
　　C：775 万円（＝ 4,650 × 1/2 × 1/3）
　　D：475 万円（＝ 4,650 × 1/2 × 1/3 － 300）

ここで、先行して①および④のみを一部分割する際に、仮に法定相続分で分割すると

なると、①と④の合計4,500万について、A：2,250万（＝4,500×1/2）、B・C・D（＝4,500×1/2×1/3）：750万円ずつ取得することとなり、残余の②および③（合計150万円）の分割において、適切に特別受益ないし寄与分を反映させることができない可能性が高い。

したがって、①および④の分割についてDの特別受益ないしBの寄与分を適切に反映させた上で分割するか、特別受益や寄与分について検討し、代償金、換価等の分割方法をも検討した上で、最終的に適正な分割を達成しうるという明確な見通しが得られた場合（Dが具体的相続分を超過する遺産を取得することになるおそれがあるが、残部分割の際にDがBに対しBの具体的相続分の不足分に係る代償金を支払うことが確実視される〔Dが確約し担保を提供等している〕場合等）でなければ、①および④のみの一部分割に係る審判は認められないとされていた。

【After】
Case13において述べたとおり、新法は、旧法下の通説・実務を明文化したものであるが、相続人間の実質的公平を重視しながらも、旧法下より、共同相続人の遺産に係る処分権限を重視したものである。新法における許容性、すなわち、「遺産の一部を分割することにより他の共同相続人の利益を害するおそれがある場合」（907条2項ただし書）は、旧法下と実質的に同じと解されているが、改正の趣旨からすると、旧法下より若干要件が緩められたと解することが可能である。

旧法下より許容性の要件が若干緩められた結果、例えば、最終的に適正な分割を達成しうるという相応の見通しがあれば（適正な分割を達成しうるという明確な見通しまでは得られていなくとも）、一部分割に係る審判は認められることもあろう。

すなわち、Dが具体的相続分を超過する遺産を取得することになるおそれがあるが、残部分割の際にDがBに対しBの具体的相続分の不足分に係る代償金を支払う蓋然性が高い場合（Dは担保提供まではしておらず、Dが代償金を支払うことが確実視されるとまでは言い難いものの、DはBの寄与分が認められた場合にはこれを支払う旨明言・誓約しており、共同相続人間の人間関係等によりDがBに支払う蓋然性が高いといえる場合等）には、「共同相続人の利益を害するおそれがある」とまではいえないとして、①および④のみの一部分割に係る審判が認められることがあろう。

［田中智晴］

Ⅵ……分割前の預貯金債権行使❶

17 遺産分割前に預貯金の払戻しが認められる場合

Case
　Aが死亡し、その相続人は妻BとながC男である。Aは、D銀行に普通預金600万円を有していた。BとCは遺産分割協議を重ねたが、未だ合意には達していない。Bは、裁判所の関与なしに、D銀行に対し、預貯金の払戻しを求めることができるか。

【Before】
　従来、最大決平28・12・19民集70-8-2121以前は、「相続人数人ある場合において、その相続財産中に金銭その他の可分債権あるときは、その債権は法律上当然分割され各共同相続人がその相続分に応じて権利を承継する」（最判昭29・4・8民集8-4-819、最判平16・4・20家月56-10-48等多数）ものとされ、相続人全員の同意がない限り、預貯金は遺産分割の対象とならないとされてきた。
　ところが、上記平成28年決定は、「共同相続された普通預金債権、通常貯金債権および定期貯金債権は、いずれも、相続開始と同時に当然に相続分に応じて分割されることはなく、遺産分割の対象となるものと解するのが相当」と判示した。その後最高裁は定期預金債権、定期積金債権についても同旨の判決をした（最判平29・4・6集民255-129）。
　すなわち、上記平成28年決定以後は、預貯金債権は、遺産分割の対象とされ、相続人間の準共有状態となり、相続人は単独で行使できないこととなった。
　Caseにおいては、遺産分割未了であるため、Bは、単独では、裁判所の手続を経ずに、D銀行に対し、普通預金の払戻しを求めることはできない。

【After】
　909条の2は、遺産分割前において、裁判所の判断を経ずに、遺産に属する預貯金債権の行使を一定の範囲で認めた。各共同相続人は、①遺産に属する預貯金債権の、②相続開始の時の債権額（各預貯金債権ごとの債権額）の3分の1に法定相続分を乗じた額につき、③預貯金債権の債務者（金融機関）ごとに法務省令で定める額を限度として、単独でその権利を行使することができる。
　これは、上記平成28年決定により、遺産分割終了までの間、相続人に相続債務、葬

儀費用、生活費、納税資金などの資金需要がある場合でも、相続人単独では預貯金債権の払戻しができない不都合が生じるおそれがあるため、遺産分割における他の共同相続人の利益を害することがないよう公平性を図りつつ、相続人の比較的小口の資金需要に対応できるように、遺産分割対象である預貯金債権に限り、家庭裁判所の仮分割の仮処分の要件を緩和する方法（→ Case 20）とともに、家庭裁判所の判断を経ずに、預貯金債権の一定割合の支払を受けられるように改正されたものである。

　③の限度額は、150万円である（平成30年法務省令第29号）。これは、標準的な生計費の額については、毎年、国家公務員の給与勧告を行う際に人事院が参考資料として算定している世帯人員1名の標準生計費が1か月当たり12万円弱となっていること、および、平均的な葬式費用の額は、150万円前後とされていることが根拠とされている。

　Case においては、Bは、①遺産であるD銀行の普通預金の、②相続開始の時の債権額（600万円）の3分の1（200万円）にBの法定相続分2分の1を乗じた額（100万円）につき、③法務省令で定める額（150万円）の限度内で、すなわち100万円の払戻しを求めることができる。

　なお、909条の2に基づく払戻請求は、他の相続人がなした同条に基づく払戻請求や、家事200条3項に基づく仮分割仮処分に基づく預貯金債権の払戻請求（→ Case 20）と、並行して行いうる。払戻額を決定する預金額の基準は「相続開始の時」の債権額であり、先行する払戻しは考慮されず、払戻額が決まり、同額以上の残額があれば、行使できる。

　ただし、これまでと同様、金融機関から、被相続人に対する債権・相続人に対する債権との相殺の抗弁や、例えば定期預金の満期前である等の預金約款による払戻制限の抗弁を受ける可能性はある。

　また、909条の2に基づき相続人が単独で権利の行使をした預貯金債権については、当該共同相続人が遺産の一部の分割によりこれを取得したものとみなすとされた（同条ただし書）。すなわち、後の遺産分割調停・審判においては、当該相続人が先行する一部分割ですでに909条の2に基づき相続人が単独で権利の行使をした預貯金債権を取得し具体的相続分の一部の満足を得ているものとみなし、清算義務を課すこととなる。具体的には、当該相続人の909条の2の権利行使による取得を考慮して、他の共同相続人に他の遺産を取得させるか、当該相続人に対し代償金支払義務等の金銭清算義務を負わせることとなろう。

　なお、改正法附則5条1項において、909条の2は、施行日前に開始した相続に関し、施行日以後に預貯金債権の行使がされるときに適用するとされている。施行日以後であれば、相続発生の時期を問わず、相続人は909条の2に基づく請求が可能となる。

　このほか、Bは、D銀行の判断により、少額預金や葬儀費用については、いわゆる「便宜払い」を受けられる場合もある（→ Case 19）。　　　　　　　［松本智子］

VI……分割前の預貯金債権行使❷

18 複数金融機関の預貯金を払い戻せる場合

Case
(1) Aが死亡し、その相続人は妻Bと長男C、長女Dである。Aは、E銀行に投資信託100万円と普通預金500万円、F銀行に普通預金1,200万円、G銀行に定期預金500万円と普通預金500万円を有していた。B・C・Dは遺産分割協議を重ねたが、未だ合意には達していない。Bは、裁判所の関与なしに、E銀行、F銀行、G銀行に対し、払戻しを求めることができるか。
(2) Aが預金を有していたのが、E銀行H支店に投資信託100万円と普通預金500万円、E銀行I支店に定期預金1,200万円、E銀行J支店に定期預金500万円、普通預金500万円を預金していた場合は、どうか。

【Before】
従前、預貯金債権については、相続開始と同時に各共同相続人の相続分にしたがって当然に分割されるとされていたが、最大決平28・12・19民集70-8-2121により、預貯金債権は、遺産分割の対象とされ、相続人間の準共有状態となり、相続人は単独で権利行使できないこととなった（→ Case 17）。

Caseにおいては、遺産分割未了であるため、Bは、いずれの場合も、単独で、投資信託や預金の払戻しを求めることはできない。

【After】
上記平成28年決定により、相続人は、遺産分割終了までの間、葬儀費用等の資金需要がある場合でも、単独では遺産たる預貯金債権の行使ができない不都合が生じることとなった。その不都合を回避するために、909条の2では、遺産分割における他の共同相続人の利益を害することがないよう公平性を図りつつ、相続人の比較的小口の資金需要に対応できるように、預貯金債権に限り、家庭裁判所の判断を経ずに、預貯金債権の一定割合の支払を受けることが可能とされた。相続人が単独で払戻しを受けることができる範囲は、①遺産に属する預貯金債権の、②相続開始の時の債権額（各預貯金債権ごとの債権額）の3分の1に法定相続分を乗じた額につき、③預貯金債権の債務者（金融機関）ごとに150万円の限度（平成30年法務省令第29号）である（→ Case 17）。

②の計算基準は、相続開始の時の「各預貯金債権ごと」の債権額であり、同一の金融機関に複数の預貯金債権がある場合には、各預貯金債権ごとに計算される。
　一方、③の限度額は、預貯金債権の「債務者ごと」であり、複数の金融機関に預貯金債権がある場合には各金融機関ごとに150万円となるが、同一の金融機関の単独または複数の預貯金債権がある場合には合計150万円までとされる。複数の預貯金債権がある場合に、③の150万円の限度額を超える場合にどの預貯金から順に②の範囲内で払い戻すかは、金融機関と払戻請求した相続人の協議による。
　Case においては、Bは、909条の2に基づき、E銀行、F銀行、G銀行のいずれからも、以下の計算のとおりの範囲で払戻しをすることができる。
　(1)のE銀行　投資信託100万円：①の預貯金債権の要件を充たさない。
　　　　　　　　したがって、Bは、投資信託の払戻しはできない。
　　　　　　　　普通預金500万円：② 500 × 1/3 × 1/2 ＝ 83万3,333円＜③ 150万円
　　　　　　　　したがって、Bは、普通預金の内金83万3,333円の払戻しができる。
　　　F銀行　普通預金1,200万円：② 1,200 × 1/3 × 1/2 ＝ 200万円＞③ 150万円
　　　　　　　したがって、Bは、普通預金の内金150万円の払戻しができる。
　　　G銀行　定期預金500万円：② 500 × 1/3 × 1/2 ＝ 83万3,333円
　　　　　　　普通預金500万円：② 500 × 1/3 × 1/2 ＝ 83万3,333円
　　　　　　　合計 833,333 ＋ 833,333 ＝ 1,666,666円＞③ 150万円
　　　　　　　したがって、Bは、定期預金と普通預金から合計内金150万円の払戻しができる。定期預金と普通預金のいずれを多く払い戻すかは、金融機関と相続人の協議による。

　(2)のE銀行
　　　H支店　投資信託100万円：①の預貯金債権の要件を充たさない。
　　　　　　　したがって、Bは、投資信託の払戻しはできない。
　　　　　　　普通預金500万円：② 500 × 1/3 × 1/2 ＝ 83万3,333円
　　　I支店　定期預金1,200万円：② 1,200 × 1/3 × 1/2 ＝ 200万円
　　　J支店　定期預金500万円：② 500 × 1/3 × 1/2 ＝ 83万3,333円
　　　　　　　普通預金500万円：② 500 × 1/3 × 1/2 ＝ 83万3,333円
　　　　　　　合計 833,333 ＋ 200,000 ＋ 833,333 ＋ 833,333 ＝ 4,499,999円＞③ 150万円
　　　　　　　したがって、Bは、E銀行H支店普通預金とI支店普通預金、J支店定期預金、J支店普通預金から合計内金150万円の払戻しができる。H支店普通預金とI支店普通預金、J支店定期預金、J支店普通預金のいずれを多く払い戻すかは、金融機関と相続人の協議による。

［松本智子］

Ⅵ……分割前の預貯金債権行使❸

19 預貯金の払戻し可否の判断基準

Case
Aが死亡し、その相続人は妻Bと長男Cである。Aは、D銀行に普通預金600万円を有していた。BとCは遺産分割協議を重ねたが、未だ合意には達していない。Bは、裁判所の関与なしに、D銀行に対し、以下の資金需要に基づき、預金の払戻しを求めることができるか。
(1) 葬儀費用 200万円
(2) Bの生活費 120万円
(3) Aのローン 150万円

【Before】
　従来、最大決平28・12・19民集70-8-2121以前は、相続財産中の可分債権は法律上当然分割され各共同相続人がその相続分に応じて権利を承継するとされ（最判昭29・4・8民集8-4-819等多数）、相続人全員の同意がない限り、預貯金は遺産分割の対象とならないとされてきた。ただし、金融機関は、相続人の一部から預貯金債権の払戻請求があった場合、相続人間紛争（遺言・遺産分割協議の有無、相続人の範囲等の争い）の有無の確認を要する等の事情から、相続人全員での払戻しを求めてきた。
　しかし、遺産分割終了までに、相続人に資金需要がある場合、相続人単独の預貯金債権の行使を、金融機関が拒否すると、実際には、不都合が生じるおそれがある。
　そこで、一部金融機関は、一部相続人から法定相続分に従った預貯金債権の払戻請求があった場合、一定の条件（他の相続人への文書送付等）のもとで払戻しに応じていた。
　この場合、金融機関の一部相続人に対する弁済は、実際にも払戻しを受けた相続人が法定相続分を有していたときは本旨弁済となるが、後に、預貯金債権に関する遺言や遺産分割が存在していた等の理由により、他の相続人から預貯金債権の二重払いを求められた場合であっても、金融機関に過失がなければ、478条による弁済として有効となる。
　また、実務上、一部相続人から預貯金払戻しの相談を受けた金融機関の裁量で、少額、葬儀費用、相続債務の支払の場合等、他の相続人から後に二重払いを求められるリスクが低いときには、払戻しを受ける相続人を相続人代表者として、便宜的に預貯金の支払（いわゆる「便宜払い」）を受けられるケースもあった。

この場合、実際に相続人代表者が「便宜払い」を受けることが他の相続人の意思に反しなかったときは本人ないし代理人に対する弁済として本旨弁済となる。一方、後に、他の相続人から預貯金債権の二重払いを求められた場合には、詐称代理人に対する払戻しの場合と同様、金融機関に過失がなければ、478条による弁済として有効となりうる。
　その後、上記平成28年決定により、預貯金債権は、遺産分割の対象とされ、相続人間の準共有状態となり、相続人は単独で権利行使できないこととなった（→ Case 17）。すなわち、遺産分割前に、相続人は、法定相続分に従った預貯金債権の払戻請求を行うことができず、金融機関は、「便宜払い」の場合に、払戻しをした相続人の法定相続分の範囲内で本旨弁済または478条による弁済として有効となることを理由にリスクヘッジできなくなった。金融機関は、他の相続人から後に二重払いを求められるリスクが低いかどうか、などを考慮して、「便宜払い」をするかどうか判断することになる。
　Case においては、遺産分割未了であるため、Bは、いずれの場合も、単独で、D銀行に対し、普通預金の払戻しを求めることはできない。
　ただし、Bは、D銀行に対し、(1)・(3)の場合は、事情を説明して、D銀行の裁量で、Bを相続人代表者として、普通預金から「便宜払い」を受けられる可能性がある。

【After】

　909条の2では、預貯金債権に限り、家庭裁判所の判断を経ずに、預貯金債権の一定割合の支払を受けることが可能とされた。相続人が単独で払戻しを受けることができる範囲は、①遺産に属する預貯金債権の、②相続開始の時の債権額（各預貯金債権ごとの債権額）の3分の1に法定相続分を乗じた額につき、③預貯金債権の債務者（金融機関）ごとに法務省令で定める額の限度（150万円）である（→ Case 17）。
　加えて、【Before】のとおり、相続人は、909条の2に基づく払戻しとは別に、葬儀費用や相続債務の支払の場合等、Bを相続人代表者として、「便宜払い」を受けることができる可能性も考えられる。ただし、上記平成28年決定により、金融機関は、払戻しをした相続人の法定相続分の範囲内で本旨弁済または478条による弁済として有効となることでリスクヘッジできなくなった。さらに、相続人は、909条の2による払戻しや、裁判所の仮分割仮処分による払戻しが可能となったことから、金融機関から、これらの手続利用を推奨されるケースが多くなると予想される。
　Case においては、Bは、D銀行に対し、①遺産であるD銀行の普通預金の、②相続開始の時の債権額（600万円）の3分の1（200万円）にBの法定相続分2分の1を乗じた額（100万円）につき、③法務省令で定める額（150万円）の限度内で、すなわち100万円の払戻しを求めることができ、その範囲で(1)～(3)の支払資金に充てることができる。
　また、Bは、D銀行に対し、(1)・(3)の場合は、事情を説明して、D銀行の裁量で、Bを相続人代表者として、普通預金から支払を受けられる可能性はある。　　　　［松本智子］

Ⅶ……家事事件手続法の一部改正❶

20 預貯金債権の仮分割の仮処分が認められる場合

Case
　Aが死亡し、その相続人は妻Bと長男Cである。Aは、D銀行に普通預金600万円を有していた。BとCは遺産分割協議を重ねたが、未だ合意には達していない。Bは、D銀行に対し、預金の払戻しを求めることができるか。

【Before】
　従前、預貯金債権については、相続開始と同時に各共同相続人の相続分に従って当然に分割されるとされていたが、最大決平28・12・19民集70-8-2121により、預貯金債権は、遺産分割の対象とされ、相続人は単独で権利行使できないこととなった（→ Case 17）。
　相続人は、葬儀費用支弁の場合等は、「便宜払い」を受けることができた（→ Case 19）が、それ以外の場合は、相続人は、家事200条2項に基づく仮処分の申立てをし、仮処分決定を得る必要があった。
　その要件は、①「遺産の分割の審判又は調停の申立て」があること、②「①の事件の関係人」の仮処分申立てがあること、③その「急迫の危険を防止するため必要」があること、④申立人が当該遺産を取得する蓋然性があること、である。
　Caseにおいては、Bは、①家庭裁判所に対し、他の相続人を相手方として、遺産分割調停の申立てを行い、②家庭裁判所に対し、D銀行の預金債権をBに仮分割するとの仮処分申立てを行い、③Bが預金払戻しを求める個別の資金需要、例えば、期限到来済みの相続債務の弁済、相続人の生活費の支弁など、急迫の危険を防止するため必要があること、④当該預金債権を①の調停において取得する蓋然性があることを主張疎明して、仮分割仮処分決定を得て、D銀行に対し、仮処分決定を示して、預金の払戻しを受けることができる。

【After】
　今回の改正で家事200条に3項を新設し、より緩やかな要件で、家庭裁判所による預貯金債権の仮分割の仮処分を得る方法が設けられた。
　その要件は、ⓐ「遺産の分割の審判又は調停の申立て」があること、ⓑ「ⓐの事件の関係人」の仮処分申立てがあること、ⓒ「遺産に属する預貯金債権」であること、ⓓ

「相続財産に属する債務の弁済、相続人の生活費の支弁その他の事情」により「行使する必要」があること、ⓔ「他の共同相続人の利益を害する」とはいえないこと、とされている。

上記要件ⓐは、従前の家事200条2項の要件を維持した。調停申立ては比較的簡易であり、仮処分の迅速性を阻害するものではないといえるからである。

要件ⓒは、仮分割の対象は、遺産分割対象である預貯金債権に限られる。投資信託や株式などは、除外されており、家事200条2項による必要がある。

要件ⓓは、例示列挙であり、相続債務、相続人の生活費のほか、葬儀費、相続税、相続財産の保存・管理費用、相続人の債務の支払等の必要性を主張することもできる。また、【Before】の要件③「急迫の危険を防止するため必要」があるときよりも緩やかに、単に「必要」があるときに認める趣旨である。

要件ⓔは、【Before】の要件④本案において申立人が当該遺産を取得する蓋然性があることのうち、本案での当該遺産の取得蓋然性を外し、他の共同相続人の具体的相続分を害するかどうかのみ考慮することとされた。一般的には、遺産総額に申立人の法定相続分を乗じた範囲内で、預貯金債権を仮に取得させることになるものと考えられる。これを超えて仮取得の仮処分を求めるには、他の共同相続人に具体的相続分がないあるいは少ない、他の仮分割仮処分に基づく払戻金で相続債務の返済を行う、他の相続人に他の遺産の取得希望があるなどの事情を主張疎明する必要がある（→ Case 21）。

Caseにおいては、Bは、ⓐ家庭裁判所に対し、他の相続人を相手方として、遺産分割調停の申立てを行い、ⓑ家庭裁判所に対し、D銀行の預金債権をBに仮分割するとの仮処分申立てを行い、ⓒD銀行の預貯金債権について、ⓓBが預金払戻しを求める個別の資金需要、例えば、葬儀費用、相続債務、相続人の生活費、相続税の支払などの必要があること、ⓔ払戻しを求める範囲がBの法定相続分相当額であるなど、他の相続人の具体的相続分を害するものでないことを主張疎明して、仮分割仮処分決定を得て、D銀行に対し、仮処分決定を示して、預金の払戻しを受けることができる。

ただし、これまで同様、金融機関から、被相続人に対する債権、相続人に対する債権との相殺の抗弁や、預金約款による払戻し制限の抗弁を受ける可能性はある。

なお、本件仮分割の仮処分は、本案たる遺産分割調停・審判には影響しない（民事事件の保全と本案の関係につき、最判昭54・4・17民集33-3-366）。ただ、仮処分に基づいて行った金融機関の弁済は、本旨弁済として有効となるため、本案では、当該相続人に、すでに払い戻した預貯金を取得させたうえで、他の相続人に他の遺産を取得させるか、他の相続人に対する代償金の支払をさせることになろう。

また、家事200条3項に基づく申立ては、施行日以後であれば、相続発生の時期を問わず、申立てすることができる（改正法附則11条）。

なお、909条の2に基づく請求も可能である（→ Case 17）。　　　　　［松本智子］

Ⅶ……家事事件手続法の一部改正❷

21
複数金融機関の預貯金と仮分割の仮処分

Case

(1) Aが死亡し、その相続人は妻Bと長男C、長女Dである。Aは、E銀行に投資信託100万円と普通預金500万円、F銀行に普通預金1,200万円、G銀行に定期預金500万円と普通預金500万円を有していた。Aは生前贈与をしておらず、他に遺産はない。B・C・Dは遺産分割協議を重ねたが、未だ合意には達していない。Bは、E銀行とF銀行に対し、それぞれ普通預金全額の払戻しを求めることができるか。
(2) Bが、払戻金で、Aの債務1,500万円を弁済する場合はどうか。
(3) Aは、このほか、Dと同居していた自宅不動産（評価額1,000万円）を有しており、Dが継続して居住を希望している場合はどうか。

【Before】

従前、預貯金債権は、相続開始と同時に各共同相続人の相続分に従って当然分割されるとされていたが、最大決平28・12・19民集70-8-2121により、預貯金債権は、遺産分割対象とされ、相続人単独で権利行使できないとされた（→ Case17）。

相続人は、葬儀費用支弁の場合等は、金融機関の裁量による「便宜払い」を受けることができた（→ Case 19）が、それ以外の場合は、相続人は、家事200条2項に基づく仮処分の申立てをし、仮処分決定を得る必要があった（→ Case 20）。

その要件は、①「遺産の分割の審判又は調停の申立て」があること、②「①の事件の関係人」の仮処分申立てがあること、③その「急迫の危険を防止するため必要」があること、④申立人が当該遺産を取得する蓋然性があること、である。

Caseにおいては、Bは、①家庭裁判所に対し、他の相続人C・Dを相手方として、遺産分割調停の申立てを行い、②家庭裁判所に対し、E銀行とF銀行の普通預金全額をBに仮分割するとの仮処分申立てを行い、③Bが預金払戻しを求める個別の資金需要、例えば、期限到来済みの相続債務の弁済、相続人の生活費の支弁など、急迫の危険を防止するため必要があること、④当該預金債権を①の調停において取得する蓋然性があることを主張疎明して、仮分割仮処分決定を得て、E銀行・F銀行に対し、仮処分決定を示して、預金の払戻しを受けることができる。

【After】
　今回の改正で家事200条に3項を新設し、より緩やかな要件で、家庭裁判所による預貯金債権の仮分割の仮処分を得る方法が設けられた。その要件は、ⓐ「遺産の分割の審判又は調停の申立て」があること、ⓑ「ⓐの事件の関係人」の仮処分申立てがあること、ⓒ「遺産に属する預貯金債権」であること、ⓓ「相続財産に属する債務の弁済、相続人の生活費の支弁その他の事情」により「行使する必要」があること、ⓔ「他の共同相続人の利益を害する」とはいえないこと、とされている（→ Case 20）。
　要件ⓔの趣旨は、仮分割の仮処分により他の共同相続人の具体的相続分が害される場合等を除外する趣旨である。
　したがって、仮分割仮処分の申立てにおいて、仮分割の対象となっている預貯金債権以外に預貯金債権がある場合や、預貯金債権以外の不動産・有価証券などの遺産がある場合、他の相続人に特別受益がある場合等は、それらを含めて他の相続人の具体的相続分を算出して、他の相続人に当該預貯金債権以外の他の遺産の取得希望があるかどうかが考慮されることとなる。
　Case⑴においては、Bは、ⓐ家庭裁判所に対し、他の相続人C・Dを相手方として、遺産分割調停の申立てを行い、ⓑ家庭裁判所に対し、E銀行およびF銀行の預金債権をBに仮分割するとの仮処分申立てを行い、ⓒE銀行およびF銀行の普通預金について、ⓓBが預金払戻しを求める個別の資金需要、例えば、葬儀費用、相続人の生活費、相続債務の支払などの必要があること、ⓔ他の相続人の具体的相続分を害するものでないことを主張疎明して、仮分割を求める仮処分決定を得て、E銀行とF銀行に対し、仮処分決定を示して、普通預金の払戻しを受けることができる。
　ⓔの要件について、具体的に検討をすると、Aの遺産総額は、E銀行の投資信託100万円と普通預金500万円、F銀行の普通預金1,200万円、G銀行の定期預金500万円と普通預金500万円の合計2,800万円である。Bの法定相続分は2分の1であり、Aは生前贈与をしていないので、寄与分を考慮しないBの具体的相続分は2分の1である。したがって、調停・審判におけるBの取得額は、遺産総額2,800×具体的相続分1/2＝1,400万円である。よって、Bは、E銀行普通預金500万円・F銀行普通預金1,200万円のうち1,400万円の範囲内で、仮分割仮処分が下されることになろう。
　Case⑵では、Bは、C・Dの各当然承継債務（1,500×B・Cの法定相続分1/4＝375万円）を弁済して消滅させ、同額の求償権を取得することとなる。ⓔの要件において、これを考慮すると、1,500万円全額の仮分割仮処分を得られる見込みがある。
　Case⑶では、遺産分割調停または審判でDが自宅不動産（評価額1,000万円）を取得する見込みがある。ⓔの要件において、これを考慮すると、1,500万円全額の仮分割仮処分を得られる見込みがある。

［松本智子］

I……自筆証書遺言の方式緩和❶

22 自筆証書遺言の作成の方式

Case

　Aは、自己の居住するマンションのほか、第三者に賃貸中のマンション2室、D銀行E支店に2つの預金口座を有しており、自己の居住するマンションとD銀行E支店の1つの口座にある預金を子Bに、賃貸中のマンション2室ともう1つの口座にある預金を子Cに相続させようと考えている。しかしAは、病気のため、長文を自書するのが困難となっている。有効な遺言を作成するには、どのようにすればよいか。

【Before】

　自筆証書遺言は、①全文を自書すること、②日付を自書すること、③氏名を自署すること、④押印があることが要件である（968条1項）。

　全文の自書が要求されるのは、筆跡によって本人が書いたものであることを判定でき、それ自体で遺言が遺言者の真意に出たものであることを保障することができるからである（最判昭62・10・8民集41-7-1471）。したがって、遺言者がカーボン紙を用いて複写したものは自書として認められるが（最判平5・10・19家月46-4-27）、パソコンなどの機器を用いて作成したものは、機器を使用した者が誰であるかを後日判定することが困難であるから、たとえ機器により作成した部分が遺言書の一部であっても、遺言全体が無効とされる。

　自筆証書遺言を作成するためには自書能力が必要であり、上記昭和62年判決によれば、病気その他の理由により運筆について他人の添え手による補助を受けてされた自筆証書遺言は、他人の添え手が、単に始筆もしくは改行にあたりもしくは字の間配りや行間を整えるため遺言者の手を用紙の正しい位置に導くにとどまるか、または遺言者の手の動きが遺言者の望みにまかされており、遺言者は添え手をした他人から単に筆記を容易にするための支えを借りただけであり、かつ、添え手をした他人の意思が介入した形跡のないことが筆跡のうえで判定できる場合に自書の要件を充たす。

　しかしながら、遺言の対象や内容を明確にするために写真・図面および一覧表等を用いること一切が否定されるものではなく、図面等の上に自筆の添え書きや指示文言等が付記され、あるいは自筆書面との一体性を明らかにする方法が講じられていれば、自書

性が保たれるとする裁判例（札幌高決平 14・4・26 家月 54-10-54）があり、物件の特定部分については必ずしも自書以外の表現方法が全面的に否定されているわけではない。

なお、Case で、マンションの専有部分につき、「遺言者の所有するマンション」「○○駅前のマンション」などと表示することは、他の区分所有建物の専有部分との誤認混同が生じない限りは有効と解されるが、遺言により直ちに所有権移転登記申請をすることができないという難点がある。Aは、マンションの所在を他と区別することができるように記載することにより有効な遺言をすることは一応可能であるが、これにより直ちに所有権移転登記手続を可能とするには全階の床面積を含む1棟の建物の表示や専有部分の表示を手書きしなければならず、相当の困難を伴う。

【After】

自筆証書遺言のうち、自筆証書と一体のものとして添付された相続財産の目録については、必ずしも自書する必要はない（968条2項前段）。しかしながら、自書でない記載があるすべてのページに署名押印することが必要である（同項後段）。本文に日付および氏名の自書と押印が必要であることは、旧法と変わらない。

遺言による処分意思につき自書により特に真意を担保する必要があるのは、処分する財産と当該財産を処分する相手方の記載であり、自書部分によって処分する財産が特定される限り、その財産の表示自体は自書以外の別の方法をとることもありうるとの考え方によるものである。目録について真意を担保し、偽造・変造を防止する別の手段として、新法はすべてのページにつき署名押印を要求している。

この相続財産の目録については、パソコン等の機器を利用することができ、その機器を遺言者自身が操作する必要もない。また、相続財産を特定する手段として不動産登記情報や預金通帳の写しを添付することも可能である。

この相続財産の目録は、処分意思が記載された自筆証書と一体のものである必要があるが、内容ないし外形から見て遺言としての一体性が認められれば足り、必ずしも契印や編綴が要求されるものではない（最判昭 37・5・29 家月 14-10-111 参照）。具体的には、保管場所、保管方法、封入の方法、封印の有無などから個別に判断することとなろう。

目録の一部につき署名押印が欠けていた場合の効力が問題となるが、新法は、相続財産の目録については当該ページへの署名押印をもって遺言者の真意を担保するものとしたのであるから、当該署名押印が欠落したページに記載された財産の処分のみを無効とすれば足り、遺言全体が無効となるものではないと解される。

Case で、Aは、マンションの登記情報と預金通帳のコピーによって目録を作成し、すべてのページに署名押印することにより、有効な自筆証書遺言を作成することができる。

［増田勝久］

I……自筆証書遺言の方式緩和❷

23 自筆証書遺言の変更の方式

Case
　Aは、自筆証書遺言により、その所有する自宅不動産（甲）およびD銀行E支店の普通預金を子Bに、甲の隣の第三者Fに賃貸中の不動産（乙）を子Cにそれぞれ遺贈する遺言書を作成していた。その後Aは、気が変わって、Bには乙、Cには甲を遺贈しようと思った。甲は地積 78.58㎡、乙は地積 79.96㎡である。Aが遺言の内容を改めるには、どのようにすればよいか。

【Before】
　自筆証書遺言において、遺言書の文面に加除その他の変更・訂正を行う場合は、遺言者がその場所を指示し、変更した旨を付記してその部分に署名し、その変更の場所に押印することが必要である（旧968条2項）。

　Caseでは、遺贈する不動産の表示のうちの地番、地積、建物番号、床面積などをそれぞれ書き替え、例えば地積を「78.58㎡」から「79.96㎡」に書き替えた部分の欄外に「3字変更」あるいは「3字削除3字追加」などの付記をしてその部分に署名し、「8」を抹消して「9」とした部分および「58」を抹消して「96」とした部分にそれぞれ押印しなければならない。この方式に従わなかった場合、その変更・訂正は効力を生じない。このとき「9」「96」の加筆部分も自書しなければならない。裁判例には、訂正部分を横線または斜線で抹消したうえ、その横に新たな加筆がされ、さらに訂正部分の上欄に「1字訂正」と記載し、訂正部分と付記部分に遺言者の押印がある遺言書について、旧968条2項の加除変更の方式に違背しているとして、訂正後の記載を無効としたものがある（大阪地判昭57・10・25判タ489-105）。

　しかしながら、このような厳格な要式性の要求は、事後に変更の有無についての疑義が生じることを防ぐためのものであるから、変更場所の指示および付記およびこれへの署名が欠けていたとしても、訂正を争う者が同席している場で、変更自体は遺言者の自書により行われた場合に、「遺言者の真意に反して遺言訂正の効果を認めないとすると、実質的正義に反する結果を招来する事案に当たる」として、訂正を有効とした裁判例がある（東京地判平19・7・12判時1996-51）。

　加除その他の変更・訂正が定められた方式に従ってなされていない場合には、遺言書

自体が無効となるのではなく、当該加除・変更がなかったものとして、すなわち訂正前の記載がなされた遺言書として扱われる。訂正前の記載が判読できない場合は、その部分が無効と解さざるをえない。遺言書の日付につき方式に違背した訂正がなされ、もとの日付が判読不能であった場合に、遺言書全体を無効とした裁判例がある（仙台地判昭50・2・27 判時804-78）。

【After】

　新法においても、加除その他の変更・訂正を行う場合は、遺言者がその場所を指示し、変更した旨を付記してその部分に署名し、その変更の場所に押印することが必要であることは変わらず、これは目録の変更についても同様である（968条3項）。

　しかし、財産目録を添付した場合には、その財産目録に訂正加筆する部分は自書でなくてもよい。**Case** では、以下の3通りの方法が考えられる。

　①　パソコンを使用して作成した財産目録の「地積」の部分をソフトの修正機能を用いて履歴を残して変更し、欄外に「3字変更」あるいは「3字削除3字追加」などの付記をしてその部分に署名し、「8」を抹消して「9」とした部分および「58」を抹消して「96」とした部分にそれぞれ押印する。ただし、この場合も、指示付記部分の自書と付記部分への署名、および変更部分への押印は必要である。

　②　財産目録1に甲、同2に普通預金、同3に乙を記載していた場合、全文自書している遺言書本体部分に、「旧財産目録1を、新財産目録1のとおり訂正する」旨の文言を自書し、この付記部分に署名し、旧財産目録1を抹消して押印し、新財産目録1に差し替える。同様に、「旧財産目録3を、新財産目録3のとおり訂正する」旨の文言を自書し、この付記部分に署名し、旧財産目録3を抹消して押印し、新財産目録3に差し替える。この場合、新財産目録1および3には、新968条2項後段に基づく署名押印が必要である。

　③　②と同じく財産目録1に甲、同2に普通預金、同3に乙を記載していた場合に、全文自書している遺言書本体部分の「財産目録1」を「財産目録3」に、「財産目録3」を「財産目録1」に、それぞれ【Before】記載の方法で加除訂正する。

　なお、**Case** で、普通預金を遺贈の目的としていなかった場合には、遺言書本体の受贈者名を修正することにより目的を達することも可能であり、この場合も加除訂正の方式は【Before】記載の方法と変わらない。

　　　　　　　　　　　　　　　　　　　　　　　　　　　　　　　　［増田勝久］

II……遺贈の担保責任❶

24
遺贈義務者の引渡義務と別段の意思表示

Case

　Aは、「長年の友人であり、趣味を同じくするBに、Vienna Acoustics 社製のスピーカー "THE MUSIC" を贈る」という旨の遺言を作成し、その後、Aは死亡した。

　Aの遺言を整理していたAの単独の相続人であるCは、遺品の中にあったVienna Acoustics のスピーカー "THE MUSIC" を、Bに引き渡した。その後、Bが、それを使ってみたところ、スピーカーのコーンやエッジが大きく損傷しており、修理には多額の費用がかかることが明らかになった。Bは、Cに対して、引き渡されたスピーカーに代えて新品の製品を引き渡すこと、あるいは、修理費用を請求することはできるか。

【Before】

　まず、Case を正しく理解してもらうために、少し補足しておく。Vienna Acoustics 社というのは、名前からもわかるようにオーストリアのメーカーで、"THE MUSIC" というのは、同社の最も高級なスピーカーで、1台190万円程度の製品である（通常は、2台1組なので、合計380万円の高級スピーカー！）。なお、本稿執筆時には市販されているが、この問題を考える際にも一般に市販されているという前提で考えることにしよう。

　さて、遺贈における担保責任について、旧998条2項は、「不特定物を遺贈の目的とした場合において、物に瑕疵があったときは、遺贈義務者は、瑕疵のない物をもってこれに代えなければならない」と規定していたが、特定物についての規定は特におかれていなかった。特定物については、贈与についての債権法改正前551条を前提として、担保責任を負わないという前提で考えられていた。

　以上を前提とすると、Case の場合、遺言に書かれた Vienna Acoustics 社製のスピーカー "THE MUSIC" が特定物なのか、不特定物なのかで大きく扱いが異なることになる。すなわち、特定物だとすれば、遺言を執行するCは、何ら担保責任を負うものではない。他方、不特定物（種類物）として定められているのだとすれば、瑕疵のない物を給付しなければならないことになる。

　もっとも、この Case においては、Aの遺品の中に、Vienna Acoustics 社製のスピー

カー"THE MUSIC"がある以上、この遺言をもって不特定物の遺贈だと解することは不自然であろう。したがって、特定物の遺贈であり、担保責任を負うものではないということになる。

【After】
　遺贈の担保責任は、改正によって大きく変わったが、そこには2つの背景がある。
　まず、改正前の遺贈の規定については、特定物と不特定物で取り扱いが異なることについても、また、不特定物について厳格な責任が定められていることについても、その実質的な妥当性が疑問視されていた。
　また、2017（平成29）年に成立した債権法の改正において、贈与の担保責任については、特定物か不特定物かを問わず、「贈与者は、贈与の目的である物又は権利を、贈与の目的として特定した時の状態で引き渡し、又は移転することを約したものと推定する」とされた（551条1項）。
　今回の改正では、以上のような観点から、不特定物についての遺贈の担保責任を定める規定が廃止され、998条において、「遺贈義務者は、遺贈の目的である物又は権利を、相続開始の時（その後に当該物又は権利について遺贈の目的として特定した場合にあっては、その特定した時）の状態で引き渡し、又は移転する義務を負う。ただし、遺言者がその遺言に別段の意思を表示したときは、その意思に従う」と規定された。
　この点について、中間試案の補足説明（42〜43頁）では、「債権法改正に関する要綱における贈与の担保責任に関する規律を踏まえ、遺贈の無償性を考慮して、遺贈の目的となる物又は権利が相続財産に属するものであった場合には、遺贈義務者は、原則として、その物又は権利を、相続が開始した時（その後に遺贈の目的である物又は権利を特定すべきときはその特定の時）の状態で引き渡し、又は移転する義務を負うこととするもの」だと説明されている。また、998条ただし書については、「この規律は、あくまでも遺言者の通常の意思を前提としたものにすぎないから、その遺言において、遺言者がこれとは異なる意思を表示していた場合には、遺贈義務者はその意思に従った履行をすべき義務を負うこととしている」と説明されている。
　したがって、**Case** については、998条によれば、相続開始時の現状で引き渡せば足りるのであり、当該スピーカーに障害が生じていたとしても、それについてCは担保責任を負うものではないことが明示的に規定されたことになる。
　ただし、Aの遺言において（別段の意思表示の方法は遺言に限定されている）、「修理をしたうえで」、あるいは、「完全な状態にして」贈与するといった内容が含まれていた場合には、998条ただし書により、遺言執行者であるCは、それらの義務を果たす必要があることになる。

［窪田充見］

II……遺贈の担保責任❷

25
第三者の権利の目的とされている目的物の遺贈

Case

Aは、「甲建物を、Bに遺贈する」という内容の遺言を残して死亡した。
Bは、上記遺言による遺贈を原因として、甲の所有権移転登記をした。甲は、築10年の建物であるが、管理が十分ではなかったために一部では雨漏りしている状況であった。また、甲には、C銀行の抵当権が設定されており、その登記もされていた。
Bは、Aの単独相続人であるDに対して、建物の補修ならびにC銀行の抵当権を抹消することを求めることができるか。

【Before】

　旧法では、遺贈における担保責任について、不特定物の場合について旧998条をおくとともに、旧1000条において、「遺贈の目的である物又は権利が遺言者の死亡の時において第三者の権利の目的であるときは、受遺者は、遺贈義務者に対しその権利を消滅させるべき旨を請求することができない。ただし、遺言者がその遺言に反対の意思を表示したときは、この限りでない」と規定していた。
　まず、甲の修補が認められるかについては、改正前においても、特定物については、贈与についての債権法改正前551条を前提として、担保責任を負わないという前提で考えられていた。この点については、→ Case 24）。したがって、甲の修補請求について、Dは応じる必要はない。
　また、C銀行の抵当権を消滅させることをDに求めることができるかについても、旧1000条が、第三者の「権利を消滅させるべき旨を請求することができない」と規定しており、やはり請求ができないことになる。
　もっとも、こうした抵当権の抹消を遺贈義務者に求めることができないことについては、旧1000条のような規定がないと説明できないのかは疑問視されていた。遺贈の対象とされたのは、（相続開始時に）「C銀行の抵当権が付されている甲」なのであり、遺贈義務者が抵当権を消滅させる義務までを負担しないのは、当然だと考えられるからである。
　なお、旧1000条のただし書についても、「C銀行の抵当権を消滅させたうえで」甲を

遺贈するということが明示的に遺言において示されていれば、遺言執行者がそれを負担することも当然であり、特に明文の規定は必要ないだろう。

【After】
　今回の改正によって、不特定物についての規定としておかれた旧998条は削除されるとともに、改正された998条は、特定物か不特定物かを問わず、「遺贈義務者は、遺贈の目的である物又は権利を、相続開始の時（その後に当該物又は権利について遺贈の目的として特定した場合にあっては、その特定した時）の状態で引き渡し、又は移転する義務を負う。ただし、遺言者がその遺言に別段の意思を表示したときは、その意思に従う」と規定された。したがって、Bからの修補請求については、原則として、Dは応じる必要はない。ただし、遺言者が、「修理をしたうえで」等、別段の意思表示をしていた場合には、それに基づいて修理の義務（修理費用の負担の義務）が生じることになる。
　他方、Cの抵当権の消滅については、これを明示的に規定していた旧1000条は削除された。しかし、これについては、すでに述べたように、従前も、こうした規定がないと抵当権を消滅させる義務が生じるかについては疑問視されており、規定がないとしても、こうした義務を負うものではないと考えられていたところである。むしろ、998条における「相続開始の時……の状態」には、こうした第三者の権利の目的とされているということも含まれるのであり、**Case**についていえば、Cの抵当権が設定されているままの状態で引き渡せば足りるということは、998条からも当然に帰結されるのである。
　なお、旧1000条のただし書に規定されていた内容についても、998条ただし書における「別段の意思を表示したとき」をめぐる問題として解決すれば足りる。［窪田充見］

Ⅲ……遺言執行者の権限❶

26 遺言執行者の一般的な権限

Case
　遺言者Aは、Aが所有する甲土地をBに遺贈し、遺言執行者をCとする遺言を残して死亡した。Aの相続人はDのみであった。Dは、Aによる遺贈は遺言作成当時Aに意思能力がなかったため無効であると考え、甲について相続を原因とする所有権移転登記手続を行った。この場合、遺言執行者Cは、いかなる権限を有し、いかなる義務を負うことになるか。

【Before】
　Caseでは、Aによる遺贈が有効であることを前提に甲土地の取得を主張する受遺者Bと、Aによる遺贈は無効であると主張する相続人Dとの間で利害が対立する状況にある。このような場面で、遺言執行者Cはいかなる権限を有し、いかなる義務を負うことになるのかがここでの問題となる。

　改正前、遺言執行者の権利義務に関する一般規定である旧1012条1項は、「遺言執行者は、相続財産の管理その他遺言の執行に必要な一切の行為をする権利義務を有する」と規定していた。この規定によれば、遺言執行者Cは、Dが行った移転登記手続は、Bに対する遺贈の執行を妨害する行為であるとして、Dに対して抹消登記手続の請求をすることができそうである。

　もっとも、旧1015条は、遺言執行者の法的地位について「相続人の代理人とみなす」と規定しており、遺言執行者の法的地位が必ずしも規定上明確とはなっていなかった（中間試案補足説明46頁）。

　ただし、旧法においても、特定物遺贈の対象となる不動産の所有権は、遺贈の効力が生じると同時に当然に受遺者に移転し、遺言執行者は、遺贈義務者として受遺者に対して遺贈を原因とする所有権移転登記手続をする義務を負うと解されていた。また、Caseのように登記名義人が被相続人以外であるとき、遺言執行者は、遺言執行の一環として、登記名義人に対して被相続人からの移転登記の抹消を求めることができると解されていた。

　Caseにおいて相続人Dは遺言の無効を主張しているが、仮に有効である場合には、旧1012条1項により遺言執行者Cが甲の管理権限を有し、Dは旧1013条により甲に

ついての処分権限を失うことになる。相続人Dが遺言無効確認の訴えを提起する場合、遺言執行者Cが被告適格を有することになる（最判昭31・9・18民集10-9-1160参照）。

また、遺言の内容の実現は、遺言執行者がない場合には相続人が、遺言執行者がある場合には遺言執行者がすべきことになるため、相続人としては、遺言執行者の有無について重大な利害関係を有するということができる。しかし、改正前において、遺言執行者がいる場合に、相続人がこれを知る手段は用意されていなかった（中間試案補足説明47頁）。

【After】
　1012条1項は、「遺言執行者は、遺言の内容を実現するため、相続財産の管理その他遺言の執行に必要な一切の行為をする権利義務を有する」と規定されることになった。このように規定することにより、遺言執行者は遺言の内容を実現する権限を有し、必ずしも相続人の利益のために権限を行使するのではないことが明らかにされ、遺言執行者の法的地位がより明確なものとなった（中間試案補足説明47頁、部会資料24-2・27頁）。なお、旧1015条の「遺言執行者は、相続人の代理人とみなす」という規定も削除され、1015条は「遺言執行者がその権限内において遺言執行者であることを示してした行為は、相続人に対して直接にその効力を生ずる」と規定され、旧1015条の実質的な意味が明らかにされている（中間試案補足説明48頁）。さらに、1012条2項により、「遺言執行者がある場合には、遺贈の履行は、遺言執行者のみが行うことができる」と規定され、遺贈の履行をする権限がある者についても明示されている（→ Case 28）。

また、1007条2項は、「遺言執行者は、その任務を開始したときは、遅滞なく、遺言の内容を相続人に通知しなければならない」と規定し、遺言執行者がいる場合に、相続人がこれを知る手段が確保されることとなった。

以上より、Caseにおいて、遺言執行者Cは、遺言の内容を実現するために権限を行使することになる（1012条1項）。具体的には、Cは、遺贈の履行をする権限を有し（同条2項）、その権限の一環として、相続人Dが行った相続を原因とする移転登記の抹消を求めることができる。もちろん、被相続人A名義にした後に、受遺者Bに登記を移転する権限も有する。Dが遺言無効確認の訴えを提起した場合には、遺言執行者Cは、その訴訟の被告適格を有する。また、1007条2項に基づき、遺言執行者Cは、その任務開始時に、遺言の内容を相続人Dに通知する義務を負うことになる。　　　　［幡野弘樹］

III……遺言執行者の権限❷

27 遺言執行者の当事者適格

Case
　Aは、相続人の1人であるBに対し、自らが所有する甲建物をBに取得させるとともに、遺言執行者をCとする旨の遺言を作成した。Aが死亡し、相続人はBとDであった。Aの死亡当時、甲はDが占有していた。Dは、AがDに甲を相続させる旨の偽造した遺言書を用いて、甲について相続を原因とする単独名義の移転登記を備えた。
　(1)　遺言執行者Cは、自らを原告として、Dが行った登記の抹消を求める訴えを提起することができるか。
　(2)　特定財産承継遺言（改正前は「相続させる旨の遺言」という語が用いられていた）の受益相続人であるBは、Cを被告として、甲の引渡しを求めることができるか。

【Before】
　遺言執行者がいる場合、遺言執行者は、相続財産の管理その他遺言の執行に必要な一切の行為をする権限を有する（旧1012条1項）。それに伴い、相続人は、相続財産の処分その他遺言の執行を妨げるべき行為をすることができなくなる（旧1013条）。そこで、遺言執行者の職務となっている遺言事項について訴訟となった場合に、遺言執行者が訴訟追行にあたることになる場合が生じる。しかし、訴訟上当事者となるべき者が遺言執行者であるか否かについては、改正前の遺言執行者の権限に関する規定が必ずしも明確ではなかった（→ Case 26）ことに伴い、必ずしも明確な基準が示されているとはいえなかった。この問題については、判例の積み重ねにより次第に明らかにされることとなった。なお、遺言執行者に当事者適格がある場合の訴訟上の地位について、受遺者や相続人の代理人ではなく、自らの名で訴訟当事者となる法定訴訟担当であると解するのが一般的である。
　(1)に関連して、最判平11・12・16民集53-9-1989は、特定の相続人に特定の不動産を相続させる旨の遺言がなされた事案で、「甲〔受益相続人〕への移転登記がされる前に、他の相続人が当該不動産につき自己名義の所有権移転登記を経由したため、遺言の実現が妨害される状態が出現したような場合には、遺言執行者は、遺言執行の一環として、

右の妨害を排除するため、右所有権移転登記の抹消登記手続を求めることができ、さらには、甲〔受益相続人〕への真正な登記名義の回復を原因とする所有権移転登記手続を求めることもできる」旨判示している。したがって、(1)のような事案では、遺言執行者Cに原告適格があることとなる。

(2)に関連して、最判平10・2・27民集52-1-299は、特定の不動産を特定の相続人に相続させる旨の遺言がされた場合には、遺言書に別段の定めがある場合を除き、当該不動産の管理および相続人への引渡しは遺言執行者の職務にはならない旨判示している。したがって、(2)についてBは、甲建物の占有者であるDを被告として訴えを提起することになるものと解される。

【After】

改正法により、遺言執行者の権限が改正前よりも明確にされた問題がある。それに伴い、遺言執行者の当事者適格に関しても以前よりも明確になった部分もあるが、依然として解釈を必要とする問題もある。

(1)については、新法により、899条の2が新設され、相続させる旨の遺言に対抗要件主義が導入されるとともに「遺産の分割の方法の指定として遺産に属する特定の財産を共同相続人の1人又は数人に承継させる旨の遺言（以下「特定財産承継遺言」という。）があったときは、遺言執行者は、当該共同相続人が第899条の2第1項に規定する対抗要件を備えるために必要な行為をすることができる」（1014条2項）という規定が設けられることとなった。この規定により、本件のように受益相続人以外の者が移転登記をした場合に、遺言執行者に抹消登記を求める権限を認めることができるかについては、「対抗要件を備えるために必要な行為」の解釈の問題となろう。そして、上記平成11年判決を参照しながら遺言執行者Cは、Dが行った登記の抹消手続請求の原告適格を有すると解されよう。

(2)について検討すると、1014条2項は、特定財産承継遺言があったときに、遺言執行者に対抗要件を備えるための権限を認めたものであり、目的財産の相続人への引渡しの権限を認めるものではない。そこでやはり旧法と同様、遺言執行者にこのような権限が認められるかどうかの解釈の問題となり、上記平成10年判決を参照しながら、遺言執行者Cは、遺言書に別段の定めがある場合を除き、甲建物の引渡しを行う職務はないものと解釈され、Bは、甲の占有者であるDを被告として訴えを提起することになるものと解されよう。

[幡野弘樹]

Ⅲ……遺言執行者の権限❸

28
遺言執行者による特定遺贈の実現

Case
　Aは、Aの妹Bに、Aが所有する甲土地を遺贈するとともに、遺言執行者にCを指名した後、Aは死亡した。Aの相続人は、Aの子であるDであった。甲の登記名義人が依然としてAである場合に、Bは、誰を被告として、甲について遺贈を原因とする移転登記手続請求の訴えを提起することになるか。遺言執行者Cか、相続人Dか。

【Before】
　特定物の遺贈がなされた場合、目的物の物権の移転時期は、遺贈者死亡時と解されている。したがって、目的物の物権の移転そのものについて、遺言の執行は必要ではない。もっとも、不動産については、登記が第三者対抗要件とされているため、特定遺贈については対抗要件の具備まで遺贈の履行の内容に含まれると解される。それでは、不動産の特定遺贈をする遺言が残され、遺言執行者もいる場合、この対抗要件を具備する権限および義務は、相続人に帰属するのか、遺言執行者に帰属するのか。遺贈義務者は第一義的には相続人であるが、遺言執行者がいる場合にどのように解すべきかが問題となる。
　この点に関する解決策を明示したのが、最判昭43・5・31民集22-5-1137である。同判決は、「遺言の執行について遺言執行者が指定されまたは選任された場合においては、遺言執行者が相続財産の、または遺言が特定財産に関するときはその特定財産の管理その他遺言の執行に必要な一切の行為をする権利義務を有し、相続人は相続財産ないし右特定財産の処分その他遺言の執行を妨げるべき行為をすることはできないこととなるのであるから（民法〔旧〕1012条ないし〔旧〕1014条）、本訴のように、特定不動産の遺贈を受けた者がその遺言の執行として目的不動産の所有権移転登記を求める訴において、被告としての適格を有する者は遺言執行者にかぎられるのであって、相続人はその適格を有しないものと解するのが相当である」と判示している。
　したがって、**Case** の場合、特定受遺者Bは、遺言執行者Cを被告として所有権移転登記を求めることになる。

【After】

　1012条2項は、「遺言執行者がある場合には、遺贈の履行は、遺言執行者のみが行うことができる」と規定する。1012条1項および1015条により、遺言執行者は、遺言の内容を実現することを職務とするものであり、その行為の効果は相続人に帰属することが示されることとなった（詳しくは、→ Case 26）。そのような趣旨に照らすと、遺言の内容が遺贈である場合には、遺言執行者の権限の範囲は、遺贈の履行をするのに必要な行為全般に及ぶものであると考えられる。そこで、1012条2項は、このような観点から、特定遺贈について遺言執行者がいる場合には、遺言執行者が遺贈の履行をする権限を有することとしている（中間試案補足説明50頁）。また、同条項では、遺贈の履行は、遺言執行者「のみ」が行うことができるという表現が用いられている。これは、特定遺贈について遺言執行者がいる場合には、被告適格を有するのは遺言執行者に限られるとする上記昭和43年判決の趣旨を明確化することを目的とするものである（部会資料25-2・15頁）。

　以上より、改正後においても、特定受遺者Bは、遺言執行者Cを被告として所有権移転登記を求めることになる。

［幡野弘樹］

III……遺言執行者の権限❹

29
遺言執行者による特定財産承継遺言の実現

Case

死亡したAには、相続人として子B・Cがいる。Aの残した遺言には、①「私の所有する甲土地をBに相続させる」こと、②「私が所有する絵画その他一切の動産をCに相続させる」こと、③「遺言執行者としてXを指定する」ことが記されていた。Xは、これらの遺言の内容を実現するために、どのような行為をすることができるか。

【Before】

いわゆる「相続させる」旨の遺言による不動産の承継について、判例によれば、当該遺産は遺産分割手続を経ることなく相続開始と同時に受益相続人へ直接帰属し（最判平3・4・19民集45-4-477）、かつその取得を第三者へ対抗するために登記を要しない（最判平14・6・10家月55-1-77）。また、受益相続人は、単独で所有権移転登記手続をすることができる（最判平7・1・24判時1523-81）。このとき、当該不動産が被相続人名義である限りは、遺言執行者の職務は顕在化せず、遺言執行者は登記手続をすべき権利も義務も有しないが、遺言執行の一環として、妨害排除を求めることはできる（最判平11・12・16民集53-9-1989）。もっとも、遺言者の特段の意思表示がないかぎり、遺言執行者には当該不動産を受益相続人へ引き渡す義務はない（最判平10・2・27民集52-1-299）。**Case**では、Bが甲土地の所有権をAから直接承継し、その移転登記手続を単独ですることができるのであって、Xには所有権移転登記手続をする権利も義務もない。また、甲が他人に占有されているとしても、XにはBへの甲の引渡義務はない。

これに対して、動産の場合、受益相続人は単独で対抗要件を取得することはできず、相続人全員か遺言執行者により、対抗要件具備行為をすることになると解される（中間試案補足説明51頁）。**Case**では、XはCのために対抗要件を具備することができる（旧1012条1項）。なお、対抗要件としてではない動産の引渡しが、遺言執行者の義務であるかどうかについては、必ずしも明らかではない。

【After】

従前の判例が承認してきたいわゆる「相続させる」旨の遺言について、新法では、こ

れを「特定財産承継遺言」と呼ぶこととしている（部会資料24-2・6頁参照）。そして、遺言執行者の権限の内容を明確化する観点から、特定財産承継遺言があった場合の原則的な権限内容を明文化した（1014条）。新法では、従前の判例と異なり、原則として、遺言執行者にも受益相続人が対抗要件を具備するための権限が認められている（同条2項）。この点は、改正により、特定財産承継遺言による権利の承継についても、法定相続分を超える部分について対抗要件主義が採られることとなった（899条の2）ことから、遺言執行者の権限に含める必要性が高まったためと説明される（中間試案補足説明50頁）。また、所有者不明の不動産が社会問題となっていることへの対応も意図されている（同51頁）。**Case** では、Bが単独での移転登記手続をすることができることに変わりはないが、Xにもその権限が認められることになる。

　動産の場合、引渡しが第三者対抗要件となるが（178条）、この対抗要件具備も遺言執行者の権限に含まれている（1014条2項）。**Case** では、XはCへの対抗要件具備の権限を有する。ここでの対抗要件具備としての引渡しは、現実の引渡し、簡易の引渡し、指図による占有移転、占有改定のいずれでもよいとされている（中間試案補足説明51頁）。特定財産承継遺言による動産の承継は相続承継ではあるものの、法定相続分を超える部分については、遺言による意思表示の介在があったものとみて、178条と同様の要件を備えなければ第三者に対抗できないと理解するものである（第22回会議議事録47頁〔堂薗幹一郎〕参照）。なお、被相続人が現に占有している動産について、相続の開始により当然に受益相続人に占有が移転し（最判昭44・10・30民集23-10-1881）、それによって対抗要件が具備されたといえるかどうかは、法制審議会の議論においても二転三転し、結局明らかではない。ところで、実際には、特定財産承継遺言の対象とされた動産の所在が不明な場合も少なくないが、遺言執行者としては、善管注意義務（1012条3項・644条）の範囲で調査すれば責任は免れるものと解される（第12回会議議事録32頁〔堂薗〕）。対抗要件としてではない動産の引渡しについては、不動産に関する上記平成10年判決の考え方を参考に、遺言執行者は受益相続人に対し、原則として、特定物の引渡義務を負わない（中間試案補足説明51頁）。

　不動産にせよ動産にせよ、遺言で別段の意思表示があればそれに従う（1014条4項）。遺言者は、遺言執行者に対抗要件具備行為を認めないことも、より過重な負担を負わせることもできるが、遺言執行者は就職の諾否につき選択権がある（1007条1項参照）。

〔白須真理子〕

Ⅲ……遺言執行者の権限❺

30 特定財産承継遺言における預貯金の特例

Case

Aは、「普通預金および定期預金を含む全遺産を2分の1ずつ配偶者Bおよび子Cに相続させる。弁護士Dを遺言執行者に指定する」との遺言を作成した後、死亡した。なお、遺言には、遺言執行者による預金の解約払戻権限に関する記載はない。

Aの遺産は、X銀行にある普通預金1,000万円および定期預金1,000万円（満期は死亡時から2年後）であった。

Dは、直ちに遺言執行者に就任し、各預金を解約のうえ、払戻しを受けてBおよびCに分配したいと考えているが、Xに対し預金の解約払戻しを請求できるか。

【Before】

いわゆる「相続させる」旨の遺言は、遺言書の記載から、その趣旨が遺贈であることが明らかであるかまたは遺贈と解すべき特段の事情のない限り、遺産分割方法の指定（908条）の性質を有するものであり、当該遺言において相続による承継を当該相続人の受諾の意思表示にかからせたなどの特段の事情のない限り、何らの行為を要せずして、被相続人の死亡の時（遺言の効力の生じた時）に直ちに当該遺産が当該相続人に相続により承継されると解されている（最判平3・4・19民集45-4-477）。

そのうえで、不動産に関する対抗要件具備行為は遺言執行者の職務権限に属するものの、登記実務上「相続させる」遺言については受益相続人が単独で登記申請することができることから（不登63条2項）、当該不動産が被相続人名義である限りは、遺言執行者は登記手続をすべき権利も義務も有しない（最判平11・12・16民集53-9-1989）。

預貯金債権が遺産分割方法の指定の対象とされた場合については明確な判例はないが、上記平成3年判決からすれば、当該預貯金が被相続人名義である限り、直ちに相続人に承継され、遺言執行の余地はないとも考えられる。他方で、受益相続人が単独で対抗要件を具備することができないときには、遺言執行者に対抗要件具備行為をする権限が認められるようにも思われるが、確定した判例はない。

また、遺言執行者が預貯金債権について対抗要件具備行為をする権限を有するとして

も、遺言書の記載または遺言の解釈により、遺言執行者に預貯金の解約および払戻権限が付与されていなければ、遺言執行者は、預貯金契約の解約や預貯金の払戻しを行う権限はない。

　Case については、遺言に解約払戻権限への言及がない以上、遺言の記載だけからすると、Ｄには預金の解約や払戻しの権限を認めることはできないとも考えられる。

　ただし、金融実務においては、Ｄへの支払を認める金融機関も多いようである。

【After】

　遺言執行者は、遺言の内容を実現するため、遺言の執行に必要な一切の行為をする権利義務を有する（1012条1項）が、遺言の内容からだけでは、遺言者がどこまでの権限を有するか必ずしも明確でないことも多い。

　新法は、「遺産の分割の方法の指定として遺産に属する特定の財産を共同相続人の1人又は数人に承継させる旨の遺言」（特定財産承継遺言）があったときは、遺言執行者は対抗要件具備行為をする権限を有することとした（1014条2項→ **Case 29**）。

　預貯金債権については、現行の金融実務においては遺言執行者が預貯金の解約およびその払戻しを求めてきた場合、これに応じる金融機関が多い。

　また、遺言者が特定の相続人に預貯金を相続させる遺言をし、かつ遺言執行者を指定したときは、遺言執行者が預貯金の払戻し等を受けて、当該相続人に金銭を取得させる意思を有していた場合が多いと考えられる。

　そこで、新法は、特定財産承継遺言の対象となる遺産が預貯金債権である場合、遺言執行者は、対抗要件具備行為のほか、預貯金の払戻しを請求でき、また預貯金債権の全部が特定財産承継遺言の目的である場合には当該預貯金契約の解約の申入れを行うことができるものとした（1014条3項）。

　ただし、遺言執行者は、払戻しの「請求」や解約の「申入れ」をする権限を有するにとどまり、強制的な解約権限までは有しない。したがって、定額預貯金の満期が到来していない場合等、金融機関は当該請求または申入れに応じるかについてなお裁量を有している。

　Case では、Ｄは、Ｘ銀行に対し、各預金の解約申入れおよび払戻請求をすることができる。ただし、定期預金は未だ満期が到来していないことから、Ｘは、直ちに定期預金の解約および払戻しに応じる義務はない。

　仮に遺言が普通預金の一部（1,000万円のうち800万円）を対象とするものであった場合、Ｄは、遺言の目的である800万円の限度で払戻しの請求をすることができるにとどまる。

[安部将規]

Ⅲ……遺言執行者の権限❻

31 特定承継遺言と預貯金以外の金融商品等

Case

Aは、「全遺産を2分の1ずつ子BおよびCに相続させる。弁護士Dを遺言執行者に指定する」との遺言を作成した後、死亡した。遺言には、遺言執行者の権限に関する記載はない。

判明している遺産は、X銀行に対する預金、X銀行において購入した個人向け国債および投資信託受益権である。また、Aは、X銀行において貸金庫を利用していた。

遺言執行者に就任したDは、金融商品のすべてを換金したうえで、遺言に従ってBおよびCに分配したいと考えているが、預金、国債および投資信託の解約払戻しまたは売却等することができるか。また貸金庫の内容物を取り出すことはできるか。

【Before】

遺言に遺言執行者の権限として預貯金債権の解約および払戻しが明記されていない場合に、遺言執行者が預貯金債権の解約や払戻しを行うことができるか否かについては、明文の定めはなく、遺言の解釈により定まる。ただし、実務上は、遺言執行者による預貯金の解約および払戻しを認めている金融機関が多い（→ Case 30）。

国債や投資信託受益権その他の金融商品についても、遺言執行者が国債や投資信託を売却等できるかは遺言の解釈による。

判例上、委託者指図型投資信託の受益権や個人向け国債については、相続開始時に当然に相続分に応じて分割されることはない（最判平26・2・25民集68-2-173）。また、委託者指図型投資信託の受益権は、解約時期によって受益者に不利益が生ずることも想定され、遺言者も必ずしも遺言執行者に解約権限を付与する意思であったとは限らない。

したがって、遺言にその権限が明記されていない場合、遺言執行者は、国債や投資信託受益権を売却等することはできないと解すべきであろう。

貸金庫についても、明文の規定はなく、遺言執行者の権限として貸金庫の開扉・解約、内容物の取出しができるかは遺言の解釈による。

もっとも、遺言執行者は、相続財産の目録を作成する義務を負うところ（1011条）、

遺言の内容がすべての遺産を対象とするものである場合、貸金庫の内容を確認しなければ正確な目録を作成することはできないことから、少なくとも、遺言執行者は貸金庫を開扉して内容物を確認できると考えるべきである。

実務上は、内容物を持ち出さないことを条件として、貸金庫の中身の確認のために貸金庫の開扉に応じる金融機関が多い。また、遺言の内容において遺言執行者が受益相続人に対し貸金庫の内容物の引渡義務を負う場合には、遺言執行者に内容物の取出権限を認めることが多いと思われる。

したがって、**Case** において、預金の解約払戻しは実務上認められることが多いが、国債および投資信託受益権を売却等できるかは、最終的には遺言の解釈によるものの、これを認める事情がない本遺言の場合にはできないと解すべきであろう。また、貸金庫については、開扉のほか、Dが全遺産について執行義務を負うことから内容物の取出しも認められると考える。

【After】

特定財産承継遺言の対象となる遺産が預貯金債権である場合、遺言執行者は、対抗要件具備行為のほか、預貯金の解約払戻しを請求等できるとされた（1014条3項→ Case 30）。

これに対し、特定財産承継遺言の対象となる遺産が預貯金債権以外の、投資信託その他の金融商品である場合の遺言執行者の権限については、様々な性質の金融商品があり、一律に規定を設けることが相当でないことから、規定は設けられなかった。

ただし、このことは、反対解釈として、預貯金以外の金融商品について遺言執行者の解約払戻し等の権限を否定する趣旨ではない。

これら金融商品について、遺言執行者にどのような権限が認められるかはあくまでも遺言の意思解釈の問題である。委託者指図型投資信託の受益権のように解約時期によってかなり金額が変動するようなものの解約権限は認められにくいであろうが、預貯金債権と類似の関係が認められる権利については、解約権限が認められやすいであろう。

貸金庫の開扉、解約および内容物の取出し等の可否についても、新たな規定は設けられず、その結論が遺言の解釈により定まることは旧法と同様である。

もっとも、特定財産承継遺言の内容が貸金庫の内容物を特定の相続人に承継させる内容である場合、遺言執行者は対抗要件具備行為をする権限を有する（1014条2項）こととされたことから、遺言の解釈として、遺言執行者には、当該内容物を貸金庫から取り出し、受益相続人にこれを引き渡す権限が認められることになろう。

したがって、**Case** において、Dは、X銀行に対し預金の解約払戻しを請求等できるが、国債および投資信託受益権を売却等する権限はない。また、Dは、貸金庫を開扉のうえ、内容物を取り出すことができるというべきである。以上の結論は、旧法下におけるのと変わらない。

［安部将規］

Ⅲ……遺言執行者の権限❼

32
遺言執行者の行為の効果

Case

　Aの法定相続人は子BおよびCの2名である。
　Aは、遺産はすべて換金のうえ公益財団法人Dに遺贈することおよび弁護士Eを遺言執行者に指定し、遺言執行者には遺産を解約払戻しまたは処分のうえ換金する権限があることを内容とする遺言を作成した後、死亡した。
　Aの遺産は、X銀行に対する預金および希少価値の高い宝石であるが、宝石はBが保管している。
　遺言執行者に就任したEは、遺言に従い、遺言執行者として預金の解約払戻しを行った。引き続き宝石の売却を行いたいと考えているが、Bは、Aの遺言はBの遺留分を侵害するものであり、後日Dに対し遺留分を主張する予定であることを理由に、宝石の引渡しに応じない。
　Eが行った預金の払戻しは、Bの意思に反しているが、その効果はどのようになるか。また、Eは、Bに対し宝石の引渡しを請求できるか。

【Before】

　遺言執行者制度の趣旨は、遺言の執行を遺言執行者に委ねることにより、遺言の適正かつ迅速な執行の実現を可能とすることにある。したがって、遺言執行者は、本来、遺言者の代理人としての立場を有するというべきであるが、遺言の効力が生じた時点では、遺言者はすでに死者となっており、遺言執行者を遺言者の代理人であるとすることはできない。そこで、遺言執行者は、遺言者の法的地位を包括的に承継し、かつ、遺言執行の効果が帰属する「相続人」の代理人とみなされている（旧1015条）。
　しかし、廃除の遺言を執行するために相続人を相手方として廃除の申立てを行う場合や、相続財産の処分にあたって相続人を相手方とした訴訟提起が必要となる場合のように、遺言執行者の行為が相続人の利益に反し、あるいは遺言の内容に不満をもつ相続人の意思に反することも少なくない。
　このような関係から、遺言執行者は、相続人の代理人とみなされるものの、必ずしも相続人の利益のためにのみ行為する義務を負わない（最判昭和30・5・10民集9-6-657）。
　また、遺言執行者が遺言の執行をする際に、99条1項の法文に従い「相続人のため

にすることを示す」必要があるかは、文言上明らかではない。この点、解釈上、遺言執行者は、法律効果の帰属主体である相続人全員を明示することまでは必要とされないが、常に必ず執行者の資格を示して（遺言執行者である自己の名において）行為をしなければならないものと考えられている。

　Caseでは、Eは、遺言執行者として預金の解約払戻しを受けたところ、その効果はBおよびCに帰属する。

　また、Eは、遺言の内容の実現のため、Bに対し、遺言執行者であることを示して、宝石の引渡しを請求することができる。なお、Bは遺留分の主張をする予定と主張するが、未だ遺留分減殺請求を行っていないことから、この点は考慮する必要がない。

【After】

　旧法下において、遺言執行者が相続人の代理人であるとされたのは、相続人に執行の効果を帰属させるための、立法技術上の便宜的擬制であるといえる。しかし、一般の市民が旧1015条を読むと、遺言執行者は相続人の代理人、すなわち、相続人の利益を図って行動する地位にあるとの誤解を与える可能性があり、実際にトラブルが生じることもある。

　そこで、新法は、遺言執行者の法的地位を明確にする観点から、遺言執行者が、遺言の内容を実現するために遺言執行に必要な一切の行為をする責務を負うこと（1012条1項→Case 26）に照らして、旧1015条の実質的な意味を明らかにするため、端的に、遺言執行者の行為は相続人に直接にその効力を生ずる（効果が帰属する）ものとした（1015条）。

　したがって、遺言執行者は、必ずしも相続人の利益のために職務を行うものでなく、遺言者の意思と相続人の利益が対立する場面においても、あくまでも遺言者の意思に従って遺言執行を行えば足りることがより明確となった。

　また、新法は、遺言執行者の行為の効力を相続人に生じさせるためには、「遺言執行者であることを示してした」との要件（顕名）が必要であることを明確化した。

　これらによって、遺言執行者は、相続人との無用な紛争を経ることなく、速やかに遺言者の意思を実現するべく執行を行うことができるようになると考えられる。

　Caseでは、Eが、遺言執行者として預金の解約払戻しを受けたときはその効力はBおよびCに直接生ずる。

　また、Eは、遺言の内容の実現のため、Bに対し、遺言執行者であることを示して、宝石の引渡しを請求することができ、その効力も相続人であるBおよびCに直接生ずることとなる。なお、Bはいまだ遺留分侵害額請求をしていないが、新法においてはこれを行ったとしても結論は変わらない（→Case 94）。

　以上の結論は、旧法におけるそれと変わらない。

［安部将規］

Ⅲ……遺言執行者の権限❽

33
遺言執行者と相続人との利益相反

Case

　Aの法定相続人は、配偶者Bおよび子Cである。Aの遺産は、預金および不動産である。
　⑴　Aが、BおよびCに対し遺産を2分の1ずつ相続させる旨の遺言を作成する場合、AはBを遺言執行者に指定することができるか。
　⑵　Aが、近隣に住んでおり、日頃から生活の援助を受けている甥Dに対し全遺産を遺贈する旨の遺言を作成する場合、AはDを遺言執行者に指定することができるか。
　⑶　Aは、遺言執行者は不動産を売却するなどして換価し、これをまず金銭債務の弁済に充てたうえで、その残額をBに相続させる旨の遺言を作成し、Dを遺言執行者に指定した。その後、Aが死亡し、Dが遺言執行者に就任した場合、Dは自らを買主として当該不動産を売却することはできるか。

【Before】

　遺言執行者は相続人の代理人とみなされていること（旧1015条）から、遺言執行者には108条が適用される。このため、相続人や受遺者の代理人となることは双方代理として許されないのではないか、相続人や受遺者が遺言執行者となることは自己契約にあたり許されないのではないか、遺言執行者が自らを遺産の売買契約の相手方とすることは自己契約にあたり許されないのではないか、といった問題が生じる。
　まず、遺言執行者が相続人や受遺者の代理人となることは許される。遺言執行者が受益相続人や受遺者のために行う執行行為は、相続人の代理人とされる執行者の地位と双方代理的要素を有しているが、民法はそれを禁止していないからである。
　次に、相続人や受遺者が遺言執行者となることも許される。
　確かに、遺言執行者となった相続人や受遺者は、他の相続人の利益に反する場合であっても自らの利益だけのために執行行為を行う可能性がある。しかし、遺言執行者は、遺言者の意思である遺言の実現のために相続人の代理人として行為をするにすぎず、その権限の範囲内で行為する限り、双方代理あるいは利益相反にあたる場合であっても債務の履行はでき、他の相続人に新たな不利益をもたらすことはないからである（108条

1項ただし書〔債権法改正前108条ただし書〕）。

とはいえ、遺言執行者が遺言の実現のために執行をするのではなく、積極的に自己の利益の実現を図る可能性がある場合には、相続人に新たに不利益をもたらす危険があり、遺言執行者として自己と取引をする行為は自己契約にあたり、許されない。

Case では、(1)相続人Bや(2)受遺者Dが遺言執行者となることは、いずれも自己契約として禁じられることなく、許される。

これに対し、(3)では、Dは相続人の代理人である遺言執行者として不動産を売却し、他方で自らがその買主となろうとするのであるから、相続人に新たな不利益をもたらす可能性があり、これは108条により自己契約として許されない。

【After】

新法の立法過程においては、相続人や受遺者を遺言執行者の欠格事由とすべきか否かについて検討された。

相続人や受遺者を遺言執行者とすべきでないとの見解は、例えば弁護士が遺言執行者となった後、遺産に関する相続人間の紛争において、一部の相続人の代理人となれば当該弁護士は懲戒処分を受けることがあるように、相続人や受遺者は類型的に遺言執行者と利益相反関係が生じやすく、遺言執行者として相応しくないというものである。

しかし、新法は、旧法におけるのと同様、相続人等を一律に遺言執行者の欠格事由とはしなかった。遺言執行者は実質的には遺言者の代理人であり、本人があらかじめ許諾すれば自己契約等の利益相反となる代理行為も可能である。遺言の執行は債務の履行行為と同様の性質を有するものであり、新たに利害関係を生じさせるものでもない（108条）。現実にも相続人を遺言執行者とする例が相当数あり、相続人を欠格事由とした場合には遺言の実務にも大きな影響を及ぼすこととなる。そこで、遺言執行者がその任務を怠ったときその他正当な事由があるときは利害関係人が遺言執行者の解任請求を行うことにより個別に対応すべきであるとしたのである。

また、遺言執行者の行為は、相続人の1人を廃除する場合のように相続人の利益に反する場合もあることから、新法においても忠実義務の規定は設けられていない。

もっとも、遺言執行者の行為が相続人に直接に生ずるとした1015条は、旧法の遺言執行者の権利義務の考え方を変更するものではないことから、新法下においても108条は適用ないし準用されると考えるべきである。

したがって、**Case** では、旧法と同じく、(1)相続人Bや(2)受遺者Dが遺言執行者となることは許される。これに対し、(3)Dが遺言執行者として不動産を売却し、他方で自らがこれを買い受けることは、これも旧法下における解釈と同様、自己契約として許されない。

［安部将規］

III……遺言執行者の権限❾

34
遺言執行者の復任権

Case

Aは、合計10室の賃貸用マンションを有していたが、「遺産をすべて換価処分のうえ、配偶者Bおよび子Cに相続させる。Bを遺言執行者に指定する」との遺言を作成した後、死亡し、Bは遺言執行者に就任した。

〔1〕 Bは不動産については詳しくなく、自らが行うことに不安があるため、遺言執行のすべてを、不動産に詳しい弁護士Dに一任したいと考えている。
Bは、遺言執行者の任務をDに行わせることができるか。遺言中に、「換価処分はB自身が行う必要がある」との記載がある場合はどうか。

〔2〕 Bは自ら賃貸用マンションを順次売却していたが、賃貸用マンション1室の賃借人Xが長年賃料を滞納し、Aが生前に賃貸借契約の解除通知を送付していたことが判明した。Bは同物件の売却に先立ち、知人の弁護士Eに依頼して、Xに対する明渡交渉および訴訟提起を依頼することができるか。

【Before】

遺言執行者は、相続人の代理人（旧1015条）とされるが、相続人と契約を締結して執行者の地位につくものではなく、一種の法定代理人といえる。

しかし、遺言執行者は遺言者あるいは家庭裁判所等が遺言執行者の能力や個性に着目して選任するものであり（1006条・1010条）、また、職務の内容も被相続人の意思である遺言によって決定されることから、むしろ任意代理人に近い地位にある。

このため、遺言執行者の復任権は、任意代理人と同様に制限され、また、その責任は軽減されている。すなわち、遺言執行者は、その任務を自ら執行することが必要であり、やむを得ない事由があるときまたは遺言で許されたときを除き、第三者に任務を行わせることはできない（旧1016条1項）。

やむを得ない事由がある場合または遺言で許されたところにより第三者にその任務を行わせたときは、遺言執行者は、相続人に対し、その選任・監督についてのみ責任を負う（旧1016条2項・債権法改正前105条）。

ただし、旧1016条の「第三者にその任務を行わせる」ことの意義について、大決昭2・9・17民集6-501は、遺言執行の権利義務を挙げて他人に移すことであって、特定の

行為につき第三者に代理権を授与することは含まれない、と判示する。すなわち、遺言執行者も、包括的な委任でなければ、その事務を第三者に委任することができ、例えば、遺言執行者が、その責任において弁護士・司法書士等の専門家、不動産の管理会社や金融機関等の第三者を履行補助者として使用することは妨げられるものではない。

Case(1)は、弁護士に対してであっても、Bが遺言執行のすべてを包括的にDに委任することはできない。遺言者が自己執行を明記した場合も当然に同様である。

Case(2)は、Bが遺言執行の一部であるXに対する明渡請求について、遺言執行の履行補助者としてEに依頼することは可能である。この場合、Bは、履行補助者を使用した場合の一般原則のとおり、履行補助者の故意過失によって相続人に損害が生じればその責任を負う。

【After】

法定代理人は、一般に、その責任において復代理人を選任することができる（105条〔債権法改正前106条〕）。法定代理人は、代理権の範囲が広範であり、かつ辞任の自由を有しないことがあることがその理由の1つであると説明される。

遺言執行者の職務は、遺言の内容如何によっては非常に広範に及ぶことがある。また、事案によっては弁護士等の法律専門家にこれを一任した方が適切な遺言の執行を期待することができる場合もある。さらに、遺言執行者は、実質的にはすでに死亡した遺言者の代理人として、その意思を実現することが任務とされており、その意味では、復代理を許諾すべき本人もない状況にあって、法定代理に近い状況にあるといえる。

そこで、1016条1項は、遺言執行者についても、他の法定代理人の場合と同様に、やむを得ない事由がなくても、自己の責任で復代理人を選任できることとした。

遺言執行者が第三者に職務を行わせた場合、法定代理の場合（105条）と同様に、原則として遺言執行者が相続人に対して責任を負う。ただし、第三者に任務を行わせることについてやむを得ない事由があるときは、遺言執行者は、相続人に対してその選任および監督についての責任のみを負う（1016条2項）。遺言者が別段の意思を表示した場合の責任については、特別の定めが設けられておらず、解釈により定められる。

Case(1)では、Bは遺言執行者の任務を包括的にDに行わせることが認められる。この場合、Bは、Dが職務を行ったことによる責任を相続人に対して負う。

これに対し、Aが遺言において遺言執行者による自己執行を求めた場合、Bは遺言執行をDに委ねることはできない。

Case(2)は、改正法による影響はなく、旧法と同様に、BはEに対し、Xに対する明渡請求を委任することが可能である。

［安部将規］

Ⅳ……遺言執行と相続人の行為❶

35 相続人による遺言執行の妨害

Case
　死亡したAには、相続人として子B・Cがいる。Aの残した遺言には、①「私の所有する甲土地をBに相続させる」こと、②「私の所有する乙土地をDへ遺贈する」こと、③「遺言執行者としてXを指定する」ことが記されていた。①や②に従った所有権移転登記がなされる前に、Cが甲および乙についての自己の法定相続分にあたる持分2分の1をEへ譲渡し、登記を経由した。B・Dはそれぞれ、甲・乙の所有権取得をEに対抗することができるか。

【Before】

　旧法では、相続人による遺言執行の妨害を禁止するのみで（旧1013条）、それに違反する処分行為の効力については、何ら規定がなかった。この点、遺贈について、判例は（絶対）無効の立場を採ってきた（大判昭5・6・16民集9-550は絶対無効、最判昭62・4・23民集41-3-474は無効）。すなわち、遺言執行者がいる以上、Cによる乙の持分譲渡は無効な行為であり、その相手方であるEも無権利者であって、DとEは対抗関係に立たない。Dは登記なくしてEに対抗することができる。ところで、判例によれば、遺言執行者がいない場合には、受遺者と相続人の債権者とは対抗関係に立つ（最判昭39・3・6民集18-3-437）。この点は、遺贈が意思表示による物権変動であることを根拠とする点にかんがみれば、受遺者と相続人からの譲受人との関係でも同様に考えられる。そうすると、仮に遺言執行者がいなかったとすれば、DとEは対抗関係に立ち、Dは登記を備えたEに対抗することができない。遺言執行者の有無によって、結論は逆転する。

　いわゆる「相続させる」旨の遺言については、判例によれば、甲は受益相続人Bへ直接帰属し（最判平3・4・19民集45-4-477）、かつその取得を第三者へ対抗するために登記を要しない（最判平14・6・10家月55-1-77）。ここでは、他の相続人Cはそもそも甲の処分権限をもたず、Cからの譲受人Eも無権利である。遺言執行者の有無にかかわらず、Bは登記なくしてEに対抗することができる。

　もっとも、以上のうち無権利の法理による場合については、94条2項類推適用の余地がある。

【After】

　新法では、遺言の内容を知り得ない第三者の取引の安全を図る観点から、いくつかの改正が行われている。まず、より一般的に、遺贈の場合も相続の場合も、対抗要件主義が採用された。すなわち、遺贈については、従前の解釈と同様に、それが意思表示による物権変動であることから177条の適用範囲に含まれる。他方、特定財産承継遺言（改正前のいわゆる「相続させる」旨の遺言に相当する）等の相続による権利の承継は、法定相続分を超える部分について対抗要件主義を採る（899条の2。詳細は、→ Case 1 ～ 4）。この部分は被相続人の意思表示による法定相続分の変更とみて、177条の特則と位置づけられている（部会資料17・7頁）。遺言執行者がいない場合には、以上のような対抗要件主義によることとなる。

　他方、遺言執行者がいる場合には、相続人による遺言執行の妨害行為を無効としつつ、善意の第三者の保護規定が創設された（1013条2項）。遺贈についていえば、遺言執行者がいる場合であっても、受遺者は、相続人による処分行為の無効を善意の第三者に主張することはできない。ここでの善意の意味は、「遺言執行者がいることを知らないこと」であって（部会資料17・25頁）、第三者が善意であることにより治癒されるのは、当該「相続人に処分権限がないこと」に限られる（同24頁）というべきであろう。換言すれば、第三者が保護されるためには、遺言執行者の有無にかかわらず、登記を要するというべきである。上述のとおり、遺言執行者がいない場合には、第三者は、例えば不動産取得のために登記を備える必要があるところ、遺言執行者がいる場合に、善意であれば、登記なくして常に保護されると考えたのではバランスを失するからである。Case において、CからEへの乙の2分の1の持分譲渡は原則として無効であるが、Eが善意であれば、Dはその無効をEに主張することができない。ただし、この場合であっても、Eは乙を取得するために登記を要すると考えられる（Eは登記を経由しているため、保護される）。

　特定財産承継遺言においても、これと同様に考えることができる。すなわち、遺言執行者がいない場合に対抗要件主義が採られたということは、この場合には、受益相続人以外の相続人も、第三者との関係では、処分権限を有する者と扱われることを意味する。他方、Case のように、遺言執行者がいる場合には、受益相続人以外の相続人は、自己の法定相続分についても処分権限はない。そうすると相続人Cがした処分行為は、原則として無効であって（1013条2項本文）、無権利者Cからの譲受人Eも無権利ということになる。しかし、Eが善意であれば、「Cに処分権限がないこと」が治癒され、BはCによる処分行為の無効をEに対して主張することはできない（同項ただし書）。そして、この場合でも、遺言執行者がいない場合とのバランスを考慮すると、受益相続人の法定相続分を超える部分についてEが保護されるためには、登記を要するというべきであろう。

［白須真理子］

Ⅳ……遺言執行と相続人の行為❷

36 相続人の債権者による遺言執行の妨害

Case

死亡したAには、相続人として子B・Cがいる。Aの残した遺言には、①「私の所有する甲土地をBに相続させる」こと、②「遺言執行者としてBを指定する」ことが記されていた。Cの債権者Dが、Cに代位して、Cの法定相続分にあたる甲の2分の1の共有持分権を相続した旨の登記を経由し、この持分権の仮差押え、強制競売を申し立てた。Bが仮差押えおよび強制執行に対する第三者異議の訴えを提起した場合、認められるか。

【Before】

旧法では、遺言執行者がいる場合に、相続人の債権者の権利行使が妨げられるかどうかについて規定はなく、また最高裁判例もない。旧1013条が禁止しているのは相続人による処分であることからすれば、相続人の債権者による権利行使は当然には妨げられないと解することもできよう。もっとも、それを前提としても、Caseのように「相続させる」旨の遺言がなされた場合、判例によれば、相続人の債権者が不利な立場におかれることがある。

すなわち、判例によれば、甲土地の所有権は受益相続人Bへ直接帰属し（最判平3・4・19民集45-4-477）、かつその取得を第三者へ対抗するために登記を要しない（最判平14・6・10家月55-1-77）。したがって、相続人Cの債権者Dによる甲の共有持分の差押えは無効と解され、Dは、その部分を換価して配当を得ることはできない。また、仮にDが遺言の存在を知っていたとしても、Dが指定相続分に従った相続登記をするためには、遺言書を保管する相続人の協力が必要であり、さもなければ、債権者代位により所有権移転登記手続請求訴訟を提起して、その確定判決に基づいて相続登記をする方法をとるほかない（部会資料19-1・15頁参照）。

【After】

新法では、相続人の債権者が遺言執行者の存在を知っているか否かにかかわらず、対抗要件主義を採ることとしている（1013条3項。部会資料21・39～42頁参照）。相続債権者による権利行使が妨げられないことと同じ趣旨の規定である（→ Case 37）。もっと

も、相続人の債権者は、相続債権者とは異なり、相続開始前後で法的地位が変動するわけではない。相続債権者と比べて相続財産に対する期待の保護の必要性も小さい。しかし、新法では、主に次の3つの理由から、両者を同様の扱いとすることとした。

　第1に、遺言がない場合との平仄を合わせる目的である。すなわち、遺言がなく遺産分割を要する場合には、相続債権者と相続人の債権者のいずれも、遺産分割の結果とは無関係に法定相続分による権利承継を前提とした権利行使が認められている（909条ただし書）。このこととの平仄を合わせる形で、新法において、遺言執行者がいる場合でも相続債権者の権利行使を認めるのであれば、相続人の債権者についても同様の扱いとするべきとの考慮によっている（部会資料21・40頁）。

　第2に、ほかの法制との整合性をとる目的である。すなわち、両者は、相続財産破産、限定承認または財産分離のように、債務と責任を分離させる場面以外では、実体法上同順位とされている。したがって、そのような事情がないのに、この場合にのみ両者の扱いを異ならせる合理的根拠がないとする（部会資料19-1・15頁、同24-2・39頁等）。

　第3に、執行手続等における法的安定性の確保を目的とする。すなわち、一方で、遺言の円滑な執行という観点からは、遺言執行者がいる場合には、相続財産に対する権利行使は相続債権者にのみ認め、相続人の債権者の権利行使は善意の場合に限って認める（1013条2項）ことも考えられる。しかし、それでは、執行手続等における法的安定性を害するおそれがある。なぜなら、このような考え方による場合、**Case** のように相続人の債権者Dが法定相続分割合による持分を差し押さえた後に、相続債権者が配当要求をするなどした場合にも、その後Dが悪意であったことが判明すれば、その執行手続は取り消されうることとなるからである（部会資料22-2・34頁等参照）。

　なお、1013条3項にいう「権利」の行使には、相殺や強制執行だけでなく、被相続人名義の不動産について差押え等をする前提としての代位による相続登記も含まれる（部会資料25-2・19頁）。結局、遺言執行者がいる場合であっても、BとDとは対抗関係に立つから、Bは登記を経由して差し押さえたDに対抗することはできない。Dは、法定相続分による権利取得を前提として、強制執行をすることができる。　[**白須真理子**]

Ⅳ……遺言執行と相続人の行為❸

37
相続債権者による遺言執行の妨害

Case

Aに対し貸金債権を有するDは、A所有の甲不動産について強制執行するため、確定判決による債務名義を得たが、その後Aが死亡した。Aの相続人として子B・Cがいる。Aの残した遺言には、①「私の所有するすべての財産をBに相続させる」こと、②「遺言執行者としてBを指定する」ことが記されていた。DがBおよびCに代位して各法定相続分に従った相続登記をしたうえで、各共有持分を差し押え、強制競売を申し立てた。Bが差押えおよび強制執行に対する第三者異議の訴えを提起した場合、認められるか。

【Before】

旧法では、遺言執行者がいる場合に、相続債権者の権利行使が妨げられるかどうかについて規定はない。旧1013条が禁止しているのは相続人による処分であることからすれば、相続債権者の権利行使は当然には妨げられないとも解することができよう。もっとも、それを前提としても、Caseのように「相続させる」旨の遺言がなされた場合、判例によれば、相続債権者が不利な立場におかれることがある。

すなわち、判例によれば、法定相続分を超える指定相続分について相続人は対抗要件なくして第三者に対抗することができるところ（最判平5・7・19家月46-5-23）、すべての財産を特定の相続人に相続させる遺言は、相続分指定（B：C＝100：0）を含む遺産分割方法の指定と捉えられる（最判平21・3・24民集63-3-427）。遺産中の甲不動産の所有権は受益相続人Bへ直接帰属し（最判平3・4・19民集45-4-477）、かつその取得を第三者へ対抗するために登記を要しない（最判平14・6・10家月55-1-77）。したがって、相続債権者Dによる甲の差押えは、Cの法定相続分については無効と解される。Bからの第三者異議の訴えも、その限りで認められることとなる。換言すれば、Dが有効に差し押さえて強制競売の対象とすることができるのは、Bの法定相続分である2分の1の持分に限られるのであって、全共有持分をその対象とすることができる場合と比べて、甲から得られる配当額は小さくなる。また、仮にDが遺言の存在を知っていたとしても、Dが指定相続分に従った相続登記をするためには、遺言書を保管する相続人の協力が必要であり、さもなければ、債権者代位により所有権移転登記手続請求訴訟を提起して、そ

の確定判決に基づいて相続登記をする方法をとるほかない（部会資料19-1・13頁参照）。

【After】

　新法では、相続債権者が遺言執行者の存在を知っているか否かにかかわらず、対抗要件主義を採ることとしている（1013条3項。部会資料21・39～42頁参照）。敷衍すれば、次のようにいうことができる。

　まず、特定財産承継遺言（改正前のいわゆる「相続させる」旨の遺言に相当する）による権利の承継についても、法定相続分を超える部分について対抗要件主義を採ることとした（899条の2）。その理由の1つには、相続開始によって、それまで被相続人に対して権利を有していた相手方当事者の法的地位に著しい変動を生じさせるのは相当でないことが挙げられている（部会資料21・40頁。詳細は、→ Case 1～4）。**Case** において、相続債権者Dによる法定相続分での差押えは、遺言がなければ有効であったのに、たまたま遺言があったために、その権利行使に時間と労力を要する事態を避ける趣旨である。つまり、遺言の存在にも遺言執行者の有無にも関係なく、相続債権者はその権利を行使できなければならない。

　そして、以上のような対抗要件主義のもとで、相続人による遺言執行の妨害行為を無効としつつ、善意の第三者の保護規定が創設されている（1013条2項）。もっとも、この規定は、あくまで相続人の処分行為の無効とその第三者保護を定めたものであり、相続債権者の権利行使を妨げるものではないと解することはできる。しかし、別の解釈の余地もある。すなわち、仮に遺言執行者がいない場合には、Dによる法定相続分相当の共有持分の差押えは、登記を経由すれば対抗することができるのに対し、遺言執行者がいる場合には、その存在について善意でなければ保護されず、無効な差押えと解される余地もある（→ Case 35）。新法は、前者の考え方をとることを明確にするために、1013条3項を設けている。**Case** のBによる第三者異議の訴えは認められず、Dは、法定相続分による権利取得を前提として、強制執行をすることができる。　　［白須真理子］

V……遺言の撤回

38 遺言の撤回

Case

Aは、「すべての財産を子Bに相続させる」という内容の遺言（①遺言）を作成した。その後、Aは、「①遺言を撤回し、すべての財産を子Cに相続させる」という内容の遺言（②遺言）を作成した。次の各場合に、Aは、どのようにして、遺言①を有効とすることができるか。

(1) Aは、Cから、BはAの財産について使い込み等をするなどしていると聞かされ、②遺言が書かれた。しかし、Cの説明は虚偽であり、使い込みをしていたのはCであることが明らかになった。

(2) Aは、Bが使い込み等をしていると思い込み、②遺言を書いたが、それは誤解であり、そのような事実はなかったことが明らかになった。

【Before】

1025条は、撤回行為自体が撤回されたり、取り消されたりしても、元の遺言は復活しない原則を規定する（非復活主義）。そのうえで、改正前の1025条ただし書は、「その行為が詐欺又は強迫による場合は、この限りでない」とし、その例外を規定していた。この場合には、撤回行為自体が遺言者の真意ではないことが明白だからだと説明される。もっとも、ここでいう「この限りでない」が具体的に何を意味しているのかについては、注意が必要であるように思われる。

まず、②遺言が詐欺・強迫による場合でも、1022〜1024条による方法によらず、その②遺言を「取り消す」（96条1項）ことができるわけではないだろう。そもそも、遺言の効力はまだ生じていないし、また、相手方のない単独行為である遺言について、規定された以外の方法による取消しを認めることは法律関係を不透明にするだけである。遺言者の死後に遺言の効力が生じることから厳格な要式が規定されていること、遺言者による遺言の撤回はきわめて容易であることに照らせば、上記の1025条ただし書も、その撤回の方式に従った撤回についての規定と理解すべきである。

そのうえで、上述のとおり、③遺言によって、②遺言を撤回しても、それによって①遺言は復活しないというのが原則である（1025条本文）。他方、③遺言において、「②遺言は詐欺によるものであり、それを撤回する」という内容であれば、それによって、①

遺言が復活することになる（1025条ただし書）。したがって、**Case**(1)については、Aは、こうした遺言をすることによって、①遺言を復活させることができる。

もっとも、非復活主義の原則についても、第1遺言を第2遺言で取り消し、第3遺言で第2遺言を「無効とし」、第1遺言を「有効とする」とされていた場合に、第1遺言が復活するのは当然としても（最判平9・11・13民集51-10-4144）、遺言者の真意が問題とされる以上、遺言の解釈を通じて、第1遺言を復活させるという遺言者の意思を読み取ることができれば、その復活が認められることを肯定すべきだという見解が多い。そうだとすると、詐欺・強迫に当たらない場合についても、①遺言の復活が認められる可能性がある。

改正前の1025条ただし書は、詐欺・強迫のみを規定しており、錯誤については触れられていなかった。しかし、**Case**(2)の場合においても、③遺言で、「②遺言は誤解によるものであり、それを撤回する」と記載されていれば、上述の遺言の解釈を通じて、①遺言を復活させることは十分に考えられるだろう。

【After】

今回の改正により、1025条ただし書には、錯誤が追加された。もっとも、この点についての改正は、2017（平成29）年の債権法改正により、錯誤の効果も詐欺・取消しと並ぶ取消しとされたことを受けてのものであり、特に錯誤による遺言の撤回についての問題が具体的に意識されていたわけではないように思われる。

まず、(1)については、改正前後において特に違いはないので省略する。

他方、(2)については、同条ただし書に錯誤が追加されたことから、錯誤を理由とする②遺言の撤回により、遺言①を復活させる可能性は広げられたようにもみえる。すなわち、「②遺言は誤解によるものであり、それを撤回する」という③遺言であれば、1025条ただし書が適用され、①遺言が復活することになる。

もっとも、上述のとおり、改正前においても、錯誤を理由として撤回する遺言については、その解釈を通じて、①遺言を復活する可能性はあった。その点で、1025条ただし書の改正は、錯誤の場合についてより明確に定めたという機能は見出されるかもしれないが、実質的な状況を大きく変更したわけではないといえるだろう。　　　　［窪田充見］

I……配偶者居住権❶

39
配偶者居住権の意義

Case

　Aは、Bと結婚し、その翌年にCが生まれた。Aは、Cが生まれた翌年に一戸建ての住宅（甲建物）を購入し、甲はAの単独所有名義で登記されている。AとBはその後も甲で同居を継続したが、Cは高校を卒業後は一人暮らしをし、ほとんど実家に戻っていなかった。AとBの婚姻期間は22年に及んだ。

　Aが死亡した後、遺言書はなく、BとCは遺産分割の協議をしている。遺産は甲（時価2,000万円）と預貯金2,000万円である。Bは、甲に死ぬまで住み続けたいと希望しつつ、預貯金も取得することを希望している。Cは、法定相続分に応じた解決であれば柔軟に対応すると発言している。Bが居住する権利を取得したうえで、預貯金も取得するためには、どのような方法があるか。

【Before】

　配偶者が従前居住していた建物に住み続ける方法としては、まず、配偶者がその建物の所有権を取得することが考えられる。しかし、Caseでは、甲建物の評価額は2,000万円であり、遺産の2分の1に相当するため、所有権を取得してしまうと、Bは預貯金を取得することができない。

　Caseにおいて、Cは法定相続分に応じた解決であれば柔軟に対応すると発言しているので、Bが預貯金2,000万円、Cが甲の所有権を取得する遺産分割協議をしたうえで、甲について賃貸借契約を締結することが考えられる。この場合には、賃借人Bは、賃貸人Cとの合意（賃貸借契約）に基づいて、賃料を支払う債務を負い、甲を使用および収益する債権を取得する（601条）。賃借権の登記（605条）については賃貸人が協力しない場合が多いところ、旧借地借家法31条1項は「建物の賃貸借は、その登記がなくても、建物の引渡しがあったときは」第三者にも対抗できると定めている。したがって、Bは、甲に住んでいれば、Cが甲を売却した場合でも住み続けることができる。また、賃借権は相続されることが認められており、「賃貸人の承諾」を得れば譲渡することも可能である（612条）。

【After】
　新法は、配偶者居住権を認めた（1028～1036条）。これは、高齢化が進展していることに配慮したものであり、「配偶者に居住建物の使用のみを認め、収益権限や処分権限のない権利を創設することによって（これにより、建物の財産的価値を居住権部分とその残余部分とに二分することが可能となる。）、遺産分割の際に、配偶者が居住建物の所有権を取得する場合よりも低廉な価額で居住権を確保することができるようにすることを意図した」と説明された（中間試案補足説明9頁）。これは、中間試案等では「長期居住権」と呼ばれていたが、「両者を対比させるような名称は相当でない」という理由で、「配偶者居住権」という名称に改められた（第26回会議議事録1～2頁〔倉重龍輔〕）。
　配偶者居住権は「賃借権類似の法定の債権」と位置づけられており、当事者間の合意がないにもかかわらず配偶者の居住を保護しようとする場合の受け皿となる権利として新設された。このことは、賃借権に似ているけれど、その要件・効果は法律によって決まる（契約に基づくものではない）ことを意味する。配偶者居住権は「無償で使用及び収益をする権利」であり（1028条1項）、賃料を支払う債務を負うことはないが、「配偶者が配偶者居住権を取得した場合には、その財産的価値に相当する価額を相続したものと扱う」とされているため（法制審要綱・第1の2注1）、配偶者居住権の取得そのものは無償ではない。経済的には、遺産分割時等に対価を支払ったのと同じであり、存続期間分の賃料を前払いした賃借権に似ている。
　配偶者居住権は「居住」するだけの権利であり、譲渡が禁止されている（1032条2項）から、評価額は低くなる。仮に、所有権が2,000万円のときに、配偶者居住権が1,000万円だとすれば、これを選択することによって、差額の1,000万円分の預貯金を取得することができる。配偶者居住権を取得すれば、基本的に「終身の間」建物に居住でき（1030条）、登記をすれば第三者にも対抗できる（1031条）。ただし、賃借権とは異なり、対抗要件は登記のみであり、建物の占有をもって対抗要件とすることはできない（新借地借家31条は適用されない）ことに注意する必要がある。**Case**においてBは、配偶者居住権を選択することにより、相当額の預貯金を取得できると思われる。
　また、配偶者居住権は、権利者（配偶者）が死亡すると消滅する（1036条・597条3項）。その理由は「あくまで配偶者の居住権を保護するための権利であることから、これを相続の対象とはしない」と説明された（中間試案補足説明13頁）。そして、配偶者居住権は譲渡することもできない（1032条2項）。その理由は、「配偶者居住権は配偶者自身の居住環境の継続性を保護するためのものであるから、第三者に対する配偶者居住権の譲渡を認めることは、制度趣旨との関係で必ずしも整合的であるとはいえず、法制的にも問題がある」と説明された（部会資料26-2・2頁）。このような面において、配偶者居住権は、賃借権よりも弱い権利であるから、いずれを選択するかは慎重に検討する必要があろう。

　　　　　　　　　　　　　　　　　　　　　　　　　　　　［中込一洋］

I……配偶者居住権❷

40 死因処分による配偶者居住権の設定

Case

AはBと結婚した。10年後、Aは一戸建ての住宅（甲建物）を購入し、甲はAの単独所有名義で登記されている。AとBはその後20年間甲で同居してきた。A・B夫妻の間に子はなく、A・B夫妻の両親はいずれもすでに他界している。Aには弟Cが、Bには弟Dがおり、それぞれ子がいる。

Aは、自分がBより先に死んだ場合でもBが引き続き甲で暮らすことを望む一方で、その場合でもBが死亡した後は甲をDではなく自らの血縁であるCやその子たちに取得させたいと考えている。Aは、自らの希望を遺言によって実現できるか、できるとすれば、どのような遺言をすればよいか。

【Before】

旧法には、夫婦の一方が死亡した場合に、夫婦が居住してきた不動産につき生存配偶者に特別の権利を認める規定は存在しなかった。夫婦が居住する不動産は、婚姻後に得た収入を費やして取得していても、夫婦別産制（762条1項）のもとで、一方の単独所有（特有財産）となっている場合が多い。その所有者が死亡し、血族相続人がいる場合、生存配偶者は共同相続人の1人として居住不動産を共有するにすぎなかった。

そのため、Case においてAが何も遺言を残さなかった場合、AがBよりも先に死亡してAの相続が開始すると、甲建物は、生存配偶者Bと、Aの弟C（またはその代襲相続人であるCの子）との間で持分割合3：1の共有となり（898条・899条・900条3号）、Bが取得した4分の3の共有持分は、Bの死亡によってさらにBの弟D（またはその代襲相続人であるDの子）に相続されることになる。また、Bの死亡前にB・C間で遺産分割がなされると、その内容次第で、Bが甲の単独所有者となり、B死亡時には甲がD（またはその子）に全部相続されてCが甲を取得できなくなる可能性や、逆にCが甲の単独所有者となってBが生前に甲からの退去を余儀なくされる可能性もある。

Aが自らの希望を実現するための遺言として、まずCへの遺贈が考えられる。この場合、Bを甲に居住させ続けるためには、無償でBを居住させるという負担付の遺贈（1002条）をすることが考えられる。しかし、負担付遺贈は、受遺者が負担を履行しなくても効力を生ずると解されている。Cが負担を履行しない場合、Bは遺贈の取消しを

求めることによって負担の実効性を確保することができるが（1027条）、遺贈が取り消されると、Aが何も遺言を残さなかった前記の場合と同様になる（取消しによって負担も無効となるか、相続人が負担を履行する義務を負うかについては争いがある）。

他方で、甲をBに遺贈しつつ、Bの死亡時にはCに甲を取得させることも考えられるが（後継ぎ遺贈）、その法律構成にも様々なものがありうる（最判昭58·3·18家月36-3-143）。まず、Bに対してCに遺贈する義務を課する負担付遺贈があるが、これも、Bが負担を履行しなくても遺贈は効力を生ずるという難点がある。そこで、Bへの解除条件付または終期付遺贈とCへの停止条件付または始期付遺贈を組み合わせることも考えられるが、Bが生前に甲を譲渡した場合にCがなおBの死亡によって甲を取得しうるのか、仮に取得しうるとするとBが所有者としての処分権を制約されることになるが、遺言で受遺者の処分権を制約しうるのか、疑問を呈する学説も存在した。

【After】

新法は、配偶者が被相続人の財産に属する建物に相続開始時に居住する場合に、遺産分割によって配偶者に当該建物を無償で使用収益する権利（配偶者居住権）を設定することを認めた（1028条1項1号）。

そのため、**Case**においてAが遺言を残さなかったとしても、遺産分割によってBが甲建物の配偶者居住権を、Cが甲の所有権をそれぞれ取得すれば、Aの希望は実現する。

さらに、新法は被相続人が配偶者居住権を遺贈することも認めた（1028条1項2号）。

そのため、**Case**において、Aは、甲の所有権をCに遺贈しつつ、上記規定に基づいて、配偶者居住権をBに遺贈することが可能となる。配偶者居住権の設定は、登記によって、居住建物の所有権を取得した第三者にも対抗できるので（1031条2項・605条）、Bは、配偶者居住権の設定を登記すれば、CやCから甲を譲り受けた第三者から甲の明渡しを求められることはなくなる。配偶者居住権の存続期間は、遺言に別段の定めをおかない限り、配偶者Bの終身の間であるので（1030条）、Bの死亡によって配偶者居住権は消滅し、Cが所有者として甲を使用収益することができるようになる。

他方で、Aが配偶者居住権をBに相続させる旨の遺言（遺産分割方法の指定）をすることはできない。遺贈は受遺者が放棄できるが（986条1項。配偶者が配偶者居住権の遺贈を放棄する実益については、→ **Case 45**）、相続させる旨の遺言を放棄するには相続放棄が必要であり、配偶者に不利益となる可能性があるためである（部会資料15・11頁）。ただし、配偶者居住権を相続させる旨の遺言も直ちに無効とはならず、配偶者居住権の遺贈と解釈される可能性がある（部会資料15・11頁）。

これに対して、配偶者居住権を死因贈与することは可能である（554条）。死因贈与は契約であり、その成立には配偶者の承諾の意思表示が必要だからである。　　［阿部裕介］

I……配偶者居住権 ❸

41
一部使用と配偶者居住権の成立範囲

Case

　Aは、自らの所有する甲建物の1階部分を店舗として、2階部分を住居として使用してきた。AはBと結婚し、A・Bの間には子Cが生まれたが、その後Bは死亡し、さらにその後AはDと再婚した。現在は、Cが家業を継いで甲の1階部分で店舗を経営しており、Aは引退してDとともに甲の2階部分で暮らしている。
　Aは、自らが死んだ後もDが甲の2階部分で暮らし続けることができるようにしたいと考える一方で、Cが甲の1階部分で店舗を経営し続けることも望んでいるが、CとDの折り合いが悪いことから、このままでは遺産分割でCとDが甲をめぐって争う事態になり、どちらかが甲を追われることになるのではないかと心配している。Aは、自らの希望を遺言によって実現できるか、できるとすれば、どのような遺言をすればよいか。

【Before】

　Caseにおいて、Aが何も遺言を残さなかった場合、AがDよりも先に死亡して相続が開始すると、甲建物は生存配偶者Dと子Cとの間で持分割合1：1の共有となり（898条・899条・900条1号）、C・Dの協議または審判で遺産分割がなされると、その内容次第で、一方が甲の単独所有者となり、他方が退去を余儀なくされる可能性もある。
　そこで、Aとしては、Cに対して、Dの従前どおりの使用を認めるという負担付で甲を遺贈することができる（1002条）。もっとも、負担付遺贈は、受遺者が負担を履行しなくても効力を生ずると解されている。Cが負担を履行しない場合、Dは遺贈の取消しを求めることによって負担の実効性を確保することができるが（1027条）、遺贈が取り消されると、Aが何も遺言を残さなかった前記の場合と同様になる（取消しによって負担も無効となるか、相続人が負担を履行する義務を負うかについては争いがある）。
　もっとも、建物の一部が構造上独立していて区分所有の目的となる場合（区分所有1条）、区分の登記（不登54条1項2号）が未了であっても、所有者が当該部分を譲渡した場合には区分所有が成立する、というのが判例・通説である。したがって、Caseにおいても、甲の各階が区分所有の目的となりうるものであれば、Aは、甲の1階部分をC

に、2階部分をDにそれぞれ遺贈することができる。

【After】
　新法は、配偶者が被相続人の財産に属する建物に相続開始時に居住する場合に、被相続人が配偶者に当該建物（居住建物）を無償で使用収益する権利（配偶者居住権）を遺贈することを認めた（1028条1項2号）。
　Case のように、配偶者が建物の一部に居住しており、他の者が残部を使用していた場合でも、建物は1028条1項柱書の「居住建物」の定義に該当するので、当該建物につき配偶者居住権を設定することができる。
　そして、配偶者居住権が成立すると、配偶者は居住建物の「全部について」無償の使用収益権を認められる（1028条1項柱書）。これは、建物の一部についてのみの居住権の設定登記（1031条）を備えさせることが技術的に困難であるためである（部会資料15・10頁）。
　したがって、**Case** において、AがDに配偶者居住権を遺贈すれば、Aの死後にDがCに甲建物を追われることはなくなるが、他方で、CがDに甲からの退去を求められる可能性は残る。Aが生前に甲の1階部分についてCを借主とする使用貸借契約を締結すれば、Dは使用貸主の共同相続人の1人ということになるが、他方で、配偶者居住権の遺贈が登記されると（1031条）、Dは使用借権の目的につき対抗力ある排他的占有権原を使用貸主から設定された第三者にもなるので、Dが甲の所有権の遺贈を受けてこれを登記した場合と同様、Cは使用借権を占有権原としてDに対抗できなくなり、退去を甘受したうえでDの債務不履行責任を追及することしかできなくなるものと解される。仮に、遺産分割においてCが甲の所有権を取得したとしても、居住建物の所有権取得者は配偶者居住権を対抗されると配偶者の排他的使用収益を甘受しなければならないので、同様の問題が生ずる。したがって、Aとしては、Dに配偶者居住権を遺贈するのであれば、Cに甲の1階部分を使用させる負担付で遺贈するしかないだろう。
　もっとも、法制審議会においては、居住部分が区分所有の目的となりうる場合（区分所有1条）、相続開始後に区分所有を成立させることで、居住部分限りでの配偶者居住権を登記できるようになり、居住部分のみを目的とする配偶者居住権が成立しうる、と指摘されていた（部会資料15・10頁）。これは、主として遺産分割による配偶者居住権の設定（1028条1項1号）を念頭におくものと思われるが、配偶者居住権の遺贈の場合でも、被相続人が居住部分のみを目的とする配偶者居住権を遺贈すれば、それによって居住部分が区分され、居住部分限りでの配偶者居住権が成立すると解される。
　したがって、**Case** においても、甲の各階が区分所有の目的となりうるものであれば、Aは、甲の1階部分をCに遺贈したうえで、2階部分の所有権または配偶者居住権をDに遺贈することができる。

［阿部裕介］

I……配偶者居住権❹

42 遺産分割協議による配偶者居住権の成立

Case

　Aは、Bと結婚し、2年後に子Cが生まれた。その10年後、Aは一戸建ての住宅（甲建物）を購入し、甲はAの単独所有名義で登記されている。Cはその10年後に独立し、さらにその10年後にBが死亡して、その3年後にAはDと再婚した。それ以来、AはDと2人で甲に暮らしてきたが、再婚の5年後に、Aは特に遺言を残すことなく死亡した。
　現在、CとDは、Aの相続人として、Aの遺産分割について協議している。Dは今後も甲で生活を続けることを望んでおり、Cもすでに別に居を構えているのでそのこと自体に異存はないものの、あくまでも相続分に従った遺産分割は望んでいる。しかし、Aの遺産は、甲（時価約2,000万円）の他には、総額400万円程度の預金があるだけである。
　CとDは、どのような内容の遺産分割をすればよいか。

【Before】
　協議による遺産分割は、共同相続人全員の合意がなければ成立しない反面、共同相続人全員が合意しているのであれば、必ずしも法律上の相続分に従った分割の内容になっていなくても有効に成立する。しかし、Caseのように相続分に従った遺産分割を望む相続人がいる場合には、相続分に従った内容で分割することが、協議を成立させるために必要となる。
　配偶者と子が相続人として存在する場合、法定相続分はそれぞれ2分の1ずつである（900条1号）。そのため、Caseにおいて、配偶者Dと子Cの相続分はそれぞれ2分の1ずつ、額にして1,200万円ずつである。そうすると、仮にDに2,000万円相当の甲建物を取得させると、預金400万円をすべてCに取得させたとしても、Cの相続分額1,200万円には満たないことになる。
　このように、ある相続財産を共同相続人の1人に単独で取得させると相続分に従った遺産分割が不可能になるような場合、旧法においても、遺産分割の方法として、当該相続財産を取得した相続人が他の共同相続人に対して代償金の支払義務を負う、という内容の協議をすることが可能であった。そのため、Caseにおいても、Dが甲を、Cが預

金を、それぞれ取得したうえで、DがCに対して800万円の代償金を支払う、という内容の遺産分割協議をすることは可能である。しかし、このような協議が成立するのは、Dが代償金を約束どおり支払う見込みが十分にあるとCが判断した場合であって、Dが自己の固有財産として十分な資金や収入をもっていなければ、そのような協議は成立しないだろう。

これに対して、Cに甲を取得させる内容の遺産分割をしつつ、Cに相続分を超える財産を取得させる見返りとして、C・D間でDの死亡を終期とする甲の使用貸借契約を結び、Dが引き続き無償で甲に居住する、という方法も考えられる。しかし、この場合には、遺産分割後にCが甲を譲渡すると、Dは使用貸借に基づく占有権原を譲受人に対抗できず、退去を余儀なくされる。他方で、建物を目的とする用益物権は存在しないため、**Case**において、Cが対抗力を有する無償の使用権原をDに設定することは不可能である。

【After】

新法も、配偶者の法定相続分は変更していないので、**Case**におけるCとDの相続分は旧法と同様である。

その一方で、新法は、配偶者が被相続人の財産に属する建物に相続開始時に居住する場合に、遺産分割によって配偶者に当該建物を無償で使用収益する権利（配偶者居住権）を設定することを認めた（1028条1項1号）。

そのため、**Case**において、CとDは協議により、Dが甲建物の配偶者居住権を、Cが甲の所有権を、それぞれ取得するような遺産分割をすることができる。

この配偶者居住権の設定は、登記によって、居住建物の所有権を取得した第三者にも対抗することができるので（1031条2項）、Dは、配偶者居住権の設定を登記すれば、遺産分割によって所有権を取得したCがその後に甲を譲渡したとしても、譲受人から甲の明渡しを求められることはなくなる（→ Case 49）。配偶者居住権の存続期間は、協議で別段の定めを置かない限り、配偶者Dの終身の間であるので（1030条→ Case 47）、Dの死亡によって配偶者居住権は消滅し、Cが所有者として甲を使用収益することができるようになる。

もっとも、このような協議が成立するか否かは、配偶者居住権の財産価値の評価次第である。Dの現在の年齢などの条件によっては、配偶者居住権の負担付の所有権をCに取得させても、相続分に従った遺産分割にならない可能性もあるからである（→ Case 65・66）。

［阿部裕介］

I……配偶者居住権❺

43
被相続人と第三者による居住建物の共有

Case

　A・B夫妻の間には、子のCおよびDがいた。A一家は、Aが所有する一戸建ての住宅（甲建物）で同居していたが、Dは18歳で独立して一人暮らしをはじめ、その5年後にCはEと結婚して、甲建物にはA・B夫妻とC・E夫妻の2世帯が同居する形になった。その10年後にBが亡くなり、さらにその5年後にはAが特に遺言を残すことなく亡くなってCとDがAを共同相続したが、甲にはC・E夫妻が住み続けており、Aの遺産につき遺産分割はなされていない。C・E夫妻には子はいない。
　Cは、自分がEより先に死んだ場合でも、Eが一生甲で暮らし続けられるようにしたい、と考えている。Cは、遺言によってこれを実現することができるか。

【Before】

　CとDはいずれもAの子であり、Aの遺産につきそれぞれ2分の1の相続分を有している（900条4号）。そして、Cが死亡すると、Cが有する相続分はCの遺産となる。CがDおよびEよりも先に死亡した場合、Cの遺産についての生存配偶者Eの相続分は4分の3、兄弟Dの相続分は4分の1となる（900条3号）。
　したがって、Cが何も遺言を残さなければ、甲建物について、DはAから相続した2分の1にCから相続した8分の1（1/2×1/4）を加えた8分の5の共有持分を、EはCから相続した8分の3（1/2×3/4）の共有持分をそれぞれ有することになる（898条・899条）。たとえDが持分の過半数を有していても、DはEに対して当然に甲の明渡しを求めることができるわけではないが（最判昭41・5・19民集20-5-947）、DとEが共有物の管理に関する協議をもったうえで、Dが甲を占有利用すると持分多数決で決定した場合（252条本文）、そのことがEに明渡しを求める理由として認められるかどうかについては学説に争いがある。また、遺産分割の結果、Dが甲を単独で取得し、Eはその生前に甲を退去せざるをえなくなる可能性がある。
　これに対して、Cが自己の有する甲の共有持分をEに遺贈すると、甲についてはD・Eがそれぞれ2分の1の共有持分を有することになる。この場合、甲の共有持分がA

の相続人からそれ以外の者に譲渡されたことになるので、甲の共有状態を解消するためには共有物分割手続を行うべきことになるものと解される（最判昭50・11・7民集29-10-1525）。共有物分割が行われるまでは、Eは従前どおり甲に居住できるが、共有物分割の結果次第で、Eはその生前に甲を退去せざるをえなくなる可能性がある。

　他方で、Cが、Eを生涯甲に無償で居住させるという負担付で、自己の有する甲の共有持分をDに遺贈することも考えられる。しかし、負担付遺贈は受遺者が負担を履行しなくても効力を生ずると解されている。Dが負担を履行しない場合、Eは遺贈の取消しを求めることによって負担の実効性を確保することができるが（1027条）、遺贈が取り消されると、Cが何も遺言を残さなかった前記の場合と同様になる（取消しによって負担も無効となるか、相続人が負担を履行する義務を負うかについては争いがある）。さらに、負担付受遺者が遺贈を放棄した場合には、負担の受益者が自ら受遺者となることができるが（1002条2項）、**Case**においてDが負担付遺贈を放棄してEが受遺者となっても、Cが甲の共有持分を最初からEに遺贈した場合と変わらないことになる。

【After】

　新法は、配偶者が被相続人の財産に属する建物に相続開始時に居住する場合に、被相続人が配偶者に当該建物（居住建物）を無償で使用収益する権利（配偶者居住権）を遺贈することを認めた（1028条1項2号）。

　しかし、被相続人が相続開始時に居住建物を配偶者以外の者と共有していた場合には、被相続人は配偶者居住権を遺贈することはできない（1028条1項柱書ただし書）。配偶者居住権は、居住建物につき配偶者に居住のための排他的使用を認めるものであり、被相続人以外の共有者の持分に応じた使用（249条）の妨げとなるからである。たとえ被相続人以外の共有者が同意していても、配偶者居住権を遺贈することはできない。配偶者居住権は、被相続人が居住建物について有していた権利の一部を配偶者に承継させるものであって、被相続人が有していた権利を超える権利を承継させることはできないからである（部会資料25-2・7頁）。

　そのため、**Case**においてCにできることは、旧法におけるのと変わらない。

［阿部裕介］

I……配偶者居住権❻

44
居住建物の配偶者による取得と配偶者居住権

Case

AはBと結婚し、その2年後にA・Bの間に子Cが生まれた。その5年後、Aは一戸建ての住宅（甲建物）を購入し、甲はAの単独所有名義で登記されている。その5年後、AはBと離婚し、BがCの親権者となってCを引き取りAと別居した。さらにその3年後、DがAと再婚して、甲でAと10年間同居を継続してきた。

Aは、自分がDより先に死んだとしてもDが生涯甲で暮らせるようにしたいと望んでいる。Aはそのためにどのような方策を講ずればよいか。その場合、Aの死後にDの地位はどのようなものとなるか。

【Before】

Caseにおいて、Aが何ら方策を講ずることなく死亡すると、甲建物は子Cと生存配偶者Dとの間で持分2分の1ずつの共有となる（898条・899条・900条1号）。したがって、遺産分割の結果、Cが甲を取得し、Dが生前に甲を退去せざるをえなくなる可能性が存在する。

これに対して、Aが甲をDに遺贈した場合、甲はDの単独所有となる。

他方で、Aが甲につきDの死亡を終期とする使用貸借契約をDとの間で締結した場合、他に甲につき死因処分や相続させる旨の遺言をしなければ、甲の所有権および使用貸主の地位は遺産共有の対象となる。このとき、使用貸借上の権利義務は、少なくとも使用借主Dと他の共同相続人Cとの間では消滅しない（最判平8・12・17民集50-10-2778は、このことを前提としている）。これに対して、使用借主D自身が使用貸主Aの共同相続人の1人として承継した権利義務は、混同によって消滅する（520条本文）。もっとも、その後の遺産分割によってCが甲の所有権を単独で取得した場合でも、Cはなお使用貸主の共同相続人の1人としてDの使用借権を対抗されると考えられる。このとき、Dが承継した使用貸主の地位が混同消滅したことは、何ら影響を与えない。使用貸借の目的物を遺産分割によって単独取得した相続人は、遺産分割以前から承継していた使用貸主の地位に基づき、使用借主の無償使用を全面的に甘受するのであって、これは、使用借主の使用収益を甘受する使用貸主の義務が不可分債務であるためと考えられる（賃貸

人の使用収益させる義務に関する最判昭 45・5・22 民集 24-5-415 参照）。

【After】
　新法は、配偶者が被相続人の財産に属する建物に相続開始時に居住する場合に、被相続人が配偶者に当該建物（居住建物）を無償で使用収益する権利（配偶者居住権）を遺贈することを認めた（1028 条 1 項 2 号）。
　このとき、配偶者居住権の遺贈を受けた配偶者が居住建物の共有持分を取得しても、配偶者居住権は消滅しない（1028 条 2 項）。これは、配偶者自身も他の共有者とともに配偶者居住権を負担するという趣旨であって、混同消滅の例外を定めたものである（立案担当者は配偶者居住権を法定債権と説明するので〔部会資料 11・5 頁〕、その理解に従えば、これは 179 条 1 項ではなく 520 条本文の例外といえよう）。そのため、立案担当者はこれを、自己借地権（借地借家 15 条 2 項）類似のものと説明している（部会資料 25-2・5 頁、8 頁）。
　立案担当者は、この場合に混同消滅の例外を認めるべき理由として、配偶者が共有持分を有する場合であっても、他の共有者からの不当利得返還請求や共有物分割請求によって配偶者が居住建物に居住できなくなることを防ぐべく、配偶者居住権を存続させる必要があることを挙げる（部会資料 25-2・8 頁）。しかし、これは配偶者以外の共有者との関係で配偶者居住権を存続させるべき理由であって、配偶者自身が配偶者居住権を負担することの理由ではない。
　立案担当者は、**Case** と異なり、被相続人が相続開始時に居住建物を配偶者と共有していた場合についても、配偶者は他の共有者とともに配偶者居住権を負担する、と考えており（部会資料 25-2・6 頁）、その理由も参考になる。それは、仮に配偶者以外の共有者だけが配偶者居住権を負担するものとすると、①その後の遺産分割で配偶者以外の者が居住建物の所有権を単独で取得した場合に、対抗力ある配偶者居住権の内容が不明確になり、②配偶者が取得した共有持分を処分した場合に、持分の取得者やその転得者に配偶者居住権を対抗できなくなる、というものである。もっとも、①については、居住建物の取得者は配偶者居住権を不可分的に負担しており、混同によって配偶者の共有持分に対応する使用収益権原が欠損するわけではない、とも考えられる（→**【Before】**）。したがって、新法は、配偶者からの共有持分の譲受人やその転得者に 1031 条 2 項に基づき配偶者居住権を対抗するために、混同消滅の例外を認めたものと考えるべきだろう。
　そのため、**Case** において、A が D に甲の配偶者居住権を遺贈し、他方でその所有権につき何も遺言を残さなかった場合、甲は C・D の共有となるが、配偶者居住権は成立し、配偶者居住権を登記すれば、その後 D が甲の共有持分を譲渡しても D は譲受人に配偶者居住権を対抗できる。

〔阿部裕介〕

I……配偶者居住権 ❼

45
配偶者居住権の遺贈とその後の遺産分割

Case

　AはBと結婚し、その2年後にA・Bの間に子Cが生まれた。その5年後、Aは一戸建ての住宅（甲建物）を購入し、甲はAの単独所有名義で登記されている。その10年後、AはBと離婚し、BはCの親権者となってCを引き取りAと別居した。さらにその3年後、DがAと再婚し、以来甲でAと10年間同居を継続してきたが、A・Dの間に子はいない。現在、Aは甲（時価約2,000万円）の他に3,000万円の銀行預金を有している。
　Aは、自分がDより先に死んだとしてもDが引き続き甲で暮らせるようにしたいと望んでいる。Aがそのためにどのような方策を講ずればよいか。その方策を講ずるとすると、次の各場合において、Aの死亡後の遺産分割はどのようになされるべきことになるか。
　(1)　Aが5年後に死亡した場合
　(2)　Aが15年後に死亡した場合

【Before】
　AがDに甲建物を遺贈した場合、甲はDの特別受益となり、それだけ、遺産分割の際に取得できるいわゆる具体的相続分は減少する（旧903条1項）。すなわち、仮に3,000万円の預金に増減がなければ、遺産分割において、Cが預金のうち2,500万円を取得し、Dは預金のうち500万円しか取得できない。したがって、Dが今後の生活資金としてより多くの預金を必要としている場合には、Dが甲の遺贈を放棄する必要がある。
　もっとも、Aがこのような帰結を望まない場合には、Aは甲の遺贈につき持戻し免除の意思表示をすることができる（旧903条3項）。これによれば、遺産分割においてCとDはそれぞれ預金のうち1,500万円ずつを取得すべきことになる。しかし、遺贈は遺言でなされるため、その持戻し免除を遺言外で黙示的になしうるかについては学説上争いがあり、遺言によることが必要だと解する説によれば、遺言に遺贈の持戻し免除が明記されていない場合に、持戻し免除の趣旨を含むものと解釈することができるのか、明らかではない。また、遺言によることを要しないと解する説によっても、Case(1)のような場合はもちろん、Case(2)のように婚姻期間が相当程度長期の場合であっても、そ

90　第3章　配偶者の居住の権利

のことから直ちに持戻し免除の意思表示が推認されるわけではない。

　AがDとの間で、甲につきDの死亡を終期とする使用貸借契約を締結した場合、これは遺贈でも贈与でもないが、これを被相続人から共同相続人の1人に対する使用価値の無償供与とみて特別受益に準じた扱いをすべきか、争いがある。もっとも、特別受益に準じた扱いを肯定する学説も、使用利益の無償供与が合理的である場合には持戻し免除の意思表示を推認するなどして相続人間の利害を調整することを志向している。

【After】

　新法は、婚姻期間が20年以上の夫婦の一方である被相続人から夫婦の他方への居住用建物またはその敷地の遺贈または贈与について、被相続人の持戻し免除の意思表示を推定している（903条4項→ **Case 7**）。婚姻期間は、903条4項の文理や被相続人の意思表示の推定という形式、贈与税の配偶者控除（相続税法21条の6）との均衡からは、遺贈または贈与の時点で20年以上であることを要すると解するのが自然である。もっとも、持戻し免除の推定が配偶者の法定相続分の引上げの代替策として導入されたという経緯や、持戻し免除の意思表示が必ずしも遺贈または贈与と同時にされることを要しないことから、相続開始時に20年以上であれば足りるという解釈も成り立つ。

　さらに新法は、配偶者が被相続人の財産に属する建物に相続開始時に居住する場合に、被相続人が配偶者に当該建物（居住建物）を無償で使用収益する権利（配偶者居住権）を遺贈することを認め（1028条1項2号→ **Case 40**）、婚姻期間が20年以上の場合には、この遺贈にも持戻し免除の意思表示を推定している（1028条3項・903条4項）。

　婚姻期間の基準時を相続開始時とする考え方によれば、**Case (2)**の場合、A・Dの婚姻期間が25年（過去10年＋将来15年）となるので、AがDに甲建物の配偶者居住権を遺贈したとしても、Aの持戻し免除の意思表示が推定される。例えば配偶者居住権が1,000万円、配偶者居住権の負担付の所有権が1,000万円と評価されると（→ **Case 65・66**）、遺産分割では、Cに甲の所有権を取得させたうえで、預金をCに1,000万円、Dに2,000万円取得させることが可能になる。他方で、**Case (1)**の場合、婚姻期間が15年（過去10年＋将来5年）となるので、AがDに甲の配偶者居住権を遺贈したとしても、Aの持戻し免除の意思表示は推定されない。例えば配偶者居住権が1,000万円、配偶者居住権の負担付の所有権が1,000万円と評価されると、遺産分割ではCに甲の所有権を取得させたうえで預金をC・Dにそれぞれ1,500万円ずつ取得させることが可能になるが、Dがそれ以上の預金を必要とする場合には、Dが配偶者居住権の遺贈を放棄する（986条）しかない。

　これに対して、婚姻期間の基準時を遺贈時とする考え方によれば、**Case (1)・(2)**のいずれにおいても、婚姻期間は10年となるので、Aの持戻し免除の意思表示は推定されない。

［阿部裕介］

I……配偶者居住権❽

46 遺産分割審判による配偶者居住権の取得

Case

　Aは、Bと結婚し、その翌年にCが生まれた。Aは、Cが生まれた翌年に一戸建ての住宅（甲建物）を購入し、甲はAの単独所有名義で登記されている。AとBはその後も甲で同居を継続したが、Cは高校を卒業後は一人暮らしをし、ほとんど実家に戻っていなかった。AとBの婚姻期間は22年に及んだ。

　Aが死亡した後、遺言書はなく、BとCの遺産分割協議は難航した。遺産は甲しかなく、Bは、遺産分割調停において、甲に死ぬまで住み続けたいと希望したが、甲の時価が4,000万円であるところ、Bは、代償金を1,700万円しか用意できなかった。Cが頑なに拒否したため、審判に移行した。Bは、甲に居住する権利を取得することができるか。

【Before】

　旧法には、配偶者の居住について定めた特別の規定は存在しなかった。

　配偶者が従前居住していた建物に住み続ける方法としては、まず、配偶者がその建物の所有権を取得することが考えられる。しかし、所有権の評価額によっては配偶者が取得できないこともあり、また、取得できたとしても、その後の生活に支障をきたす場合が生じることもある。甲建物の時価が4,000万円であり、法定相続分に応じた代償金としては2,000万円が必要であるところ、Bは、代償金を1,700万円しか用意できないのであるから、Bが所有権を単独で取得することはできない。審判によってBとCの共有とすることは可能と思われるが、無償で使用できるわけではなく、共有物分割請求をされれば居住し続けることは難しいと思われる。

　また、配偶者が従前居住していた建物に住み続ける方法としては、その建物の所有権を取得した他の相続人との間で賃貸借契約等を締結することも考えられる。しかし、この方法による場合には、その建物の所有権を取得する者との間で賃貸借契約等が成立することが前提となるため、契約が成立しなければ、権利を取得できない。Cは頑なに拒否しているのであるから、Bは賃借権を取得することもできない。

【After】

　配偶者居住権は、高齢化が進展していることに配慮し、住み慣れた居住環境での生活を継続するために居住権を確保しつつ、その後の生活資金としてそれ以外の財産についても一定程度確保したいという配偶者の希望を実現するために新設された。配偶者居住権の制度には、「配偶者に居住建物の使用のみを認め、収益権限や処分権限のない権利を創設することによって（これにより、建物の財産的価値を居住権部分とその残余部分とに二分することが可能となる）、遺産分割の際に、配偶者が居住建物の所有権を取得する場合よりも低廉な価額で居住権を確保することができるようにすることを意図した」という側面がある（中間試案補足説明9頁）。また、配偶者居住権は法定の債権であり、当事者間の合意がないにもかかわらず配偶者の居住を保護しようとする場合の受け皿となる権利として新設されたという側面もある。

　Case においてBは、甲建物の所有権を単独で取得するために必要な代償金2,000万円を用意することはできないが、1,700万円までは支払うことが可能なのであるから、配偶者居住権の評価額に応じた代償金を支払うことは可能と思われる。

　問題は、Cが頑なに反対していることの評価である。

　配偶者居住権の取得が認められる場合として、1028条1項1号は「遺産の分割によって配偶者居住権を取得するものとされたとき」と定めている（同項2号は「配偶者居住権が遺贈の目的とされたとき」と規定しているが、**Case** では、遺言書はないから問題とならない）。そして、1029条柱書は、「遺産の分割の請求を受けた家庭裁判所は、次に掲げる場合に限り、配偶者が配偶者居住権を取得する旨を定めることができる」と定めており、以下のいずれにも該当しない場合には、審判による配偶者居住権の取得は認めない。これは、建物所有者と配偶者との間で紛争が生ずるおそれに配慮し、当事者の合意が調った場合よりも、審判による取得の要件を厳しくしたものである。

　1029条1号は「共同相続人間に配偶者が配偶者居住権を取得することについて合意が成立しているとき」と定めるが、**Case** では、Cが頑なに反対しており、この要件は充たさない。

　そのため、Bが配偶者居住権を取得できるか否かは、1029条2号の「居住建物の所有者の受ける不利益の程度を考慮してもなお配偶者の生活を維持するために特に必要があると認めるとき」の解釈によって決められる。これは、配偶者以外の相続人は、通常は、配偶者に対して扶養義務を負い、または負いうる関係にあること（877条1項・2項）等から、「居住建物の所有者の受ける不利益の程度を考慮してもなお配偶者の生活を維持するために特に必要があると認めるとき」という限定された要件を充たす場合には、建物所有権を取得する相続人の意思に反するとしても、その者が不利益を受けることはやむをえないとされたものである（部会資料19-1・9〜10頁）。　　　　　　　　　　［中込一洋］

I……配偶者居住権 ❾

47 配偶者居住権の存続期間

Case

Aの相続人は妻Bと子C・Dの3名であり、相続財産は、甲建物（評価額1,200万円）および預金2,400万円であった。Bは、Aの死亡後も甲にて引き続き居住することを希望している。

⑴　Aは、生前、甲につきBに配偶者居住権を遺贈する旨の遺言を作成していたが、存続期間についての定めはなかった。Aの死亡後、Bは甲にいつまで居住を続けることができるか。

⑵　実父から相続した多額の債務を抱えていたBは、C・Dとの遺産分割協議において、配偶者居住権を取得したいが、その存続期間を10年に限定し、その分だけ預金を多く相続したいと申し出たところ、C・Dもこれを了承し、Bは上記存続期間の定めのある配偶者居住権（評価額400万円）と預金1,400万円、Cは上記居住権の負担付の甲の所有権（評価額800万円）と預金100万円、Dは預金900万円をそれぞれ相続する旨の遺産分割が成立した。相続開始から10年後、なお生存しているBは、配偶者居住権の期間延長をCに対して請求することができるか。

【Before】

　配偶者居住権は、無償で建物を使用できることからすれば使用借権に類するようでもあるが、配偶者居住権の財産評価額の分だけ当該配偶者が他の遺産から取得できる分が減るから有償性が認められ、その意味では賃借権に相応するものといえる。配偶者居住権が「賃借権類似の法定債権」とされるのは、そのためである。いずれにせよ、旧法に配偶者居住権という制度はなく、さしあたりCaseにおけるBの建物利用権が賃借権の場合と使用借権の場合のそれぞれで、存続がどこまで認められるかを考えてみたい。

　甲建物での居住を望むBと、甲の所有権を相続したCとの間で、賃料の支払が約されて、期間の定めのない賃貸借契約が結ばれたとしたらどうなるか。Bとの賃貸借契約を終了させるべく、Cが解約の申入れをすることができるのは、賃貸人と賃借人が建物の使用を必要とする事情その他を考慮して、正当の事由があると認められる場合に限られる（借地借家28条）。Bが甲に居住することの要請が強ければ解約は認められないので

あって、Bの賃借権の存続は、こうして一定の保障が図られている。

では、使用貸借であったとしたらどうか。期間は定められていなかったものの使用収益の目的は定められていた場合、借主が使用収益をするのに足りる期間を経過したときは、契約を解除することができる（598条1項）。ここにいう「使用及び収益をするのに足りる期間」につき、土地の使用貸借の事例に関する判例には、経過した年月、土地が無償で賃借されるに至った特殊な事情、その後の当事者間の人的つながり、土地使用の目的、方法、程度、貸主の土地使用を必要とする緊要度など双方の諸般の事情を比較衡量して判断すべきとしたものがある（最判昭45・10・16集民101-77）。このように、使用貸借においても無条件で解除が認められるわけではないが、諸般の事情を考慮したうえで解除の当否、すなわち利用権の存続の可否が判断される、という不安定さを残すものであることは否定しがたい。実際、判例のなかには、契約締結から38年が経過し、この間に貸主と借主の人的関係が著しく変化しているという事実関係の下では、借主が同建物以外に居住するところがないとか貸主に土地を使用する必要等特別の事情が生じていないというだけでは、使用収益をするのに足るべき期間の経過を否定できない、としたものがある（最判平11・2・25集民191-391）。

【After】

配偶者居住権の存続期間は、配偶者の終身の間とされる（1030条本文）。ただし、遺産分割の協議もしくは遺言に別段の定めがあるとき、または家庭裁判所が遺産の分割の審判において別段の定めをしたときは、その定めるところによる（同条ただし書）。

Case(1)のように、期間の定めがない配偶者居住権については、配偶者の終身の間の存続が認められる。では、**Case**(2)のように、同条ただし書にいう「別段の定め」があって存続期間がその定めによるものとなった場合において、その期間が満了した時点でなお配偶者が生存しているとき、期間の延長や更新を求めることはできるか。

配偶者居住権については、遺産分割において取得される場合でも、その存続期間に応じた財産評価をし、その評価額を配偶者の具体的相続分から控除することとなる。**Case**(2)でも、存続期間を限定することで配偶者居住権の評価額を低く抑えたからこそ、預金の相続分を増額することができたのである。それなのに、配偶者居住権の存続期間の延長が認められてしまうと、その分だけ配偶者居住権の評価額が高くなり、遺産分割の前提が失われ相続人間に不公平が生じるのみならず、居住建物の残存価値の評価により抵当権の設定を受けた者が害されることにもなる。そのため、存続期間の満了によって配偶者居住権は当然に消滅し、期間の延長や更新はできないものとされている。

もっとも、配偶者居住権が消滅したとしても、配偶者としては、建物所有者との間で賃貸借や使用貸借の契約を締結し、占有・使用のための権利を確保することが妨げられるものではない。

［田髙寛貴］

I……配偶者居住権❿

48 配偶者居住権に関する登記請求権

Case

Aは、自己所有の甲建物で妻Bとともに暮らしていたが、その後死亡した。Aの相続人は、Bのほか、Bとの間に生まれた子C、先妻との間に生まれた子Dの3名であった。Bは、甲で居住を続けることを望んでいる。

（1）Aは、生前に、甲につきBに配偶者居住権を遺贈する旨の遺言を作成していた。Aの死亡後、B・C・D間での遺産分割は未だ行われていない。Bは、上記遺贈によって取得した自身の配偶者居住権につき登記をするためには、どうしたらよいか。

（2）B・C・D間での協議が不調となったため、審判による遺産分割がされた。その結果、甲については、（預貯金の一部を取得するものとされたDを除いて）Cが所有権を、Bが配偶者居住権をそれぞれ取得するものとされた。この場合、Bの配偶者居住権の登記手続はどのように行われるか。

【Before】

旧法には配偶者居住権という制度が存在しておらず、ここでは、配偶者居住権に類する各種の利用権について、登記ないし登記請求ができるかを確認しておこう。

まず、使用借権については、そもそも登記をすることができない。また、不動産賃借権は登記をすることができるものの（605条、不登3条8号）、賃貸人は、相対効しかない賃借権につき対抗力を得させる義務まで負うものではなく、したがって賃借権者には原則として登記請求権がない。賃貸人が登記をすることを承諾する特約がある場合に限り、賃借人は賃貸人に対して登記手続を請求できる（大判大10・7・11民録27-1378）。

この点、用益物権であれば、権利者には所有者に対する登記請求権が認められるが、建物を目的とする用益物権は存在しないため、配偶者居住権に相応するものとはいえない。

【After】

Case 49でも説明するように、配偶者居住権については、長期にわたって存続することが想定されるものであり、建物所有者が居住建物を譲渡した場合に譲受人に対抗でき

なくなるとすると、制度を設けた趣旨が大幅に縮減されてしまう。そのため、配偶者居住権については第三者対抗力を有するものとし、配偶者において実際に対抗要件の具備が可能となるよう、規定が設けられた。

配偶者居住権の登記を確保するための方途として、立案の過程では、配偶者居住権を物権として構成したり、配偶者の単独申請を認めたりすることも検討されたが、最終的には、配偶者居住権の性質を法定の債権とし、また配偶者と建物所有者との共同申請の原則を維持したうえで、居住建物の所有者が配偶者居住権を取得した配偶者に対して配偶者居住権の設定の登記を備えさせる義務を負うものとされた（1031条）。配偶者居住権は居住建物の所有権を制限する性質を有する権利であるから、その設定登記手続に関し、居住建物の所有者を登記義務者として、配偶者に登記請求権を認めたものである。

建物所有者が配偶者居住権の登記手続を拒んでいる場合には、配偶者は、登記手続を命じる給付判決を得るべく、民事訴訟を提起することになる。同給付判決が得られれば、配偶者による登記の単独申請が可能となる（不登63条1項）。なお、**Case**(1)のように、遺産分割がされておらず居住建物が遺産共有となっている場合には、配偶者は、共有者全員に対して配偶者居住権についての登記手続を求めるべきことになる。

Case(2)のように、配偶者居住権の設定を命じる遺産分割審判については、「被相続人の遺産を次のとおり分割する。　1　配偶者Bに対し、別紙物件目録記載の建物（以下「本件建物」という。）につき存続期間を配偶者Bの終身の間とする配偶者居住権を設定する。　2　相続人Cは、本件建物の所有権を取得する。　3　相続人Cは、配偶者Bに対し、本件建物につき、第1項記載の配偶者居住権を設定する旨の登記手続をせよ。」という具合に、登記義務の履行も併せて命じるものになるのが通例と解される（家事196条）。このような内容の審判があれば、配偶者は単独で配偶者居住権の登記申請をすることが可能となる（前出の不登63条1項にいう「確定判決」には、判決同様の効力をもつ債務名義〔和解調書、調停調書、審判書〕も含まれる）。

では、配偶者居住権の取得を命ずる遺産分割審判において、登記義務の履行を命ずる旨の明示がなかったとしたら、配偶者はあらためて民事訴訟を提起して登記義務の履行を命ずる判決を得なければならないのか。審判によって配偶者居住権の設定登記をする場合も、基本的には、主文において登記義務の履行を命ずる旨が明示されている必要があり、それがないのなら民事訴訟を提起して登記義務の履行を命ずる判決を得なければならないと一般には解されている。もっとも、この点については異なる見解もみられる。すなわち、配偶者居住権は取得させるものの、登記を備えさせる義務を負わせない、という場合が基本的に存在しないことからすれば、審判の主文において登記義務の履行を命ずる旨が明示されていなくとも、登記義務の履行が黙示に命じられているものと解することができ、したがって、あらためて民事訴訟を提起するまでもなく、配偶者による登記が可能であるとする。

［田髙寛貴］

I……配偶者居住権⓫

49
配偶者居住権の第三者対抗要件

Case

　Aは、自己所有の甲建物で妻Bと暮らしていた。Aが死亡し、その相続人はBと子Cの2名であった。Aは生前に、Aが死亡時に甲の配偶者居住権をBに与える旨の死因贈与契約をBとの間で結んでいた。次の各場合に、Aの死後も甲で居住を続けるBは、D・E・Fによる甲の明渡請求を拒めるか。

　(1)　Aは生前、GのSに対する債権の担保として、甲に抵当権を設定し登記も了していた。Aが死亡し、甲につきCが所有権を、Bが配偶者居住権を取得した旨の登記がされた。その後、Sの債務不履行によりGが抵当権の実行として甲につき不動産競売手続を開始し、Dがこれを買い受けた。

　(2)　Aの死後、B・C間での遺産分割協議において甲はCが単独所有するものとされ、その旨の登記がされた。Cは、Bの配偶者居住権の存在を認め、登記手続に協力することを約していたにもかかわらず、資金繰りに窮していたため、配偶者居住権の負担のない前提での評価額で甲をEに譲渡する旨の売買契約をEとの間で結び、CからEへの甲の所有権移転登記もされた。

　(3)　B・C間での遺産分割協議において、甲についてはBが配偶者居住権を、Cがその敷地とともに所有権をそれぞれ取得することとなり、その旨の登記もされた。その後、Cが甲の敷地をFに譲渡し、その旨の登記もされた。

【Before】

　配偶者居住権のない旧法下で、仮にCaseのようなことを賃借権を用いて行ったとしたらどうなるか。建物賃借権は、その登記がなくても、建物の引渡しがあれば対抗力を得られる（借地借家31条）。(1)では、抵当権登記に後れた引渡しゆえ、Bは賃借権を買受人Dに対抗できないが、(2)では、Eへの所有権移転登記に先んじて引渡しを受けているから、BはEからの明渡請求を拒める。また、(3)において、Bは、CがFへの譲渡にあたり甲の利用権を敷地に設定していたならば、Cが有する敷地利用権を援用し、Fからの請求を拒めるが、利用権の設定のないままFへの譲渡がされていたならば、Bはたとえ建物賃借権につき対抗要件を具備していたとしても、敷地所有者には対抗することができず、権利濫用等の主張が認められない限り、Fの請求を拒めない。

では、**Case** においてBによる甲の使用が賃料支払義務のない使用貸借で行われたとしたら、どうなるか。使用借権には第三者対抗力が認められていないから、第三者であるD・E・Fからの明渡請求をBは拒むことができない。

【After】

配偶者居住権は、これを登記したときは、その不動産について物権を取得した者その他の第三者に対抗することができる（1031条2項・605条）。建物賃借権のような引渡しによる対抗要件具備は、次のような理由から、配偶者居住権では認められていない。配偶者居住権は、無償で居住建物を占有・使用できる権利であるため、配偶者居住権が対抗要件を具備した後に居住建物につき所有権を譲り受けた者や、差押債権者等は、その存続期間中、建物使用の対価を取得することができない。そのような不利益を第三者にもたらすものである以上、権利の内容を適切に公示すべき必要性が高いといえる。

配偶者居住権の登記がされていれば、その後に当該建物を譲り受けて所有権移転登記をした者が現れても、配偶者居住権を有する者は、当該建物の占有・使用を続けることができる。配偶者居住権の登記に後れて抵当権が設定・登記された場合も同様であり、抵当権実行により買受人が現れても、配偶者居住権による占有・使用は可能となる。

逆に、配偶者居住権は、登記があってはじめて第三者に対抗することができるのであるから、配偶者居住権の登記に先んじて対抗要件を具備した第三者には劣後する。したがって、**Case**(1)のように、死因贈与があって、贈与者の死亡により配偶者居住権が成立し、その対抗要件が具備される前に、当該建物に抵当権が設定されその旨の登記がされていた場合には、配偶者居住権はこの抵当権には対抗できない。抵当権が実行され買受人が現れると、配偶者は明渡請求を拒むことができなくなる。

もっとも、死因贈与については仮登記をすることができる。**Case**(1)の場合でも、抵当権の設定登記がされる前に、BがAの承諾を得て仮登記の申請をし（不登105条）、始期付配偶者居住権設定仮登記がされていれば、Aの死後、これを本登記にすることにより、配偶者居住権を抵当権に優先させることができるものと解される。

Case(2)の場合、甲建物につきBの配偶者居住権は成立していたものの、登記が具備されていない以上、所有者Cから甲を買い受け、その登記も了したEに対して、Bは配偶者居住権を主張することができない。もっとも、Eが、Bの配偶者居住権の存在を知りつつ、高値で転売して利益を得ようと目論み、Cと共謀して甲を譲り受けた、といったように、第三者Eが背信的悪意者と認められるべき者であったとするならば、177条の解釈における背信的悪意者排除の法理（最判昭31・4・24民集10-4-417、最判昭40・12・21民集19-9-2221等）により、Bは、登記がなくとも配偶者居住権を対抗できる。

なお、**Case**(3)に関しては、配偶者居住権においても、【Before】に記した建物賃借権が用いられた場合と同様の帰結となる。

［田髙寛貴］

I……配偶者居住権⓬

50
配偶者居住権に基づく妨害排除請求

Case

　Aは、Bと結婚し、その翌年にCが生まれた。Aは、Cが生まれた翌年に一戸建ての住宅（甲建物）を購入し、甲はAの単独所有名義で登記されている。AとBはその後も甲で同居を継続したが、Cは高校卒業後は1人で暮らしていた。
　Aが死亡した後、CはBとの間で遺産分割の協議をし、甲の所有権はCが取得するが、協議成立から10年間は、Bが甲に居住できることを認め、その権利に応じた登記手続をした。第三者Dが甲の一部を占拠した場合、Bは、その妨害の排除を請求することができるか。

【Before】

　旧法には、配偶者の居住について定めた特別の規定は存在しなかった。そのため、Caseにおいて、BとCが、協議成立から10年間は、Bが甲建物に居住できることを認め、その権利に応じた登記手続をしたことは、賃貸借契約（601条）を締結し、その旨の登記（605条）をしたものと理解できる（なお、Caseでは登記されているため実益はないが、借地借家31条により「建物の賃貸借は、その登記がなくても、建物の引渡しがあったときは」第三者にも対抗できる）。
　605条の4は、不動産の賃借人が、605条の2第1項に規定する対抗要件、すなわち、605条、借地借家法10条または31条その他の法令の規定による賃貸借の対抗要件を備えた場合において、次の各号に掲げるときは、それぞれ当該各号に定める請求をすることができるとし、605条の4第1号は「その不動産の占有を第三者が妨害しているとき」に「その第三者に対する妨害の停止の請求」を認め、同条2号は、「その不動産を第三者が占有しているとき」に「その第三者に対する返還の請求」を認めている。これは、不動産賃借権を保護した判例（最判昭28・12・18民集7-12-1515、最判昭30・4・5民集9-4-431）を受けた規定である。
　妨害停止請求権（605条の4第1号）は、占有保持の訴え（198条）に類似するものであり、第三者が賃貸借の対象となっている不動産の一部を占有している場合に用いられる。これに対して、返還請求権（605条の4第2号）は、占有回収の訴え（200条）に類

似するものであり、第三者が賃貸借の対象となっている不動産の全体を占有している場合に用いられる。

Case では、第三者Dが甲の一部を占拠しているので、Bは、605条の4第1号に基づき、妨害停止を請求することができる。

【After】
　新法は、配偶者居住権を認めた。そのため、Case において、BとCが、協議成立から10年間は、Bが甲建物に居住できることを認め、その権利に応じた登記手続をしたことには、①賃貸借契約（601条）を締結し、その旨の登記（605条）をした場合と、②配偶者居住権（1030条）を取得し、その旨の登記（1031条）をした場合とがあると理解できる。

　①の場合については、相続法改正の前後で違いはない。

　②の場合については、以下のとおりである。配偶者居住権は、「賃借権類似の法定の債権」（中間試案補足説明10頁）と位置づけられているが、あくまで「類似」しているにすぎず、「対抗要件、費用負担及び消滅原因等の点で賃借権と異なる」（部会資料14・3頁）。

　1031条1項は、「居住建物の所有者は、配偶者（配偶者居住権を取得した配偶者に限る。……）に対し、配偶者居住権の設定の登記を備えさせる義務を負う」と規定している。これは、配偶者居住権を取得した配偶者に、確実に対抗要件である登記を備えさせるために、登記請求権を認めたものである。

　配偶者居住権の法的性質については「賃借権類似の法定の債権」と位置づけられているが、賃借権とは異なり、対抗要件は登記のみであり、建物の占有をもって対抗要件とすることはできない（借地借家31条は適用されない）。これは、配偶者居住権については、相続開始時における配偶者の居住が成立要件であり（1028条1項柱書本文）、占有を対抗要件として認めると、ほぼすべての事案で配偶者居住権の成立と同時に対抗要件を取得することになるため、「占有を対抗要件として認めると、被相続人の債権者が相続開始前に差押え等の債権保全手段を講ずるなどして、かえって配偶者の居住権が保護されない事態が生じ得ること」による（中間試案補足説明10頁）。

　1031条2項は、605条の4を、配偶者居住権の設定の登記を備えた場合について準用している。これは、債権法改正によって賃貸借について第三者に対する妨害排除請求が認められたところ、配偶者居住権についても「その趣旨が妥当する」ことによる（部会資料21・10頁）。

　Case では、第三者Dが甲の一部を占拠しているので、①の場合（賃貸借契約を締結し、その旨の登記をした場合）であっても、②の場合（配偶者居住権を取得し、その旨の登記をした場合）であっても、Bは、第三者Dに対し、605条の4第1号（②の場合は1031条2項による準用）に基づき、妨害停止を請求することができる。　　　　　　［中込一洋］

I……配偶者居住権⓭

51
従前使用していなかった部分と配偶者居住権

> **Case**
> 　被相続人Aは、Bと婚姻後、子Cをもうけた。Cは成人後、家を出たため、Aは、Bとともに、A単独所有名義の甲建物の1階部分でカフェを営み、2階部分で居住していた。
> 　その後、Aは死亡したところ、Aの遺言において、甲の所有権をCに遺贈すること、また、甲の配偶者居住権をBに遺贈する旨が記載されていた。
> 　(1)　Bは、Aの死後も甲の1階部分でカフェ運営を続けていたが、高齢になり、足腰も弱ってきたことから、カフェを閉店し、1階部分で居住することを考えた。Bは、配偶者居住権に基づき、甲の1階部分での居住を続けることができるか。
> 　(2)　Aの死後、カフェが想像以上に繁盛したため、Bは、カフェスペースを拡大することを考えた。Bは、居住の用に供されていた甲の2階部分の一部をカフェのために使用することはできるか。

【Before】

　旧法において、配偶者居住権に関する規律はない。

　居住の用に供していた部分に加え、事業の用に供していた部分についても使用貸借の成立が推認される場合、事業の用に供していた部分につき、その目的を居住の用に変更することは、目的に従った使用・収益が終了することとなるため（旧597条2項）、事業の用に供する部分に係る使用貸借は、当然に終了する。そのため、(1)の場合、当該事業の用に供する部分につき、居住の用として使用を続けるためには、使用貸借の貸主たる地位を承継したCの承諾が必要になると考えられる。

　もっとも、生前のAとBとの間の合理的意思解釈により、将来的に事業の用に供する部分を居住の用に供することを予定していたと解される場合に、(1)のようにカフェスペースで居住し、反対に、居住の用に供していた部分を事業の用に供することを予定していたと解される場合に、(2)のようにカフェスペースを居住の用に供していた部分まで拡張することとしても、当初の使用貸借における目的の範囲内の使用であるから、Bは、Cの承諾を得ることなく、(1)カフェを閉店して甲建物の1階部分で居住し、または(2)カ

フェを居住部分へ拡張することができると解される。

【After】

　新法では、配偶者居住権が認められる場合、配偶者は、使用収益について、「従前の用法に従い、善良な管理者の注意をもって、居住建物の使用及び収益をしなければならない」とされている（1032条1項本文）。用法遵守義務のみ定める賃貸借や使用貸借と異なり、善管注意義務をも配偶者に課されているのは、賃貸借等については、400条や契約の解釈から善管注意義務を導き、解除事由とすることができるのに対し、配偶者居住権が、法定債権であり、契約によって発生するものではないため、解除に代わる消滅請求をするにあたり、消滅原因を定める必要がある（第24回会議議事録39頁〔笹井朋昭〕）ためと考えられる。

　このように、使用収益にあたっての義務が定められているところ、使用収益の範囲について、例外も認められており「従前居住の用に供していなかった部分について、これを居住の用に供することを妨げない」とされている（1032条1項ただし書）。これは、配偶者居住権が建物全部に成立するとされているところ（1028条1項柱書本文）、目的とする建物については、一部を賃貸したり、店舗として利用したりしていることもあり、将来、賃貸借が終了し、または店舗の営業をやめた場合であっても、建物全体について配偶者居住権を有していることから、従前と使用方法が異なるようになったときであっても、所有者の承諾なく使用収益できることを明確にするため、設けられたものである（部会資料24・5頁）。そのため、配偶者居住権が成立した当時は、配偶者居住権が成立した不動産において、居住の用に供していなかった部分であったとしても、配偶者は、所有者の承諾なく、使用目的を変更して居住の用に供することができることとなる。

　これを **Case** についていえば、(1)甲建物の1階部分は、カフェとして利用しており、居住の用に供していなかったこととなるけれども、Bは、これを居住の用に供することを考えている。これは、まさに「従前居住の用に供していなかった部分について、これを居住の用に供する」（1032条1項ただし書）場合であるから、Cの承諾を得ることなく、Bは、甲の1階部分で居住することができる。他方、(2)これまで居住のために利用していた部分につき、カフェの営業のために利用する、というように、その利用目的を転換することは、「従前の用法」（1032条1項本文）から外れ、また、例外として認められている「居住の用に供していなかった部分」を「居住の用に供する」わけではなく、さらには、居住建物を利用する権限のみを認め、それ以外の権限行使は不要であるというニーズに応えて構想され、原則として賃貸して利益を得たり、処分したりすることはできないことを想定していた配偶者居住権の趣旨（中間試案補足説明9頁）に合致しないことからすると、**Case**(2)のような、居住目的から営業目的への利用目的の転換は認められないと考えられる。

〔全　未来〕

I……配偶者居住権⓮

52 配偶者居住権の譲渡禁止

Case

被相続人Aは、Bと婚姻後、子Cをもうけ、3人でA単独所有名義の甲建物において居住していたが、Cは、成人した後、家を出ている。

Aが死亡した後、B・C間の協議により、甲についてはCが取得するが、Bの存命中は、Bに配偶者居住権を認めることした。

その後、Bは、1人で暮らすことに不安を覚え、サービス付高齢者向け住宅に移ることとした。そこで、Bは、配偶者居住権を譲渡し、その代金を入居一時金に充てようと考えている。

(1) Bは、配偶者居住権を第三者Dに譲渡することはできるか。
(2) Bは、配偶者居住権をCに譲渡することはできるか。

【Before】

旧法において、配偶者居住権に関する規律はなく、被相続人の死後、配偶者が居住していた建物に居住し続ける手段としては、被相続人と配偶者との間に、合理的意思解釈により、使用貸借の成立が推認されればそれによるが（最判平8・12・17民集50-10-2778）、推認されない場合、または遺産分割協議が成立した時点以降は、他の相続人に所有権取得または賃借の対価を払うほかない。

使用貸借の成立が推認される場合であっても、使用貸借の借主たる地位を有効に譲渡するためには、貸主の承諾を要するため、承諾を得ることができなければ、(1)第三者Dに譲渡することはかなわない。また、協議によって使用貸借が成立していた場合であっても、CがBに使用貸借を認める根拠は、BがCの親であり、その住居を確保する必要があるとの配慮から生じたものと考えられるところ、第三者に譲渡することは、もはやその必要は消滅したというべきであって、Cが第三者Dを借主とする使用貸借を再度認めない限り、使用貸借自体、終了するというべきである（旧597条2項）。

また、使用貸借が推認され、または協議により成立している場合において、(2)Cが当該地位を取得する場合においても、もはや、Bに住居を確保する必要はなく、使用貸借は終了することになると考えられる。もっとも、この場合に、Cは、当初想定していたよりも、早期に甲建物の使用収益を開始できるため、相応の対価をBに支払うこと

は妨げられるものではないと考えられる。

【After】
　新法では、配偶者居住権を譲渡することを明文で禁じている（1032条2項）。
　部会第25回会議までは、配偶者が、配偶者居住権の取得時に想定していたよりも早期に居住建物から転居せざるをえなくなった場合における生活費等の確保のため譲渡を認めることとしていたものであるが、配偶者自身の居住環境の継続を保護するという配偶者居住権を認める趣旨と整合的でないこと、また、配偶者居住権自体、配偶者の死亡によって消滅するという、「死」といういつ訪れるか予測できない事由によって左右される不安定な権利であるため、そもそも売却が困難であることから、配偶者居住権の譲渡を禁止することとしたものである（部会資料26-2・2頁、第26回会議議事録1～2頁〔倉重龍輔〕）。明文の規定が設けられているのは、債権には原則として譲渡性が認められていることから（466条1項本文）、譲渡が禁止されることを明らかにするためである。
　そうすると、**Case**においては、(1)第三者Dに対しても、(2)所有者Cに対しても、配偶者居住権を譲渡することはできないこととなる。
　なお、譲渡が禁止されるとしても、配偶者は、①建物所有者による買取りや、②建物所有者の「承諾を得」たうえでの第三者への賃貸（1032条3項）によって、転居後の生活費を確保することができる。また、売却が困難となるのは、配偶者居住権自体が不安定なものであることに由来するところ、配偶者居住権を放棄することで、何ら負担のない建物としての売却が可能となる。そして、配偶者居住権の譲渡は禁止されているけれども、一種の債権であるため、放棄することができる（第26回会議議事録3頁〔笹井朋昭〕）ことから、③所有者が、完全な所有権として第三者に譲渡するため、配偶者は、所有者に対し配偶者居住権を放棄することの対価を求めることによっても、生活費等の確保をすることができる（もっとも、建物所有者と配偶者との合意があるときに限られるが）。したがって、**Case**の場合においても、Bは、自らの配偶者居住権を放棄する代わりに、Cに対しその対価を求めることができると考えられる。

〔全　未来〕

I……配偶者居住権⓯

53
配偶者による居住建物の増改築等と承諾

> **Case**
> 　被相続人Aは、Bと婚姻後、子Cをもうけ、3人でA単独所有名義の甲建物において居住していたが、Cは、成人した後、家を出ている。
> 　Aが死亡した後、B・C間の協議により、甲についてはCが取得するが、Bの存命中は、配偶者居住権を認めることとした。
> 　(1) その後、Bは、持病の療養のため、1年ほど入院することとなったことから、療養中、甲を第三者に賃貸し、その賃料を入院費用に充てることを考えている。この場合に、Bは、第三者Dに甲を使用させ、賃料を得ることができるか。
> 　(2) Bは、甲をバリアフリー住宅とするため、全面リフォームを検討している。この場合に、Bは、Cの承諾なくリフォームをすることができるか。

【Before】

　旧法において、配偶者居住権に関する規律はない。

　被相続人と配偶者との間の合理的意思解釈により、使用貸借の成立が推定される場合（最判平8・12・17民集50-10-2778）、または、当該目的不動産の承継人と配偶者との間に使用貸借の合意が成立した場合において、借用物の転貸をするためには、使用貸借の貸主たる地位を有する他の相続人または承継人の承諾を得る必要がある（594条2項）。

　そのため、(1)については、Bは、Cの承諾を得ることができれば、甲建物をDに転貸し、賃料を得ることができる。

　また、使用貸借が成立している場合において、用法遵守義務に反する使用は、使用貸借の解除事由であるため（594条3項）、相当の期間を定めて是正を催告し、相当期間を経過してもなお、是正されない場合には、使用貸借契約が解除されることとなる。

　そうすると、(2)の全面リフォームは、およそ原状に復することは困難であり、「使用及び収益」の範囲を超えるものとして、用法遵守義務違反に該当し、解除されうる可能性がある（594条1項、3項）。そのため、(2)においては、その後も適法に使用収益を継続するため、Bは、Cの承諾を得て、リフォームを実施すべきである。

【After】

　新法では、配偶者居住権に基づき、配偶者居住権の目的である居住建物について、所有者の承諾を得ることを条件に、「改築若しくは増築」または、第三者に「使用若しくは収益をさせること」が認められている（1032条3項）。これは、増改築は、建物所有権に関し、付合や加工を生じうるものであり、費用償還（248条）の問題となりうるため、建物所有者にとって、重要な関心事となること、また、建物所有者においては誰が建物を使用するかにつき、重大な利害関係を有していることから、賃貸借（612条1項）と同様の規律を設けることとしたものである（中間試案補足説明12頁）。

　そのため、居住建物の所有者には、配偶者が用法遵守義務に反し、または、無断転貸をした場合には、相当期間を定めた是正の催告のうえ、相当期間経過後も是正されない場合には、消滅させることができることとされている（1032条4項）。

　配偶者が、第三者に居住建物を賃貸することは、一定期間経過後に、再度配偶者が居住建物で生活を営むことも可能となるため、配偶者の居住権の保護という趣旨にも合致するとされている（部会資料26-2・2頁）。

　他方、配偶者短期居住権（1037条以下）においては、承諾を得て「第三者に居住建物の使用をさせることができ」るにとどまり（1038条2項）、配偶者居住権のように「改築若しくは増築」をすること（1032条3項）は認められていない。これは、配偶者居住権が、「配偶者の終身の間」（1030条本文）存続するものとされており、場合によっては数年にとどまらず、数十年に及びうる可能性があり、存続期間が長くなることに伴い、増改築をなす可能性が生じることから、配偶者居住権においては増改築を認めているのである。これに対し、配偶者短期居住権の存続期間は、数か月程度であることを想定しており（1037条1項各号）、配偶者短期居住権が存続する数か月の間に増改築をなす必要性は乏しく、また、一定の短期間内の「従前の用法に従」った使用のみが認められている（1038条1項）ところ、増改築は従前の用法の変更となるため、これを認めることは適切でないことから、増改築を認める規律がおかれていないものと考えられる。

　なお、1032条3項に定める居住建物の所有者の承諾を得て、第三者に対して居住建物を転貸した場合、借地借家法の適用があるものとされ（第21回会議議事録21頁〔宇野直紀〕）、当該第三者の賃貸借については、引渡しによる対抗力が認められる（借地借家31条）。

　これをCaseについてみると、(1)のBは、Dに甲建物を転貸するにあたり、Cの承諾を得ていた場合には、Dに転貸をし、Dから賃料を得ることができることとなる。

　また、(2)全面リフォームをなすにあたっても、Bは、後にCから配偶者居住権の消滅請求（1032条4項）がなされることを回避するため、Cの承諾を得るべきである。

〔全　未来〕

I……配偶者居住権⓰

54
義務違反等による配偶者居住権の消滅請求

Case

　AとBは一人娘Cを持つ長年連れ添った夫婦であるが、Bは遺言書を作成しないまま死亡した。Aは、Bの他界後も、B所有の甲建物に住み続けることを希望しており、Cが甲を相続し、Aは配偶者居住権を取得した。Aは、趣味の交流を図ろうと友人Eとともに絵画の会を立ち上げ、Bが生前、甲で雑貨店を営んでいたスペースを同会のために提供するようになった。Eが乱雑な使い方をしているにもかかわらず、Aがそれを放置している場合、CはAに対してどのような主張ができるか。

　やがて、Eが本格的に絵画教室を開く夢を持っていることを知ったAは、Cの承諾を得ることなく上記スペースをEに使わせるようになった。この場合、CはAに対して何が請求できるか。

【Before】

　旧法では、配偶者死亡後に、残された配偶者の居住場所を直接に確保する制度がなく、残された配偶者が従前の居住建物に住み続けるには、配偶者自らが建物の所有権を取得するか、もしくは新たな所有者と居住を目的とした賃貸借契約や使用貸借契約を結ぶ必要があり、配偶者が建物の居住を継続する場合の法律関係は、居住の根拠となる契約に従って処理されることとなる。たとえば、**Case** では、AはCと賃貸借契約を締結し、甲に居住することになる。また、AがCの承諾を得ないままにEに甲を使用させた場合、原則として、契約に別段の定めがない限り、賃貸借に関する規定に従って、無断転貸がなされたものとしてCは契約を解除することができる（612条2項）。なお、賃借人による無断転貸が賃貸人に対する背信的行為であると認めるに足る特段の事情がない場合には、契約の解除が認められないとする最高裁判例（最判昭28・9・25民集7-9-979等）をふまえると、親子であるA・C間においては、Eに対して甲を使用させた行為が背信的行為とまでは認められず、Cによる契約解除が認められないと判断されることもあろう。

【After】

　新法では、配偶者の死亡後に、残された配偶者の生活の根拠を確保することを目的と

して、「賃借権類似の法定債権」としての性質を有する配偶者居住権制度が導入され（1028条以下）、その権利義務の内容は、規定で明確に定められた。配偶者が負担する義務の一つとして、「従前の用法に従い、善良な管理者の注意をもって、居住建物の使用及び収益を」する義務を負うと明確に定めた（1032条1項本文）。配偶者居住権の規定は、賃貸借に関する規定を参考にその条文が整備されたが、一方で、配偶者の生活保障を目的とした制度である側面から独自の規定も置いている。たとえば、賃貸借契約では、賃貸人の承諾を得れば、当該目的物を転貸することができる（612条1項）とされているのと同様に、配偶者居住権についても、居住建物の所有者の承諾を得て、第三者に建物の使用または収益をさせることができると規定されている（1032条3項）。一方で、賃貸借契約では賃貸人の承諾を得れば賃借権を譲渡することができる（612条1項）のに対して、配偶者居住権では建物所有者の承諾の有無にかかわらず譲渡ができないものとされている（1032条2項）。これは、配偶者居住権が残された配偶者の生活の本拠を確保するために認められた制度であることからすれば素直な帰結となろう。

配偶者が、その負担する善管注意義務に違反した場合や建物所有者の承諾を得ることなく居住建物を第三者に使用または収益をさせた場合には、建物の所有者は、相当の期間を定めてその是正の催告をし、その期間内に是正がされないときは、当該配偶者に対する意思表示により配偶者居住権を消滅させうる（1032条4項）。

Case では、まずAは、甲を善良なる管理者の注意をもって使用および収益をする義務を負うことになるが、雑貨店として使用していたスペースを居住のスペースに拡大した点については、1032条1項ただし書により、従前、居住の用に供していなかった部分を居住の用に供することは妨げないとされていることから、原則として善管注意義務には反しないと考えられる。例外的に、Cの承諾を得ることなく、かつての雑貨店のスペースを大々的に改築した場合には、1032条3項違反と思われる。次に、Aが月1回程度の絵画の会のために雑貨店だったスペースを提供した点については、Aの趣味の時間として場所を提供し友人らと交流を図っているものとして、A自身の居住のための使用とみることができる。したがって、Aによる使用状況が著しく建物を毀損するおそれがある場合や、Eが乱雑に使用しているにもかかわらず、それを放置しているなど善管注意義務に違反していると認められる場合を除いて、Cは配偶者居住権の消滅を請求することはできないと考える。これに対して、Eが絵画の会の運営をし、A自身は関与していない場合には、AはCの承諾を得ずに甲をEに使用させたものといえる。したがって、1032条4項に基づき、Cは、Aに対して相当の期間を定めて是正を求め、相当の期間内にEの使用をやめさせなければ、配偶者居住権の消滅の意思表示によりAの退去を求めることができる。Aが配偶者居住権を失った場合、Aは甲をCに返還することになるが、Aの使用により甲に損傷が生じているときには、Aは原状回復義務を負う（1035条2項・621条）。

[岩田真由美]

I……配偶者居住権⓱

55
配偶者居住権と建物の修繕等

Case

　Aは、Bと婚姻し子Cをもうけた。しかし、20年後にAとBは離婚し、Aは、子DがいるEと再婚した。AとDとは養子縁組をしなかった。その後、Aが死亡したため、EとCとで遺産分割協議を行い、AとEが居住していた甲建物について、Eが配偶者居住権を有し、Cが配偶者居住権付の所有権を取得することになった。
　Eは、配偶者居住権を有する甲に居住していたが、異常気象による大雨の影響により雨漏りが発生したため、その修繕をしたいと考えている。Eは、Cに何も言わずに修繕をすることができるのか。

【Before】
　旧法には、配偶者居住権について定めた特別の規定は存在しなかった。
　旧法の下で配偶者が居住権を取得したいと考えた場合には、建物の所有権を取得するか、その建物の所有権を取得した他の相続人との間で賃貸借契約等を締結する必要があった。建物の修繕については、配偶者が建物の所有権を取得する場合には、所有者として自由に修繕することができる。他方で、賃貸借契約を締結した場合には、賃借人に帰責事由がある場合を除き、賃借人となる配偶者ではなく賃貸人となる相続人が修繕義務を負う（新606条1項本文）ため、賃借人である配偶者が自由に修繕することはできない。もっとも、賃貸人が修繕義務を負う場合に、賃借人が修繕の必要性を賃貸人に通知し、または、賃貸人が修繕の必要性を知っていたにもかかわらず、賃貸人が相当期間内に必要な修繕をしないときであれば、賃借人である配偶者は自ら修繕をすることができる（新607条の2第1号）。また、急迫の事情がある場合も賃借人である配偶者が自ら修繕することができる（同条2号）。
　このように、旧法における建物の修繕は、所有者または賃借人という地位に基づき行うこととされていた。つまり、遺産分割の結果、配偶者が建物所有者になるか、賃借人等の民法上の契約当事者になるかのいずれかであったため、相続に関して建物の修繕等について特別な規定は存在しなかった。

【After】
　新法は、配偶者について、終身または一定期間、居住建物に継続して住み続けられる権利として配偶者居住権の制度が新設された（1028条以下）。高齢化社会の進展により、相続開始時に配偶者が高齢になっている場合が増加している。高齢になった配偶者が住み慣れた居住環境での生活を継続するためには、居住権を確保しつつ、その後の生活資金として預貯金等についても一定程度、確保したいという希望を有する場合も多い。そのため、配偶者の保護の観点から、配偶者居住権が新設されたのである。
　配偶者居住権の新設に伴い、その効果として、修繕等に関しても新たに規定されることとなった。
　建物の修繕については、第一次的な修繕権が配偶者に認められた。建物所有者に第一次的な修繕権を与えるとする案も提示されたが、①配偶者の即時の修繕が必要であること、②配偶者に通常の必要費を負担させる（1034条1項）ことにした以上、配偶者に修繕権を認めるべきであること、③配偶者に修繕権が認められないと、紛争性のある事案で配偶者を退去させる口実に使用されるおそれがあることなどから、配偶者に第一次的な修繕権が認められた（1033条1項。部会資料24-2・2頁、5～6頁）。
　また、修繕が必要な場合、配偶者が相当の期間内に必要な修繕をしないときは、居住建物の所有者がその修繕をすることができるとされた（1033条2項）。所有者としては、配偶者が修繕しないのであれば、自己の建物を修繕して価値を維持する機会が保障されるべきだからである。
　そのため、配偶者には、自ら修繕しない場合には、居住建物の所有者が修繕の必要性を知っている場合を除き、所有者に対して修繕の必要性を通知する義務が規定された（1033条3項）。なお、第一次的な修繕権が配偶者にあるため、配偶者が修繕する場合には、配偶者は所有者に対して通知義務は負わないこととされた。
　また、居住建物について権利を主張する者があるときも、配偶者は遅滞なく、その旨を通知しなければならないとされた（1033条3項）。
　なお、遺産分割協議前に配偶者の居住権を確保するための短期配偶者居住権（詳細は、→Case 67）についても、配偶者には同様の修繕権が認められている（1041条・1033条）。
　Caseでは、Eには第一次的な修繕権があるため、EはCに何も言わずに修繕をすることができる。

［角田智美］

I……配偶者居住権⓲

56
配偶者居住権と費用の負担

Case

Aは、Bと婚姻し子Cをもうけた。しかし、20年後にAとBは離婚し、Aは、子DがいるEと再婚した。AとDとは養子縁組をしなかった。その後、Aが死亡したため、EとCとで遺産分割協議を行い、AとEが居住していた甲建物について、Eが配偶者居住権を有し、Cが配偶者居住権付の所有権を取得することになった。

EとCとの間では、甲の固定資産税について、どちらが負担するのかの取り決めをしていなかった。固定資産税は、誰が負担することになるのか。

【Before】

旧法には、配偶者居住権について定めた特別の規定は存在しなかった。

旧法の下で、配偶者が居住権を取得したいと考えた場合には、遺産分割の結果として、建物の所有権を取得するか、その建物の所有権を取得した他の相続人との間で賃貸借契約等を締結する必要があった。

そして、配偶者が建物の所有権を取得する場合には、建物所有者として当然に配偶者が固定資産税を負担することになる。また、建物の所有者となった相続人との間で使用貸借契約を締結した場合には、固定資産税は通常の必要費に含まれるため、借主である配偶者が固定資産税を負担することになる（595条1項）。

他方で、配偶者が建物所有者となった相続人との間で賃貸借契約を締結した場合には、賃借人である配偶者との間で特別の取り決めをしていない限り、建物の所有者である賃貸人が固定資産税を負担する（608条1項参照）。

このように、旧法には、配偶者居住権という特別の権利が存在しないため、所有権、使用貸借契約、賃貸借契約の規律に従って費用負担をすることになっていた。

【After】

新法では、配偶者について、終身または一定期間、居住建物に継続して住み続けられる権利として配偶者居住権の制度が新設された（1028条以下）。

配偶者居住権の新設に伴い、その効果として、建物の費用に関する条項も新たに設け

られることとなった。費用負担については費用の種類により負担者が異なる。費用の種類については、民法上、通常の必要費とそれ以外に区別される。通常の必要費とは、例えば、家屋の修繕費のうち、大修繕費は入らず、普通の応急的小修繕費を意味するとされる（我妻・有泉407頁）。固定資産税も通常の必要費に含まれるとされる（東京地判平9・1・30判時1612-92）。その他の必要費は、例えば風が吹くと屋根瓦が落ちて危険な状態になり、垂木も腐って取り替える必要があったため修理をし、屋内の配線の被覆がとれて裸線となっていたため配線の修理をした場合に支出した費用などをいう（京都地判昭34・7・4下民集10-7-1458）。他方で、有益費とは、物の保存のために必要な費用ではないが、物を改良し、物の価値を増加するような費用をいう。もっとも、居住建物の改築や増築にあたる場合には、有益費の概念を超えるため建物所有者の承諾を得なければ行うことができない（1032条3項）。

　新法では、配偶者は、通常の必要費のみを負担することとされた（1034条1項）。これは配偶者短期居住権と同様の規定である。配偶者短期居住権は使用貸借契約に類似する一方で、配偶者居住権は賃貸借契約に類似するため、これらが一致するのは不自然であるようにも思えるが、配偶者居住権存続中は建物を使用できないという建物所有者の負担を考慮したものである。

　もっとも、中間試案では、建物所有者の負担を考慮する観点から、通常の必要費のみならず、すべての必要費を配偶者が負担するとしていた。しかしながら、建物を無償で使用する使用貸借契約の場合でも、通常の必要費以外は貸主の負担とされていることとの均衡を欠くため、配偶者が負担するのは、通常の必要費とされた（1034条1項）。それ以外の費用については、買戻しの規定が準用され、建物所有者は、196条に従って配偶者に対し償還することになる（1034条2項・583条2項・196条）。すなわち、通常の必要費以外の必要費（特別の必要費）を配偶者が負担したときは、建物所有者は返還時に配偶者の負担額を償還することになる。他方、有益費を配偶者が負担したときは、その価格の増加が現存する場合に限り、建物所有者の選択に従い、配偶者はその支出した金額または増加額の償還を請求することができることになる。この場合、裁判所は、建物所有者の請求により、償還について相当の期限を許与することができる。

　なお、配偶者が建物所有者に費用償還請求をする場合には、配偶者居住権が消滅し、配偶者が居住建物を返還してから1年以内に行わなければならない（1036条・600条1項）。

　Caseでは、通常の必要費である固定資産税の負担が問題となっているため、これはEが負担することになる。

[角田智美]

I……配偶者居住権⓳

57
配偶者居住権の消滅と建物返還等

Case
(1) 夫Aと妻BはAの所有する甲建物に居住していたが、Aが死亡した後、Bと他の相続人C（AとBの子）は、遺産分割協議をし、この結果、甲の所有権をCが取得し、Bは甲に関する配偶者居住権を取得することになった。Bの配偶者居住権には存続期間に関する定めがあり、20年後に満了することとなっている。遺産分割協議から20年が経ったため、Cは、Bに甲の明渡しを求めた。Bは、この請求に応じなければならないか。

(2) 夫Aと妻Bは平等の割合で共有する甲に居住していたが、Aが死亡した後、Bと他の相続人C（AとBの子）は、遺産分割協議をし、この結果、Aが有していた甲の持分をCが取得し、Bは甲に関する配偶者居住権を取得することになった。Bの配偶者居住権には存続期間に関する定めがあり、20年後に満了することとなっている。遺産分割協議から20年が経ったため、Cは、Bに甲の明渡しを求めた。Bは、この請求に応じなければならないか。

【Before】

配偶者居住権を予定していない旧法の下で配偶者が遺産である建物に居住し続けるには、遺産分割等によって当該建物の所有権を取得するという方法が考えられる。配偶者自らが居住建物の所有者となったのであれば、後日、他の相続人からその明渡しを求められることはない。もっとも、配偶者が所有権という高価な財産権を取得するには、遺産分割で預貯金債権といった他の遺産を諦めなければならず、その敷居は高い。

建物の所有権を取得した他の相続人との間で使用貸借契約または賃貸借契約を結ぶことで、従来どおりの居住を続けることもできる。契約を結ぶことができるかどうかは、配偶者と他の相続人との関係の良し悪しに大きく依存する。仮に、それらの方法によることができたとしても、借主である配偶者は、契約が終了した後は、目的物である建物を所有者である他の相続人に返還しなければならない（593条・601条）。

【After】

配偶者居住権の消滅原因には、存続期間の満了（1036条・597条1項）、居住建物の所

有者による消滅請求（1032条4項）、配偶者の死亡（1036条・597条3項）、居住建物の全部滅失（1036条・616条の2）がある。存続期間の更新（賃借権につき604条2項）は、配偶者居住権については認められていない。このため、**Case** のBの配偶者居住権は、(1)と(2)のいずれの場合においても、当初予定されていた20年の期間の満了をもって消滅する。

配偶者は、配偶者居住権が消滅したときは、居住建物の返還をしなければならない（1035条1項本文）。したがって、**Case**(1)のBは、Cからの甲建物の明渡請求に応じなければならない。

これに対して、配偶者が居住建物について共有持分を有するときは、被相続人から居住建物の持分を相続した者は、配偶者居住権が消滅したことを理由としては、居住建物の返還を求めることができない（1035条1項ただし書）。この場合の配偶者は、配偶者居住権を失ったとしても、共有持分に基づいて居住建物を占有することができるからである。

配偶者居住権が消滅した後における、共有者の1人である配偶者と他の共有者との関係は、一般の共有法理によって定まる。共有者間での明渡請求について、判例は、共有者の1人が共有物の全部を占有している場合であっても、この共有者は共有物の全部を利用する権利をもつ（249条）からには、他の共有者は、仮にその持分が過半数に達していても（252条本文参照）、当然には共有物の明渡しを請求することができないという立場にある（最判昭41・5・19民集20-5-947。この判例によれば、明渡請求が認められるためには、これを求める側で、明渡しを求める理由を主張・立証しなければならないとされる。学説では、共有者間で使用方法に関する特段の合意があったことが、明渡しを求める理由の例として挙げられることがある）。

以上から、**Case**(2)のBは、配偶者居住権が消滅しているとしても、Cからの明渡請求に当然に応じる必要はない。

［鳥山泰志］

I……配偶者居住権⑳

58 配偶者居住権の消滅と附属物収去等

Case

　AとBは長年連れ添った夫婦であったが、Bが他界した。AとBには一人娘Cがいたが、Cは夫Dとともに暮らしていた。AとBが長年暮らしていた甲建物についてはCが相続し、Cは家計をとり仕切っていたDに甲を贈与した。Aは終身、甲に居住することとなり、それから数年間、Bの生前と同様に居住を継続していた。ある日、Aは転倒して骨折し、これまでの生活を続けることが困難になったため施設に入所することを決め、Dに居住建物を退去することと退去後、自宅には戻らないことを告げた。そこで、DはCと話し合って、塾の講師をすることを希望している知人Eに甲を賃貸することとした。甲には、Aが居住中、自身が住みやすいようにDの承諾を得て、建物に設置・附属させたものが多くあり、Aの歩行がしやすいように設置された手すり、生前にBが描いた絵画を展示するための棚をいくつも設置していた。Eは、Aが設置したもののうち、自分にとって不要と考えられるものを撤去した後でなければ甲を使用することはできないと難色を示している。Aは自らが設置したものについて、どのような対応をすることが必要か。

【Before】

　旧法には、配偶者居住権の制度が存在しなかったことから、Caseのような場合に配偶者であるAが居住の根拠を確保するためには、A自らが建物の所有権を取得するか、もしくは、建物の所有者Dとの間で建物を使用する根拠となる契約関係を結ぶことが必要であった。例えば、AとDの間で賃貸借契約を締結することで、Aの居住場所を確保することが想定される。この場合、Aが甲を退去する場合の法律関係は、A・D間の賃貸借契約の内容に沿って処理され、Aは自らが附属させた物についての対応も、それに従って行うことになる。新622条により、599条1項および2項が準用されていることから、Aは、原則として、相続開始後に附属させた物については収去する義務を負うが、例外的に、その収去に過分な負担を必要とする場合には、収去しなくてもよいとされることが一般的であろう。

【After】

　これに対して、相続法の改正により配偶者居住権の制度が導入され（1028条以下）、「賃借権類似の法定債権」である配偶者居住権の消滅の場面の法律関係についても、具体的な規定をおいている。配偶者自身が当該建物の所有権を取得した場合を除いて、配偶者居住権が消滅したときには、配偶者は建物を返還しなければならない（1035条1項本文）が、配偶者が相続開始後に附属させた物がある場合の返還については、1035条2項において、599条1項および2項の準用により処理されることが規定されている。すなわち、配偶者は、相続開始後に自らが附属させた物がある場合には収去する義務を負い（599条1項本文）、また、自ら収去する権利を有することになる（同条2項）。**Case**では、Aは、Bの絵画を展示するために設置した棚を収去しなければならないが、一方で、自ら居住建物の壁にBの絵画をしっかりと固定してしまっていた場合であっても、Aが入所する施設にBの描いた絵画を持っていきたいと希望している場合には、A自らが収去する権利を有していることから、自由に収去することができる。ただし、配偶者が附属させたものであっても分離することができない場合や分離するのに過分な費用を要する場合については収去義務を負わないとされている（1035条2項・599条1項ただし書）が、これは配偶者が過剰な負担を負うことがないようにするためである。**Case**において、居住を開始した当初のAは甲を退去するつもりがなく、Bが生前望んでいたとおりに、壁面全体に絵画を展示できるような棚を設置している。その棚が、壁面そのものを工事して設置されたものである場合、通常、棚を取り外すために工事し直すなど過分な費用がかかることが多いであろう。この場合には、Aはこれらの棚を収去する義務を負わないと考えられる。これに対して、その棚が、壁に簡易なねじ止めをしたにすぎない場合には、Aは収去したうえで、甲を返還することになる。また、Aの安全な歩行のために設置した手すりについて、その手すりがホームセンターで購入した簡易な構造のものを自ら取り付けた場合には、A自身が収去することができるので、Eがその手すりを不要と考えたときには、Aは、これを収去したうえでDに甲を返還する義務を負う。これに対して、設置された手すりが工務店に依頼して工事を行ったものであり、手すりの撤去にあたって多額の費用がかかることが想定される場合には、これを収去する義務までは負わないこととなる。

　なお、他人の建物に居住を継続する点において共通の性質を有する配偶者短期居住権の返還においても同様の規律がおかれている（1040条2項）。

［岩田真由美］

I……配偶者居住権㉑

59
配偶者居住権の消滅と原状回復義務

Case

　AとBは長年連れ添った夫婦であったが、Bは遺言書を作成しないまま他界した。AとBにはそれぞれ結婚して家を出ている2人の娘CとDがいた。相続人間の話し合いで、Aは、AとBが長年暮らしていたB所有の甲建物に居住を継続し、Dが甲の所有権を取得することとなった。Aは、長年の生活にあわせて暮らしていたが、甲は、昔、築造されたままの構造であり、洗濯機を床に直に設置しており、その床板が水分を含んで剥がれてしまっていることに気がつかないまま放置していた。やがて、Aは自宅での生活に限界を感じたことから、Cの世話になるためにC宅で暮らすことに決め、配偶者居住権を終了させることとした。そこで、Dは甲を第三者に譲渡することにした。譲渡にあたって、Aはどのような義務を負うか。床板の損傷が、Aの退去直前に大型の台風が襲来し、水が浸水したことで生じた場合はどうか。

【Before】

　旧法には、配偶者居住権の制度が存在しなかったことから、Caseのような場合に配偶者であるAが居住の根拠を確保するためには、A自らが建物の所有権を取得するか、建物の所有者との間で建物を使用する根拠となる契約関係を結ぶことが必要であった。したがって、Caseでは、それぞれAの居住の根拠となっている法律関係に基づいてAがどのような義務を負うのかが決まる。AはDと賃貸借契約を締結することで自らの居住の根拠を確保することもあろう。また、AとDが親子であることからすれば、Aが無償で居住を継続することができるように使用貸借契約を締結することもありうる。賃貸借契約を締結した場合には、AはDに対して、新621条に従って原状回復の責任を負うものと考えられ、不注意で床板の汚損に気がつかないまま使用していたAは、その汚損については原状に復する義務を負う。これに対して不可抗力である台風による汚損については、Aは原状回復義務を免れると処理されるであろう。使用貸借契約のもとでも、599条3項に従った解決がなされ、賃貸借契約における解決と同様の処理をすることになろう。

【After】
　これに対して、相続法の改正により配偶者居住権の制度が導入され（1028条以下）、Caseのような場合についても、配偶者居住権の制度の中で規律されることとなった。すなわち、配偶者居住権の終了にあたって、相続の開始時以降に建物に生じた損傷がある場合、配偶者は、その損傷を原状に復する義務を負うこととなる。ただし、それが通常の使用および収益によって生じた損耗ならびに経年変化によって生じたものである場合や、配偶者の責めに帰することができない事由によって生じたものである場合には、配偶者は原状回復の義務を負わないものとされた（1035条2項・621条）。配偶者居住権は、他人の所有に属する建物を使用することを認める権利である点において賃借権類似の法定債権であることから、賃貸借契約に関する規定を準用しているのである。
　Caseを検討すると、Aは洗濯機の設置してある床板が剥がれていることに気がついていなかったかもしれないが、洗濯機のような家電の設置にあたって、水漏れがしない設置になっているか確認を行うのが通常であるから、その確認を怠った場合には、配偶者の責めに帰すべき事由により生じた損傷といえる。したがって、Aは原状に復する義務、すなわち、床板を修繕したうえで建物を返還することが必要であると考えられる。これに対して、建物からの退去直前になって大型の台風が襲来し、それによる浸水の結果、床板が剥がれてしまった場合には、Aの責めに帰すべき事由により生じた損傷ではないことから、Aは原状回復義務を負わないであろう。なお、大型の台風による床板の損傷をA自らが修繕を行うことはできる（1033条1項）が、A自らが修繕を行わないときには、Dがすでに台風の襲来による甲の損傷を知っている場合を除いて、床板の修繕が必要となった事実をDに遅滞なく通知しなければならない（同条3項）。
　なお、配偶者が負担する原状回復義務は、通常の使用による損耗や経年変化については含まないこととされている（1035条・621条）。したがって、例えば、建物内の和室に敷かれていた畳が色褪せしている場合や壁紙が通常の使用の過程において色褪せてしまったような場合において、通常の畳や壁の手入れを行っていれば、畳の入れ替えや大々的な壁紙の張り替えをすることまでは求められないことになろう。　　［岩田真由美］

I……配偶者居住権⑳

60 配偶者居住権の消滅と損害賠償請求等

> **Case**
> Aが死亡し、その妻Bと子CがAの相続人として遺産分割協議を行った。協議の結果として、AとBが居住していたA所有の甲建物については、Bが配偶者居住権を有し、Cが配偶者居住権付の所有権を取得することになった。
> その後、Bは、Cに無断で知人のDに甲を賃貸し、賃料を得ていた。Dへの賃貸に気づいたCはBに対して、何か請求することができないか。

【Before】
　旧法には、配偶者居住権について定めた特別の規定は存在しなかった。すなわち、配偶者が遺産である建物に居住する場合には、配偶者が建物の所有権を取得するか、または建物の所有権を取得した他の相続人と賃貸借契約などを締結する必要があった。
　建物の所有権を取得していれば、所有者として自由に使用、収益をすることができるため（206条）、第三者にその建物を賃貸することは可能である。
　他方、賃貸借契約で借用している場合であれば、貸主の承諾がない限り、その建物を第三者に転貸することはできない（612条1項）。賃貸借契約が一般に当事者の個人的要素を重視して行われるものだからである（我妻・有泉1125頁）。使用貸借契約で借用している場合も同様に貸主の承諾が必要となる（594条2項）。借主が無断で貸借した場合には、貸主は、契約の解除をすることができる（594条3項・612条2項）。このように、旧法には、配偶者居住権という権利が存在していないことから、所有権、賃貸借契約、使用貸借契約の規律に従っていた。

【After】
　新法は、配偶者について、終身または一定期間、居住建物に継続して住み続けられる権利として配偶者居住権の制度が新設された（1028条以下）。
　配偶者居住権により建物に居住する配偶者は、従前の用法に従い（用法遵守義務）、善良な管理者の注意（善管注意義務）をもってその建物を使用収益しなければならないとされた（1032条1項）。配偶者短期居住権と異なり、「収益」することが認められている。これは、配偶者は建物全体についての権利を取得し、従前の使用および収益の状況に応

じた財産評価が行われることになるため、被相続人の生前に被相続人または配偶者が居住建物の収益をしていた場合に、相続開始後は、配偶者がその収益権限を承継することを認めたものである。

　もっとも、配偶者が配偶者居住権取得後、新たに居住建物を第三者に使用収益させたい場合には、居住建物の所有者の承諾を得なければならない（1032条3項）。配偶者が新たに居住建物を第三者に使用収益させることは従前の状況とは異なるからである。そのため、配偶者に、用法遵守義務違反、善管注意義務違反がある場合や、居住建物所有者の承諾なく居住建物を第三者に使用収益させた場合には、居住建物所有者が相当の期間を定めてその是正を催告し、その期間内に是正がされないときは、居住建物の所有者は配偶者に対する意思表示によって配偶者居住権を消滅させることができるとされている（1032条4項）。

　配偶者居住権は配偶者が遺産分割において財産的価値を有するものとして取得しており、実質的にみると配偶者が自己の相続分において賃料の前払いをしたと同様の経済的負担をしていることから、賃貸借契約類似の法定債権として整理されている。そのため、賃貸借契約と同様の規律とされたものである。

　配偶者居住権が消滅した場合の損害賠償請求については、期間制限が設けられた。期間制限については、600条が準用されている（1036条）。すなわち、配偶者居住権の消滅請求により、配偶者居住権が消滅した場合に、居住建物所有者の配偶者に対する損害賠償請求や、配偶者の居住建物所有者に対する費用償還請求は、居住建物が返還された時から1年以内に請求しなければならない。居住建物所有者の配偶者に対する損害賠償請求については、居住建物が返還されたときから1年を経過するまでの間は、時効は完成しないとされた。配偶者居住権が賃貸借類似の法定債権であり、また、損害賠償請求や費用償還請求の有無は居住建物返還後に明らかになることが多いため、賃貸借契約、使用貸借契約と同様に規律されたものである。

　Case では、BがCに無断で知人Dに甲を賃貸していることから、Cは相当の期間を定めて是正を催告したうえで、その期間内にBが是正しない場合に配偶者居住権の消滅を請求することができる。そして、Cに損害が発生した場合には、Cは居住建物の返還を受けた時から1年以内に、Bに対し損害賠償を請求することができる。　　　［角田智美］

I……配偶者居住権㉓

61
配偶者の死亡と配偶者居住権

Case

　夫Aは、妻Bとともに、Aの所有する甲建物に居住していた。Aには前妻との間の子であるCがおり、Bには前夫との間の子であるDがいる。Aが死亡した後、BとCは、遺産分割協議をし、この結果、甲の所有権をCが取得し、Bは甲に関する配偶者居住権を取得することになった。Bの配偶者居住権には存続期間に関する定めがあり、20年後に満了することとなっている。もっとも、夫に先立たれたことで、気落ちしたBは、遺産分割協議からわずか半年後に死亡した。この間、Bの介護のため、DがBと同居するようになり、Bの死後も、Dは甲で生活している。Cは、Dに対して甲の明渡しを求めることができるか。

【Before】

　配偶者居住権という権利を予定していない旧法の下で配偶者が遺産である建物に居住し続ける方法の1つとして、建物の所有権の取得がある。配偶者が居住建物の所有権を取得し、後に死亡すると、その建物は配偶者の相続人（**Case**のDに相当する者）によって相続される。しかし、多くの被相続人（A）やその血族（C）は、そのように配偶者の親族に財産が流れてしまうことを望まない。このこともあり、配偶者が遺言や遺産分割協議を通じて建物の所有権を確保することは難しい。

　配偶者は、建物の所有権を取得した他の相続人との間で使用貸借契約または賃貸借契約を結ぶことによっても、従来どおりの居住を続けることができる。使用貸借は、貸主の借主自身に対する信頼関係に基づいて無償でされるものであることから、存続期間の定めにかかわらず、借主の死亡によって終了する（597条3項）。このため、配偶者が建物の所有者と使用貸借契約を結んでいた場合における配偶者の相続人は使用借権を相続しない。むしろ、相続人は、建物の返還義務（593条）を負うようになる。これに対して、配偶者が建物の所有者と賃貸借契約を結んでいたときは、賃借権の相続が生じる。配偶者の相続人が、新たな賃借人となり、借地借家法が定める規律のため、いつまでも所有者が自ら建物を使用収益することができないという事態が生じやすい。

【After】

　配偶者居住権は、配偶者の居住権を保護するために特別に認められた帰属上の一身専属権である。このため、その権利主体である配偶者が死亡すれば消滅する。相続の対象となることはない。この結論は、使用借権の借主が死亡した場合（→【Before】）と同じである。このため、1036条は597条3項を準用する。

　また、配偶者居住権の存続期間は、原則として、配偶者の終身の間となる（1030条本文）。遺産分割・遺言・死因贈与契約において「○年○月○日から○年」あるいは「○年○月○日から○年○月○日まで」という形で存続期間に関する別段の定めをすることもできる（同条ただし書）が、存続期間が満了する前に配偶者が死亡したときは、これによって配偶者居住権は消滅する。配偶者居住権が相続されることがないからには、存続期間が満了するまで配偶者の相続人が配偶者の代わりに配偶者居住権に基づいて居住建物を使用収益することができるといった事態は生じないのである。この結論も、使用貸借契約が結ばれていた場合と同じである。

　配偶者居住権が配偶者の死亡によって消滅したならば、配偶者の相続人が居住建物を所有者に返還しなければならない（1035条1項本文）。

　以上にみてきたことから、**Case** のDは、配偶者Bの死亡後、甲建物を使用収益する権限をもたず、むしろ、所有者であるCに甲を返還する義務を負う。Cからの明渡請求に応じなければならない。

　なお、配偶者が配偶者居住権を第三者に対抗するためには、その設定の登記をしなければならないが、配偶者居住権は配偶者の死亡時までを存続期間とする旨（**Case** のように存続期間に関する別段の定めがあるときは、存続期間と配偶者の死亡時までのうちいずれか短い期間とする旨）が登記されるため、配偶者の死亡を原因として配偶者居住権が消滅した場合には、所有者は、配偶者の相続人の協力を得ることなく、単独で配偶者居住権の登記の抹消を申請することができる（不登69条。他の原因によって消滅した場合には、原則どおりに共同申請を要する）。したがって、**Case** のCは、Bの死後にB名義の配偶者居住権の登記を抹消するためにBの相続人Dに対して抹消登記手続への協力を求める訴えを起こすことを要しない。

〔鳥山泰志〕

Ⅰ……配偶者居住権㉔

62
期間満了等と配偶者居住権

Case

夫Aと妻BはAの所有する甲建物に居住していた。A・B夫妻には子Cがいる。Aが死亡した後のBおよびCの遺産分割協議では、甲の老朽化が著しかったため、Cは、甲を取り壊してその敷地に単身者向けのアパートを建築して家賃収入を分け合いたいという提案をBにしたが、「お父さんとの思い出が詰まったこの家を取り壊すなんて私の目の黒いうちは許さない」というBの反対を受け、甲の所有権をCが取得し、Bは甲に関する配偶者居住権を取得することが取り決められた。Bの配偶者居住権には存続期間に関する定めがあり、7年後に満了することとなっている。それから5年が経ち、甲は、Bの手によって多少の修繕を受けてはいたものの、経年劣化を重ねたことで、人が住めるような状態ではなくなった。しかし、BはなおもAとの思い出にすがりながら甲での暑さ寒さに耐え忍んでいる。Cは、瓦が飛ぶなどして周辺住民に迷惑をかけたり、Bが体調を崩したりしかねないことを懸念しつつも、そう遠くない将来に取り壊すつもりでいる甲に対して過分の修繕費用を投じる気にはなれなかった。このような場合において、Cは、最終的に甲を取り壊すために、Bに甲から立ち退くよう求めることができるか。

【Before】

配偶者居住権を予定していない旧法の下で配偶者が甲建物に居住を続ける方法の1つとして、配偶者が甲の所有権を取得するというものがある。CaseのBが甲の所有権を取得していたのであれば、他の相続人Cが、Bの所有物である甲について口出しをすることはできない。

配偶者は、居住建物を他の相続人である所有者から賃借することで、当該建物に居住し続けることもできる。しかし、賃貸の目的建物の全部が滅失その他の事由により使用および収益をすることができなくなった場合には、賃貸借は終了する（616条の2）。Caseの甲のように、朽廃によって目的物の居住用建物としての効用が失われたときは、賃貸借は終了するのである（最判昭32・12・3民集11-13-2018）。このため、所有者（賃貸人）は賃借人に対して、甲建物の明渡しを求めることができるようになる。

【After】
　配偶者居住権は、原則として、配偶者が死亡するまで存続するが、存続期間を定めることもできる（1030条）。存続期間が定められた場合の配偶者居住権は、配偶者の死亡と存続期間の満了のどちらか早い時点で消滅する。
　もっとも、配偶者が存命であり、かつ、存続期間が満了していないとしても、配偶者に用法遵守義務違反や善管注意義務違反があれば、所有者は配偶者居住権の消滅を請求することができる（1032条4項）。さらに、1036条が616条の2を準用するため、居住建物の全部が滅失その他の事由により使用および収益をすることができなくなった場合にも、配偶者居住権は消滅する。
　616条の2は、賃貸借の目的物の全部滅失等があれば、これに関する賃貸人および賃借人の帰責事由にかかわりなく、賃貸借が終了すると定める。配偶者居住権についても同様に解されることになろう。配偶者と所有者の帰責事由の有無は、損害賠償請求の可否で問題となるにすぎない。第三者の不法行為によって居住建物の全部滅失等が生じたときも、配偶者居住権は消滅するのであって、配偶者は、それによる損害の賠償を第三者に請求できるにとどまる。
　以上から、**Case** においては、甲建物は居住用建物としての効用を失っており、これが経年劣化による（＝配偶者Bに善管注意義務違反がない）ものであるとしても、配偶者Bの配偶者居住権は消滅するため、所有者Cは、Bに対して甲からの退去を求めることができる（Bによる修繕の程度によっては、Cは、Bに対して、善管注意義務違反を理由とする配偶者居住権の消滅を求めたうえで、甲からの退去を求めることもできるかもしれない。Cとしては、建物の効用の喪失と善管注意義務違反とで主張・立証が容易な方を選ぶことになろう）。
　これは、一見すると、Bにとって酷な結果に思える。しかし、配偶者が遺産分割において配偶者居住権を取得するときは、自己の具体的相続分のなかでこれを取得するのであって、**Case** の甲のように、老朽化が著しい建物を目的物とする配偶者居住権の価値は、かなり低く評価されていたはずである。とすれば、Bは、配偶者居住権に加えて、それなりの預貯金債権といった別の遺産を得ることができていたのであり、一概に、その保護が不十分であるとはいえない。

［鳥山泰志］

Ⅰ……配偶者居住権㉕

63
第三者による使用の承諾と配偶者居住権

Case

　夫Aは、妻Bとともに、Aの所有する甲建物に居住していた。Aには前妻との間の子であるCがおり、Bには前夫との間の子であるDがいる。CとDのいずれもA・Bとは別居している。Aは、BとCの折り合いがよくないことから、自分の死後のBの生活を案じ、甲につき所有権をCに、配偶者居住権をBに遺贈する旨の遺言書を作成しておいた。Aの死後、遺言どおりに、甲につき、Cへの所有権移転登記がされ、次いで、B名義の配偶者居住権の設定登記がされた。こうして、Bは、従来どおりに甲での居住を続けていたが、Aが死亡してから2年ほど経った頃、独り身での生活に限界を感じるようになったため、介護施設に入居したいと考えるようになった。そこで、Bは、甲を貸し出すことで入ってくる賃料を施設の入居費用の足しにしようと、Cの承諾を得たうえで、Eに甲を賃貸した。それから3年後、Bが死亡したが、Bの子DはEから甲の返還を受けようとするそぶりをみせない。Cは、自らEに対して甲の返還を求めることができるか。

【Before】
　配偶者居住権という権利の定めがない旧法によると、配偶者は、遺産分割等によって当該建物の所有権を取得すれば、遺産である建物に居住し続けることができる。配偶者が所有者となったのであれば、当該建物を第三者に賃貸して賃料収入を得ることができるのは当然であって、賃貸につき他の相続人（CaseのCに相当する者）から承諾を得る必要などない。
　配偶者は、建物の所有権を取得した他の相続人との間で使用貸借契約または賃貸借契約を結ぶことによっても、従来どおりの居住を続けることができる。使用貸借契約を結んだときは、貸主である所有者の承諾を得なければ、第三者に建物の使用収益をさせることができない（594条2項）が、裏を返せば、承諾さえ得れば、第三者に建物を賃貸し、これによって賃料収入を得ることが許されている。
　配偶者が賃貸借契約を結んで従来どおりの居住を続けるときも、貸主である所有者の承諾を得た場合に限り、賃借人である配偶者は、第三者に賃借権を譲渡し、または建物

を転貸することで（612条1項）、対価を得ることができる。建物が適法に転貸された場合には、第三者（転借人）は、所有者（賃貸人）と配偶者（賃借人）との間の賃貸借に基づく配偶者の債務の範囲を限度として、所有者に対し転貸借に基づく債務を直接履行する義務を負う（613条1項）。ここでいう債務の主なものには、賃料支払債務、目的物を損壊した場合の損害賠償債務ならびに目的物の返還債務がある。

【After】
　配偶者居住権に基づいて従来どおりに建物に居住する配偶者は、使用借主と同様に、配偶者居住権を譲渡することができない（1032条2項）。所有者に無断で第三者に目的建物を使用または収益させることもできない（同条3項）。だが、所有者の承諾があれば、第三者に目的建物を使用または収益させることはできるから、**Case**におけるように、建物に居住し続けることを望まなくなった配偶者は、所有者から承諾を得たうえで、第三者に建物を賃貸することで、賃料から配偶者居住権の価値を回収することができる。
　適法に配偶者居住権の目的建物が第三者に賃貸されると、賃借人は、配偶者が所有者に対して負う債務の範囲を限度として、所有者に対し賃貸借に基づく債務を直接履行する義務を負う（1036条・613条1項）。
　613条1項によって転借人が賃貸人に対して負う直接の履行義務には賃料支払債務、損害賠償義務ならびに目的物の返還債務がある（→【Before】）。賃料支払債務は賃借人（転貸人）が賃貸人に対して負う債務額を上限とするところ、配偶者居住権が無償の権利であることからすると、その目的建物の賃借人が所有者に対して賃料支払債務につき直接履行する義務を負うことはないであろう。
　その一方で、賃借人は、目的建物を損壊した場合の損害賠償義務や目的建物の返還債務については、1036条が準用する613条1項によって、直接の履行義務を負う。
　Caseにおけるように、配偶者Bが死亡すると配偶者居住権は消滅する（1030条本文）。これにともない、適法な賃借人Eは、自己の賃借権を所有者Cに対抗することができなくなる。Cは、Eに対して、EがBの相続人Dに負う目的建物の返還債務につき、直接に自己に履行するよう請求することができる（1036条・613条1項）。　　［鳥山泰志］

I……配偶者居住権❷⑥

64
第三者による使用と配偶者居住権の合意消滅

Case

夫Aは、妻Bとともに、Aの所有する甲建物に居住していた。Aとその前妻との間の子Cは、甲で生まれ育ったが、今は遠く離れた場所で暮らしている。Aは、甲につき所有権をCに、配偶者居住権をBに遺贈する旨の遺言書を作成した。Aの死後、遺言どおりに、甲につき、Cへの所有権移転登記がされ、次いで、B名義の配偶者居住権の設定登記がされた。こうして、Bは、従来どおりに甲での居住を続けていたが、Aが死亡してから2年ほど経った頃、独り身での生活に限界を感じるようになったため、介護施設に入居したいと考えるようになった。そこで、Bは、甲を貸し出すことで入ってくる賃料を施設の入居費用の足しにしようと、Cの承諾を得たうえで、Dに甲を賃貸した。それから3年後、Cは、故郷で起業することを志すようになり、Bに対して、施設の入居費用の一部を肩代わりすることを条件に、配偶者居住権を解除し、甲を自分に使わせてほしいと申し入れたところ、Bはこれを承諾した。Cは、Dに対して、甲を明け渡すよう求めることができるか。

【Before】

　配偶者は、遺産分割等によって遺産である建物の所有権を取得し、これに居住し続けているときは、所有者として当該建物を第三者に賃貸することができる。第三者の賃借権につき登記または建物の引渡しがされて対抗力が備えられているときは（605条、借地借家31条）、配偶者と他の相続人（**Case**でいえばCに相当する者）との間でどのような合意が交わされても、それによって他の相続人が建物を使うことができるようにはならない（他の相続人は、建物を譲り受けても、賃貸人の地位を承継できるにすぎない〔605条の2〕）。

　配偶者が建物の所有権を取得した他の相続人との間で賃貸借契約を結び、さらに、第三者に建物を適法に転貸していた場合は、所有者（賃貸人）と配偶者（賃借人）との間で賃貸借契約を合意により解除したとしても、これをもって第三者（転借人）に対抗することができない（613条3項本文）。しかし、所有者が配偶者の債務不履行により賃貸借契約を解除したときは、第三者は所有者に対して転借権を対抗することができなくな

る（最判昭36・12・21民集15-12-3243）。また、所有者は、配偶者の債務不履行による解除権を有する場合であれば、配偶者との間でした賃貸借契約の合意解除の効果を第三者に対抗することができる（同項ただし書）。

【After】

　配偶者は、原則として、第三者に居住建物の使用または収益をさせることができないが、所有者の承諾を得たときに限り、これが許される（1032条3項）。**Case**の配偶者Bは、所有者Cの承諾を得ているため、BとDとの間の賃貸借契約は適法である。

　配偶者居住権の消滅原因には、存続期間の満了（1036条・597条1項）、居住建物の所有者による消滅請求（1032条4項）、配偶者の死亡（1036条・597条3項）、居住建物の全部滅失（1036条・616条の2）がある。これらの原因によって配偶者居住権が消滅したときは、配偶者が適法に第三者に居住建物を賃貸しているときであっても、第三者は所有者に賃借権を対抗することができない（第三者がこれを望まないのであれば、配偶者と賃貸借契約を結ぶにあたって、所有者も交えて、配偶者居住権の消滅後には居住建物の所有者が賃貸人としての地位を引き継ぐ旨の合意をするといった方策を講じておく必要がある）。

　配偶者と所有者は、配偶者居住権を合意解除して、これを消滅させることも妨げられない（後述するように、1036条が613条3項を準用していることから、民法も配偶者居住権が合意解除されうることを前提にしていることは間違いない）。**Case**のように、配偶者には建物に従来どおりに居住し続ける意向がない一方で、所有者が当該建物の使用または収益を望む場合が、合意解除がされる典型的な場面となろう。

　もっとも、1036条が613条3項本文を準用するため、配偶者が所有者の承諾を得て適法に居住建物を第三者に賃貸しているときは、適法な転貸がされた場合（→【Before】）と同様に、原則として、配偶者と所有者がした合意解除を第三者に対抗することができない。したがって、**Case**のCは、Bとの間でした配偶者居住権の合意解除の効果をDに対抗することはできず、ゆえに、Dに甲建物の明渡しを求めることはできない。

　613条3項にはただし書があり、賃貸人が賃借人の債務不履行による解除権をもつときは、合意解除の効果を転借人に対抗できる。この規定は配偶者居住権に準用されるのか。賃借人の債務不履行の最も代表的なものは賃料の不払であるが、配偶者居住権は無償であるから、賃借権に関して同項ただし書が典型的に適用されるケースは配偶者居住権について問題となりえない。他方で、所有者が1032条4項によって配偶者居住権の消滅を請求できるときは、1036条による613条3項ただし書の準用の余地があるように思われる。

［鳥山泰志］

I……配偶者居住権㉗

65
配偶者居住権の財産価値の評価 1

Case

A（70歳）とB（65歳）は40年にわたる婚姻関係にあり、20年前に取得した戸建住宅で生活していた。長男C、長女Dは各々自宅を有し生活している。Aの死亡により相続財産をBとC・Dで分割することになったが、相続財産はA・Bが居住していた戸建住宅（相続税評価額2,000万円（建物300、土地1,700））と預貯金3,000万円である。Bは戸建住宅に住み続けることを希望している。B・C・Dへの生前贈与はなく、遺言もない。Bに配偶者居住権を取得させる場合、遺産分割にあたり財産価値をどのように評価すべきか。なお、預貯金を遺産分割の対象とすることについては、相続人全員の合意がある。

・被相続人　夫A　・相続人　妻B、子C・D
・相続財産　①土地建物2,000万円　②預貯金3,000万円　合計5,000万円

【Before】
　Bが自宅を取得し法定相続分に従って相続財産を分割した場合、下記のとおりとなる。
　　B：土地建物2,000万円＋預貯金500万円＝2,500万円
　　C：預貯金　1,250万円　　D：預貯金　1,250万円
　Bは自宅を取得するが、預貯金の配分は500万円であり、今後の生活資金としては不安が残る。

【After】
　Bに配偶者居住権（存続期間は終身、以下「居住権」）を取得させる場合は、まず居住権、居住権付所有権の価額を求め、当該価額を前提に相続財産を分割する。居住権、居住権付所有権の価額を求める簡便な方法としては下記がある。
1. 建物
1) 前提：建物の時価（注1）＝居住権付所有権の価額＋居住権（建物）の価額

(注1) 時価は、固定資産税評価額、相続税評価であれば相続税評価額、その他の場合に不動産鑑定士による鑑定評価額を用いることが想定される。ここでは、相続税評価額により計算。

2）居住権（建物）の価額

建物の時価－建物の時価×（残存耐用年数（注2）－存続年数（注3））／残存耐用年数×存続年数に応じた複利現価率（注4）

(注2) 平成31年税制改正の大綱では「居住建物の所得税法に基づいて定められている耐用年数（住宅用）に1.5を乗じて計算した年数から居住建物の築後経過年数を控除した年数」。(注3) 居住権の存続期間が終身である場合には、平均余命の値を使用。2017年データによると現在65歳の女性の平均余命は24年。残存耐用年数または残存耐用年数から存続年数を控除した年数が0以下となる場合には、「（残存耐用年数－存続年数）／残存耐用年数」は0とする。(注4) 複利現価率は将来の価額の現在価値を求めるために用いる。民事法定利率3％を用いた期間24年の複利現価率は0.491934。

Case では、300 － 300 ×（16 － 24）／16 × 0.491934 により300万円（存続年数が建物の残存耐用年数を超えているため）

3）居住権付所有権の価額

建物の時価－居住権（建物）の価額　300万円－300万円＝0円

上記計算式は、平均余命満了後に、建物の居住権が消滅すると仮定し、建物の価額は経過年数と平均余命までの期間により減価される残価の現在価値による、という考え方。一方で建物の耐用年数を超えて居住の用に供される場合は多く、この場合、居住権付所有権（建物）の価額はゼロとなる。

2．敷地

居住権に基づく居住建物の敷地の利用に関する権利（以下、「敷地利用権」）の価額および居住権が設定された敷地の所有権等（以下、「居住権付土地」）の価額は下記による。

①敷地利用権の価額＝土地等の時価－土地等の時価×存続年数に応じた複利現価率

1,700万円 － 1,700万円 × 0.491934 ≒ 860万円

②居住権付土地の価額＝土地等の時価－敷地利用権の価額

1,700万円 － 860万円 ＝ 840万円

上記計算式は、現在の土地等の時価が居住権が消滅するまでの期間、同額であるとし、居住権消滅時の価額を現時点の価値に割り戻したものが居住権付土地の価額、これと土地等の時価との差額が敷地利用権の価額と考えるものである。

3．居住権（建物＋敷地利用権）の価額　<u>1,160万円</u>（300 ＋ 860）
4．居住権付所有権（建物＋敷地）の価額　<u>840万円</u>（0 ＋ 840）

以上から、Bに居住権を取得させる場合の相続財産の分割は下記のとおりとなる。居住権付所有権については、共有とせず、CかDのいずれかに帰属させる方法も考えられるが、下記では簡便にC・Dの共有とした場合を想定している。

B：居住権1,160万円＋預貯金1,340万円＝2,500万円

C：居住権付所有権420万円（840 × 1/2）＋預貯金830万円＝1,250万円

D：居住権付所有権420万円（840 × 1/2）＋預貯金830万円＝1,250万円

居住権を設定しない場合（→【Before】）と比較し、Bに配分される預貯金は840万円増加している。

［奥田かつ枝］

I……配偶者居住権㉘

66 配偶者居住権の財産価値の評価2

Case

　Case 65と同一のCaseにつき、配偶者Bと子C・Dとの間において居住権および居住権付所有権の評価について争いがあるとする。
　相続財産の配分について争いがある場合は、不動産鑑定士に不動産の評価を依頼することが多いが、そこではどのような評価方法がとられるか。

【Before】

　戸建住宅やマンションの価格は、市場での取引価格から比準して求める取引事例比較法による比準価格、土地価格および建物価格の再調達原価に減価修正を行って求める原価法による積算価格を中心として評価される。

【After】

　居住権、居住権付所有権は、不動産にかかる新しい権利であるため、不動産鑑定士が評価を行う場合の方法については、不動産鑑定評価基準等または公益社団法人日本不動産鑑定士協会連合会が定める指針によることとなる。鑑定評価の基本的理論に従えば、下記の方法が考えられる。

1. 居住権の価額
1）「経済的利益の現在価値の合計」として求める方法

　配偶者が終身または定められた期間、無償で住宅を使用および収益することができる経済的利益の現在価値合計として下記式により求める方法（インウッド式を用いる方法）である。

　　（年間の賃料相当額－必要費）×複利年金現価率（期間：平均余命または期間の定めがある場合は当該期間、割引率：3％または不動産鑑定士が適切と判断する利回り）

　複利年金現価率とは、毎年一定額が一定期間にわたって同額で得られると想定した場合に、当該期間のすべてにおける一定額の現在価値の合計を求める率。この率を用いた計算式をインウッド式という。居住権は市場での譲渡ができないため市場価値として求めることはできず、経済的利益の現在価値として求める。

《計算例》
・賃料相当額（住宅を賃貸することを想定した場合の新規賃料を求める。ここでは例として7万円／月×12か月＝84万円／年）
・費用（配偶者が居住するにあたって発生することが予測される修繕費、土地建物の通常の必要費（固定資産税・都市計画税・損害保険料等）。ここでは例として年間合計30万円）
・平均余命（24年）、割引率（3％）　・24年、3％の複利年金現価率（16.935542）
上記前提に基づいた場合、居住権の価額は下記のとおりとなる。
　（84－30）万円×16.935542 ≒ 915万円
２）現在の所有権価額から下記2．2）で求めた価額を控除する方法
2．配偶者居住権付所有権価額
１）【Before】に記載した土地建物の所有権を前提に求められる市場価格（正常価格）から1．1）で求めた居住権の価額を控除する、あるいは控除した価額に市場性修正を行って求める方法。居住権付所有権の取引が数多く行われ、多くの規範性ある事例が収集できる状況になれば、取引事例から比準することにより求める方法もある。

当面は取引事例が得られないことが想定され、居住権の価額を控除する方法による場合、基本式は下記となる。
　（土地建物の所有権価額（比準価格・積算価格）－居住権の価額）×市場性修正＝居住権付所有権の価額

市場性修正を行う理由は、居住権が付されていることにより土地建物の所有者が将来利用できる時期が不確定であること、一般に居住用建物の市場価格は、収益価格によって決まっていないことによる。

《計算例》
土地建物の所有権価額（時価）が3,000万円。市場性修正が必要と判断した場合
　（3,000－915）万円×50％（市場性修正）≒ 1,043万円
２）Case 65の方法を準用する方法

土地建物の将来（居住権の消滅時点）の価額（現時点の時価をもとに、同額または時点修正を行う）を予測し、当該価額の現在価値を求めることにより、居住権付所有権の価額を求める。

現時点の時価と同額と判断した場合（例えば建物は修繕により維持、土地価格上昇の場合）
　3,000万円×0.491934（24年、3％の複利現価率）≒ 1,476万円

上記結果は、各採用数値によって異なる。これは、対象不動産の実態に即して精緻に経済的利益を求めようとする場合は採用する数値について評価者の判断が必要となるためである。一方で、Case 65で求めた居住権、居住権付所有権の価額は、規定値（固定資産税評価額または相続税評価額）により求めるため評価者による差異が生じにくい。いずれの方法を用いるかは、個別事案により判断することが望ましい。　　　［奥田かつ枝］

Ⅱ……配偶者短期居住権❶

67
一部使用と配偶者短期居住権の成立範囲

> **Case**
>   Aは、その所有する2階建ての建物（甲建物）の2階で配偶者Bと同居していたところ、遺言を作成することなく死亡した。Aの相続人はBおよびA・Bの子であるCの2人のみである。遺産分割は未了である。以下の場合、Bは甲を無償で使用することができるか。
>   (1) BはAとともに甲の1階で商店を営んでいた。
>   (2) 甲の1階をCが店舗として利用していた。
>   (3) 甲の1階にCとその妻子が居住し、甲の1階の玄関および浴室をA・Bと共同で使用していた。

【Before】

　旧法では、相続開始から遺産分割終了までの配偶者の建物使用について、規定はない。
　最判平 8・12・17 民集 50-10-2778 は、共同相続人の1人が相続開始前から被相続人の許諾を得て遺産である建物において被相続人と同居してきたときは、特段の事情のない限り、被相続人と同居の相続人との間で、相続開始時を始期として、遺産分割時を終期とする使用貸借契約が成立していたものと推認されると判示した。その理由として、かかる場合は遺産分割までは当該相続人に建物全部の使用権原を与えて相続開始前と同一の態様における無償使用を認めることが、被相続人および当該相続人の通常の意思に合致するといえるからとしている。
　Bは相続開始前からAの許諾を得て甲建物で同居していたため、上記平成8年判決によれば、特段の事情のない限り遺産分割終了まで甲の2階を無償使用することができる。
　居住部分以外については上記平成8年判決の射程外であるが、上記平成8年判決が居住建物全体において相続開始前と同一の態様で無償使用させる旨の被相続人の意思を推認していることから、従前と同様に(1)では甲全体、(2)および(3)では少なくとも相続開始前からBが使用していた部分の無償使用が認められる可能性がある。

【After】

　新法施行後に開始した相続において、配偶者が相続開始時に建物の全部または一部を

居宅として使用していた場合、相続または遺贈により当該建物を取得した者（居住建物取得者）に対し、相続開始時に無償で使用していた部分を一定期間無償で使用する権利（配偶者短期居住権）を取得することが法定された（1037条以下）。

　これにより、配偶者との間で始期付使用貸借契約が締結された場合とほぼ同様の状態が確保されることになるから、被相続人の通常の意思として、これとは別に始期付使用貸借契約を締結する意思まではないと考えられる。そのため、その限りで上記平成8年判決は変更されると考えられる。他方、配偶者以外の相続人については新法にも居住権保護規定はないため、従前と同様に上記平成8年判決等の適用により居住権が保護されることになると考えられる（中間試案補足説明4頁）。

　(1)では、Bは相続開始時に甲建物2階に居住し、かつ、1階を店舗として無償使用していたことから、甲全体につき配偶者短期居住権を取得する。

　配偶者短期居住権の終期は、配偶者が居住建物に関する遺産分割に参加する場合、遺産の分割により居住建物の帰属が確定した日である。もっとも、配偶者短期居住権は、配偶者が相続開始の直後に住み慣れた住居からの退去を余儀なくされることを防止し、配偶者に転居先確保等のための明渡猶予期間を与えるためのものである（部会資料15・6頁）。そこで、早期に遺産分割が終了した場合、明渡猶予期間を確保するため、相続開始から6か月を経過する日まで配偶者短期居住権は消滅しない（1037条1項1号）。

　よって、Bは同期間中、甲全体を無償で使用することができる。

　一方、配偶者短期居住権はあくまで配偶者が従前と同様の形態で使用する利益を保護するものであることから、相続開始時に配偶者が使用していなかった部分には成立しない（部会資料15・3頁）。使用していなかった部分とは、配偶者が全く使用していなかった部分をいうとして、配偶者が他者と共同で使用していた部分についてはなお使用があったと認められると考えられる（第15回会議議事録12頁〔堂薗幹一郎〕）。

　(2)では、配偶者短期居住権は、Bが相続開始時に使用していなかった甲1階については成立せず、甲2階のみに成立する。したがって、Bは甲2階のみを無償で使用することができる。

　(3)では、Bは居住していた甲2階およびCらと共同使用していた玄関および浴室部分について、無償で使用することができる。

　なお、配偶者短期居住権の取得により配偶者が得た利益については、上記平成8年判決との整合性や他の相続人の負担の程度等を考慮し、配偶者の具体的相続分には含まれないと考えられる（中間試案補足説明4頁）。　　　　　　　　　　　　　　　　〔前田昌代〕

II……配偶者短期居住権❷

68
配偶者居住権の取得等と配偶者短期居住権の成立

Case

　AはBと結婚して子CとともにAが所有する甲建物で同居していたが、子Cは結婚し家を出た。Aが死亡し、相続人はBおよびCの2人である。遺産分割は未了である。以下の場合、Bは甲を無償で使用する権利を有するか。
　(1)　Aは、死亡するまで甲でBと同居を継続し、「Bに甲の配偶者居住権を相続させる」という遺言を残していた。
　(2)　Aは死亡する3年前から愛人であるDの家で同居しており、Dに全財産を譲る旨の遺言を残していたが、Bは自分とCが財産を相続するために遺言を破棄した。

【Before】
　(1)では、旧法には配偶者居住権の規定がないため、これを相続させる旨の遺言に効力はない。もっとも、AはBに甲建物を無償で使用させる意思があったと推認される。また、Bは相続開始前からAの許諾を得て甲で同居していたことから、相続開始から遺産分割終了まで甲をBに無償で使用させる旨のA・B間の合意があったと推認されるので、これを否定する特段の事情のない限り、Bは甲を少なくとも遺産分割まで無償で使用する権利を有する（最判平8・12・17民集50-10-2778）。
　(2)では、Bは相続開始時にAと同居していなかったことから、上記平成8年判決の射程は及ばない。また、AがDに甲を遺贈していることから、相続開始後はBに甲を使用させない旨の明確な意思表示があるといえる。したがって、Bは使用貸借に基づき甲を使用することはできない。
　さらに、甲がDに遺贈されたためBは甲の持分を有しない。また、Bは遺言を破棄し不当な利益を得ようとしたことにより相続欠格者に該当すると考えられる。そのため、Aの遺産について相続人としての地位を失い（891条5号）遺留分も認められない。したがって、持分に基づく使用権も有しない。
　よって、Bは甲を使用する権利を有しない。

【After】

(1)では、Bが遺贈により相続開始時に配偶者居住権を取得し（1028条1項2号）、配偶者短期居住権は発生しない（1037条1項ただし書）。Bは甲建物に無償で居住することができるが、その根拠は配偶者短期居住権ではなく、配偶者居住権である。

(2)では、Bは相続開始時に甲に居住しているが、Aは同居しておらずAの許諾もないと考えられる。しかし、上記平成8年判決と異なり、被相続人の許諾と同居は配偶者短期居住権成立の要件ではない（1037条1項）。

もっとも、Bは遺言を破棄していることから欠格事由に該当すると考えられる（891条5号）。配偶者短期居住権は、配偶者が欠格または廃除により相続権を失った場合、発生しない（1037条1項ただし書）。これは、欠格制度（891条）および廃除制度（892条）が不相当な行為をした推定相続人に対する「制裁」という性質を有していることから、欠格または廃除事由に該当するような配偶者については、他の共同相続人または居住建物の受遺者等に負担をかけてまでその居住を保障する必要性に乏しいと考えられることによる（部会資料24-2・1頁）。

したがって、Bの配偶者短期居住権は発生しない。また、Bは廃除により甲を含めたAの遺産の相続権を失い、甲の持分を有しない。よって、Bは甲を使用する権利を有しない。

［前田昌代］

Ⅱ……配偶者短期居住権❸

69
遺産分割未了状態の継続と配偶者短期居住権

> **Case**
>
> 　Aは、Bと結婚し、その翌年にCが生まれた。Aは、Cが生まれた翌年に一戸建ての住宅（甲建物）を購入し、甲はAの単独所有名義で登記されている。AとBはその後も甲で同居を継続したが、Cは高校を卒業後は一人暮らしをし、ほとんど実家に戻っていなかった。AとBの婚姻期間は22年に及んだ。
> 　Aが死亡した後、CはBとの間で遺産分割の協議を重ねたが、両者の希望が大きく食い違ったことから、合意できないまま10年が経過した。そのため、Cは、遺産分割調停を申し立てた。Bには、甲に無償で居住する権利があるか。

【Before】

　旧法には、配偶者の居住について定めた特別の規定は存在しなかった。

　判例は、共同相続人の1人が被相続人の許諾を得て遺産である建物に同居してきたときは、特段の事情のない限り、その相続人と被相続人の間で、相続開始時を始期とし、遺産分割時を終期とする使用貸借契約が成立したものと推認している（最判平8・12・17民集50-10-2778。詳細は、→ Case 67）。

　そのため、Case において、特段の事情がない限り、Bは、遺産分割時まで、使用貸借契約に基づいて、無償で居住する権利を有する。

　ただし、上記平成8年判決は、あくまでも当事者間の合理的意思解釈に基づくものであるから、10年が経過しても遺産分割ができていないという事情等によっては、無償で居住する権利が否定される可能性がある。その理由としては、合理的意思解釈として期間制限を導くことが考えられる。また、権利濫用（1条3項）等の一般条項によることもありえよう。

【After】

　新法は、配偶者について、居住建物を無償で使用する権利（配偶者短期居住権）を認めた（1037条以下）。これは、①高齢化の進展に伴って、配偶者の居住権を保護する必

要性が高まっていること、および、②夫婦は相互に同居・協力・扶助義務を負うなど（752条）、法律上も最も緊密な関係にある親族であるとされていることなどを考慮した結果である。その法的性質は、「使用借権類似の法定の債権」とされている（中間試案補足説明3頁）。

そのため、**Case** において、Aの配偶者であり、A死亡時に甲建物において同居していたBは、上記規定に基づいて、甲に無償で居住する権利を有する。

これは「法定の債権」であるから、配偶者短期居住権の内容は、条文によって定められたとおりになるのが原則である（上記平成8年判決によるときと異なり、当事者間の合理的意思解釈によることは難しい）。

新法は、「居住建物について配偶者を含む共同相続人間で遺産の分割をすべき場合」の終期について、「遺産の分割により居住建物の帰属が確定した日又は相続開始の時から6箇月を経過する日のいずれか遅い日」と定めている（1037条1項1号）。

このうち、「遺産の分割により居住建物の帰属が確定した日」を基準とすることは、上記平成8年判決と同趣旨のものである。新法が、これと「相続開始の時から6箇月を経過する日」を比較し、その「いずれか遅い日」を終期とした趣旨は、最低期間の保障にある。早期に遺産分割協議が成立しうるときに「配偶者が急な転居に対応できないことのみを理由として遺産分割を先延ばしにするような事態を生じさせるのは相当でない」ことに対する配慮である（部会資料25-2・2頁）。したがって、「相続開始の時から6箇月を経過する日」は、**Case** においては特段の意味をもたない。

ただし、そのことから当然に、**Case** において、Bの配偶者短期居住権が存続することになるわけではない。条文上も「短期」であることが想定された権利であるから、10年が経過しても遺産分割による帰属の確定ができていないという事情等によっては、Bの居住権が否定される可能性はある。その理由としては、権利濫用（1条3項）等の一般条項によることが考えられる。この点は、中間試案補足説明4頁において「配偶者が意図的に遺産分割協議を引き延ばしているような場合については、権利濫用等の一般条項による解決もあり得る」と指摘されていた。例えば、Bが甲以外にも建物を所有しており、そこに転居することが可能であるにもかかわらず、Cに対する嫌がらせの意図で、遺産分割協議について非常識な主張を繰り返し、それゆえに合意できないまま10年が経過したという事情があるときは、Bは配偶者短期居住権を濫用しているものと判断されることになろう。

なお、仮にBが上記平成8年判決に基づいて使用貸借契約の成立を主張しても、権利濫用（1条3項）等の一般条項により制限される。ただし、1037条の要件を充たす配偶者との関係では、明文の規定により配偶者が保護される要件効果が定められたことから、これに重ねて使用貸借契約の成立が認められる可能性は低い（合理的意思解釈による使用貸借契約の推認を妨げる特段の事情になることが多い）と思われる。

［中込一洋］

Ⅱ……配偶者短期居住権❹

70 第三者への居住建物の遺贈等と配偶者短期居住権

Case
　AおよびBは婚姻し、子Cが独立した後もA所有の甲建物で2人暮らしをしていたところ、Aが死亡した。Aの相続人はBおよびCである。Cには25歳の一人息子Dがいる。
　(1)　Aが「甲をDに、貯金はすべてBに贈る」という遺言を残していた。BはDからの甲明渡請求を拒むことができるか。
　(2)　Aが唯一の資産である甲の価額を上回る負債を抱えていたため、Bは相続を放棄した。BはCからの甲明渡請求を拒むことができるか。

【Before】
　相続人が相続開始前から被相続人の許諾を受けて相続財産である建物において同居していた場合、特段の事情のない限り当該相続人に建物を無償使用させる旨の被相続人の意思が推認される（最判平8・12・17民集50-10-2778）。
　(1)では、Bは相続開始前からAの許諾を得て甲建物において同居していた。しかし、Aは第三者であるDに甲を遺贈していることから、Aの死亡後はBに甲を無償で使用させる意思を有していなかったことが明らかといえる。したがって、A・B間の使用貸借契約に基づく使用権原は認められない。また、甲はDに遺贈され、Bは甲の持分を有しないので持分に基づく占有権原も認められない。よって、BはDからの明渡請求を拒むことはできない。もっとも、甲の遺贈がBの遺留分を侵害している場合、Bは遺留分減殺請求により甲の持分を取得してDからの明渡請求を拒みうる。
　(2)では、Bは相続開始前からAの許諾を得て甲で同居していたことから特段の事情のない限り使用貸借の成立が推定される。相続放棄という事後的な事情により使用貸借の成否が左右されるものではないとして、Bは相続放棄をしたとしても遺産分割終了まで甲に無償で居住する権利があると考えらえる。
　もっとも、上記平成8年判決は同居の相続人が持分を有していた事例であり、相続放棄により持分を有しない相続人については射程外として使用貸借の推認は働かないとも考えられる。また、同権利を主張することが権利濫用とされ認められない場合もありうる。かかる場合にはBはCからの明渡請求を拒むことはできない。

【After】
　Bは、相続開始時に甲建物に居住していた配偶者であるから、配偶者短期居住権を取得する。
　(1)では、Bは遺贈により甲を取得した居住建物取得者であるDに対する配偶者短期居住権を有するので、BはDからの明渡請求を拒むことができる（1037条1項）。
　かかる制度は被相続人の財産処分権を制限するものであるが、一方の配偶者はその死亡後に他方の配偶者が直ちに居住建物からの退去を求められるような事態が生ずることがないよう配慮すべき義務を負うと解することが可能であり（婚姻の余後効）、その限度で被相続人の生前の処分権限に制約を課すことは可能であると考えられる。また、居住建物を取得した者の利益に関し、無償で取得した建物について配偶者の居住権保護という政策目的のもと、その使用および収益権限につき制約を課すことは、その期間が短期間である限り許されると考えられる（中間試案補足説明7頁）。
　居住建物が遺贈された場合、配偶者は受遺者からの消滅請求があるまで遺言の存在を知りえないこともありうる。遺産分割がなされないまま相続開始から相当期間経過した後に初めて遺言の存在を知った配偶者に、それまでの使用利益の支払義務を負わせることは酷といえる。そこで、遺贈等により配偶者が居住建物にかかる遺産分割に参加しない場合、居住建物取得者はいつでも配偶者短期居住権の消滅の申入れをすることができ、この申入れの日から6か月を経過した日に配偶者短期居住権は消滅するとされた（1037条3項・1項各号。部会資料15・7頁参照）。
　(1)では、Dからの明渡請求により、配偶者短期居住権の消滅の申入れがあったといえることから、明渡請求された日から6か月経過した後にDから再度明渡請求があった場合、Bはこれを拒むことはできない。
　(2)では、Bが相続放棄をしている。このような場合、配偶者は居住建物にかかる遺産分割に参加できない。そのため、配偶者短期居住権の終期を遺産分割終了時とすると、居住建物が配偶者以外に遺贈された場合と同様、配偶者はいつ遺産分割が終了し明渡請求を受けるか予測できない状況におかれる。そこで、1037条1項2号は、同項1号が定める配偶者が居住建物の遺産分割に参加する場合「以外の場合」という文言を用いて、遺贈のみならず、相続放棄等により配偶者が居住建物について遺産分割の手続に参加しない場合にも、配偶者短期居住権の存続期間の終期を消滅の申入れがあった日から6か月を経過する日とした（1037条3項・1項各号。部会資料25-2・1頁）。
　(2)では、Bは相続により甲を取得した居住建物取得者であるCに対する配偶者短期居住権を有するので、Cからの明渡請求を拒むことができる（1037条1項）。もっとも、明渡請求から6か月経過後に再度Cから明渡請求があった場合、Bはこれを拒むことはできない。

［前田昌代］

II……配偶者短期居住権❺

71 居住建物取得者による居住建物の譲渡等の禁止

Case

AはBと結婚し、子CとともにAが所有する甲建物で同居していた。Cは大学卒業後に結婚しAらとは別居していた。その後Aが死亡し、相続人はBおよびCの2人である。以下の場合、BはDからの甲明渡請求を拒むことができるか。

(1) Cが甲の自己の持分をDに売却した。
(2) Aが「甲をEに遺贈する」という遺言を残していた。Eが甲をDに売却した。
(3) Aに対する債権を有しているFが、同債権を被担保債権としてAの死亡後に甲に抵当権を設定し登記を付した。その後、抵当権が実行され競売によりDが甲を取得した。

【Before】

旧法では、相続開始から遺産分割終了までの配偶者の建物使用について規定はないが、Bは相続開始時、Aの許諾を受けて甲建物においてAと同居していたことから、甲についてA・B間で相続開始時を始期とする使用貸借の成立が推認される（最判平8·12·17民集50-10-2778）。しかし、使用貸借は第三者であるDに対し主張することはできない。

(1)では、BはAの相続人として甲の持分に基づく占有権原を有するから、Dからの明渡請求を拒むことができる。Dは取得した持分割合に応じた賃料相当額の不当利得金または損害賠償金の支払を請求することができるにとどまる（最判平12·4·7集民198-1）。

Cの行為により生じた賃料相当額等の損害について、BはCの故意過失や損害額等を立証し、Cに対し不法行為に基づく損害賠償請求をすることが考えられる。

(2)では、Bは甲の持分を有しないため占有権原がない。したがって、Dからの明渡請求を拒むことはできない。

(3)では、甲に抵当権の設定および登記がされたのは相続開始後であるが、A・B間で甲について使用貸借が成立していたとしても、使用貸借はかかる抵当権にも劣後する。したがって、Bは抵当権の実行により甲を取得したDからの明渡請求を拒むことはできない。なお、競売による買受人からの明渡請求があった場合、賃借人は買受時から6か

月の明渡猶予が認められるが（395条1項）、使用貸借についてこのような猶予期間は設けられていない。

【After】

配偶者が居住していた建物を相続または遺贈により取得した居住建物取得者は、居住建物の譲渡その他の方法により配偶者の居住建物の使用を妨げないという義務を負う（1037条1項・2項）。居住建物取得者は、建物を使用するのに適した状態にすべき義務（修繕義務等）までは負わず、配偶者による居住建物の使用を受忍すれば足りる（中間試案補足説明5頁）。居住建物取得者が甲建物の所有権や持分を第三者に譲渡した場合、配偶者は当該第三者に対して配偶者短期居住権を対抗することができない。

(1)では、Bは相続開始時に甲に居住していたことから配偶者短期居住権を取得するが、Cから甲を譲渡された第三者であるDに対し配偶者短期居住権を対抗することはできない。しかし、BはAの相続人として甲の持分に基づく占有権原を有するから、旧法下と同様にDからの明渡請求を拒むことができ、Dは取得した持分割合に応じた賃料相当額の不当利得金または損害賠償金の支払を請求することができるにとどまる（部会資料15・4頁参照）。

CがDに対して任意に甲の持分を譲渡することはBの甲使用を妨げる行為であるから、BはCに対し債務不履行に基づく損害賠償請求をすることができる。損害額として、少なくともBがDに対して実際に支払った賃料相当額を請求することができると考えられる。また、Dが配偶者短期居住権について悪意であった場合、債権侵害による不法行為が成立する場合もあると考えられる（第21回会議議事録15頁〔宇野直紀〕参照）。

なお、CがDに対する債務を負担しており、それに基づき甲の持分が譲渡または換価された場合等、当然には損害賠償請求が認められない場合もありうる。

(2)では、BはEから甲を譲渡された第三者であるDに対し配偶者短期居住権を対抗できない。また、甲の持分を有しないため持分に基づく占有権原もない。したがって、BはDからの明渡請求を拒むことはできない。

EがDに対して任意に甲を譲渡したことよりBの配偶者短期居住権が侵害されたとして、BはEに対し、債務不履行に基づく損害賠償請求をすることができると考えられる。

(3)では、相続開始後に甲に抵当権の設定および登記がされているが、配偶者短期居住権はかかる抵当権にも劣後する。したがって、Bは抵当権の実行により甲を取得したDからの明渡請求を拒むことはできない。なお、配偶者短期居住権は賃貸借（395条1項）と異なり猶予期間は設けられていない。

［前田昌代］

II……配偶者短期居住権❻

72 居住建物取得者による配偶者短期居住権の消滅請求

Case

AとBが結婚して子Cが生まれたが、Cの独立後にBは死去した。AはDと再婚し、自宅の甲建物（Aの単独所有）に2人で居住していた。他方で、子Cは、現在の自宅が手狭になっており、いずれ甲に引っ越したいとAに希望していた。

Aが死亡し、DとCで遺産分割協議を行っていたが、協議がなかなか進まなかったので、Dは甲に住み続けていた。

ところが、A死亡の1年後、Aの遺品の中から遺言書が発見された。DとCで確認したところ、遺言書には「Cに甲を相続させる。Dに預金のすべてを相続させる」などと記載されていた。そこで、Cは、Dに対し、「すぐに甲を明け渡すように、また、明渡しまでの賃料相当分の金銭を支払うように」と要求した。Dは即時の明渡しや金銭の支払を行わなければならないか。

【Before】

旧法には、配偶者の居住の権利について定めた特別の規定は存在しなかった。

判例は、共同相続人の1人が被相続人の許諾を得て遺産である建物に同居してきたときは、特段の事情のない限り、その相続人と被相続人の間で、相続開始時を始期とし、遺産分割時を終期とする使用貸借契約が成立したものと推認している（最判平 8・12・17 民集 50-10-2778。詳細は、→ Case 67）。

しかし、上記平成8年判決の判示は、対象となる建物が遺産共有状態にあることを前提とするといわれている。そのため、本件のように、被相続人が配偶者に居住建物の持分権等を与えない旨の遺言を遺していた場合は射程外となる。また、被相続人の意思を推認するという法律構成から考えて、そのような遺言を遺していた場合は類推適用等も難しいように思われる。よって、Dはすぐに明渡しを行わなければならないと思われる。

また、相続開始後も配偶者が居住を継続していた場合における不当利得返還請求についても、原則的には否定されない。ただ、上記平成8年判決のほか、実際の損害額は賃料相当額よりも低いと考えられるのではないかといった抑制的な説も唱えられていた。本件では、甲建物は原則的にはDとCとの遺産共有に属するものであり、遺言書の内容

を知るまで、ＤもＣも上記平成8年判決によりＤの無償居住が認められる場合だと信じていたことからみて、信義則上、遺言書の存在をＤが知るまでの期間については、不当利得返還請求について抑制的な解釈がされる可能性もないではないが、いずれにせよ結論は明らかではない。

【After】

新法は、配偶者について、居住建物を無償で使用する権利（配偶者短期居住権）を認めた（1037条以下）。また、この配偶者短期居住権は、上記平成8年判決とは異なり、配偶者が居住建物について遺産共有状態にない場合にも、原則として発生することが明示されており、その場合の配偶者短期居住権の終期は、居住建物取得者による配偶者短期居住権の消滅の申入れ（1037条3項）の日から6か月を経過する日までとされている（同条1項2号）。

居住建物取得者は、この配偶者短期居住権の消滅の申入れを、相続開始後いつでも行うことができるが（1037条3項）、**Case**のように当該申入れが遅くなった場合にも、申入れの日から6か月後までは配偶者短期居住権が存続するため、居住建物取得者としては申入れの時期に注意が必要である。また、居住建物取得者としては、当該申入れは、配達証明付内容証明郵便など、何らかの証拠が残る方法で行ったほうが安全であると思われる。

以上より、**Case**のＤは配偶者短期居住権を取得しており、その存続期間は、ＣがＤに対し明渡しを求めた日から6か月経過後までであると考えられる。したがって、この存続期間が切れるまでの間は、Ｄは明渡しを行う必要がなく、また、居住に関する不当利得返還義務を負うこともないと考えられる。

なお、このように、配偶者短期居住権の終期が、相続開始時から6か月後ではなく、配偶者短期居住権の消滅の申入れの日から6か月後とされている趣旨としては、相続開始から相当期間経過後に遺言が発見された場合などには、それを知って退去を準備するまでの配偶者の居住は保護に値すると考えられること、居住建物の取得者は無償で所有権を取得したこと、また、居住建物の所有者はもともと使用利益を得られるという認識がなかったのだから、その間の使用利益を回収できなくても不測の損害を受けることにはならないことが挙げられる（部会資料21・3頁参照）。

上記の趣旨にかんがみれば、「配偶者短期居住権の消滅の申入れ」とは、単なる明渡請求では足りず、1037条1項2号に基づく配偶者短期居住権の発生の要件事実が揃っていることを知ったうえで行われた申入れに限られるように思われる。例えば、仮にもし、この遺言書の存在・内容をＤとＣが知らない時期に、Ｃが明渡請求を行っていたとしても、それは「配偶者短期居住権の消滅の申入れ」にはあたらないと思われる。

[木村真理子]

II……配偶者短期居住権 ❼

73
従前使用していなかった部分と配偶者短期居住権

Case

被相続人Aは、Bと婚姻したところ、Aには連れ子Cが、Bには連れ子Dがおり、AとD、BとCとはいずれとも養子縁組はしていない。

Aらは、Aが婚姻前から単独名義で所有する甲建物の2階部分に居住し、1階部分を、個展や写真撮影のためのレンタルスペースとして貸し出すという事業のために用いていた。事業についてはAのみが行い、B・C・Dは、事業には一切関与していない。なお、Cは、成人して家を出ているが、A・B・Dは、甲に居住し続けている。Eは、Bの高校からの友人である。

その後、Aが死亡し、その遺言において、甲をCに遺贈する旨が記載されていたため、Cは、Bに対し、配偶者短期居住権の消滅の申入れを行った。

この場合において、配偶者短期居住権が消滅するまでの間、

(1) Bは、レンタルスペースとして事業の用に供している1階部分を居住用として使用することはできるか。また、1階部分が、Aの生前からレンタルスペースではなく物置だった場合はどうか。

(2) Dは、甲の2階部分にBとともに居住し続けることはできるか。また、Bは、Eとともに、甲に居住することはできるか。

【Before】

配偶者短期居住権に関する規律は、旧法には設けられていない。もっとも、被相続人と配偶者との間の合理的意思解釈により、2階部分における居住に加え、1階部分に係る収益事業に関する使用貸借の成立が推定される場合、当該使用貸借契約の内容により、許容される使用収益の範囲か否かを検討することとなる。

そうすると、Case (1)について、甲建物はCに遺贈されること、また、A以外事業に関与していないことからすると、AとBの合理的意思解釈により、甲の1階部分につき、Bによるレンタルスペース運営のための使用貸借契約が成立していると考えることはできない（部会資料22-2・1頁）。また、仮に、Aの生前からBも事業に関与し、Aが、自分の死後も事業を継続することを望んでいたとして使用貸借契約が成立しているとしても、その目的は事業の運営であって、居住を目的とするものではない。そのため、1

階部分で居住することは、当初の使用目的から逸脱することとなるため、使用貸借契約は、目的に従った使用を終えたとして終了すると考えられる（旧597条2項）。したがって、Bは、Cの承諾を得ない限り、1階部分を居住用として使用することができないだけでなく、かかる使用をした場合には、使用貸借契約が終了することとなると考えられる。他方、物置だった場合、1階部分について居住に係る使用貸借が成立していたと認めることはできない。そのため、Cの承諾を得ない限り、居住のために利用することはできないことになる。

次に、**Case** (2)の配偶者以外の者の居住についても、被相続人と配偶者との間の合理的意思解釈により判断されることとなり、仮に、使用貸借が成立し、従前の用法と変更がなければ承諾は不要となる。しかし **Case** においては、甲をCに遺贈することとされている以上、Aは、Bらが甲に居住し続けることを想定しておらず、A・B間に使用貸借の成立は認められない。そのため、Dは、甲に居住することはできず、また、従前の用法に含まれないEの居住も当然認められない。

【After】

新法では、配偶者短期居住権が成立した場合、配偶者に認められるのは、その使用に限られ、収益は認められていない（1038条1項）。これは、収益の部分についてまで配偶者のみに帰属させることは、配偶者の居住権保護という配偶者短期居住権の目的を超え、他方で、配偶者も目的建物に係る収益権限を有していたときは、相続開始前から、被相続人と配偶者との間で使用貸借契約が成立していたと考えられ（部会資料22-2・1頁、第22回会議議事録1頁〔倉重龍輔〕）、保護の必要がないためである。

Case (1)では、BはなんらAの事業に関与しておらず、従前から使用貸借契約が成立していたと認めることは困難である。そのため、Bは、Cの承諾を得ない限り、1階部分を居住用として使用することができないと考えられる。また、配偶者短期居住権は、配偶者居住権（1032条1項ただし書）と異なり、配偶者は「従前の用法に従い」居住建物を使用しなければならない（1038条1項）。そのため、従前物置だった場所を居住の用に供することはできないこととなる。

次に、配偶者短期居住権が成立した場合、目的不動産を第三者に使用させるにあたっては、居住建物取得者の承諾を得ることが要求されている（1038条2項）。もっとも、ここにいう「第三者」には、占有補助者は含まれないとされている（第15回会議議事録12頁〔堂薗幹一郎〕）。そうすると、**Case** (2)で従前からDがBとともに甲の2階部分に居住していた場合には、Dは、Bの占有補助者として、配偶者短期居住権が消滅するまでの間、居住することができるが、Eは、占有補助者ではなく、第三者に該当し、居住するためには、Cの承諾が必要となる。　　　　　　　　　　　　　〔全　未来〕

II……配偶者短期居住権 ❽

74
第三者による使用・収益と配偶者短期居住権

Case

被相続人Aは、Bと婚姻したところ、Aには連れ子Cが、Bには連れ子Dがおり、AとD、BとCとはいずれとも養子縁組はしていない。

Aらは、Aが婚姻前から単独名義で所有する甲建物の2階部分に居住し、1階部分を、個展や写真撮影のためのレンタルスペースとして貸し出すという事業のために用いていた。事業についてはAのみが行い、B・C・Dは、事業には一切関与していない。なお、C・Dは、成人して家を出ているが、A・Bは、甲に居住し続けている。

その後、Aが死亡し、その遺言において、甲をCに遺贈する旨が記載されていたため、Cは、Bに対し、配偶者短期居住権の消滅の申入れを行った。この場合において、配偶者短期居住権が消滅するまでの間、

(1) Bは、Dを呼び寄せて甲の2階部分でともに暮らすことはできるか。
(2) Bは、レンタルスペースを第三者Eに賃貸し、賃料を得られるか。
(3) Bは、甲の2階部分を第三者Eに賃貸し、賃料を得られるか。

【Before】

旧法においては、配偶者短期居住権に関する規律はなく、判例によれば、被相続人と配偶者との間の合理的意思解釈により、特段の事情のない限り、遺産分割時までの間、使用貸借契約の成立が推認されている（最判平8・12・17民集50-10-2778）。

配偶者のみが使用貸借する使用貸借契約が成立している場合に、新たな使用が追加されたことにより、従前の使用形態と著しく異なることになるといった事情があるときには、信頼関係が破壊されたとして、債権法改正前597条2項ただし書の類推適用により、解除事由になると考えられる（最判昭42・11・24民集21-9-2460）。

Case(1)の場合、Dが家を出てからどれくらいの期間が経過したのか、また、Dが居住することによって、どの程度居住の形態や使用の態様が変更するか等により、信頼関係が破壊されるかが判断されることとなるが、無為な争いを回避するためにも、あらかじめ承諾を得ておくことが望ましい。もっとも、Cに甲建物を遺贈するとの遺言からすると、A・B間において、使用貸借契約がそもそも成立していないこともありうるため、

先にA・B間の合理的意思解釈により、使用貸借契約の成否を検討するべきである。

　また、(2)・(3)では、当初の使用貸借契約において、さらにこれを転貸し、収益を得ることまで想定されている場合には、許容されるが、収益することが想定されていない場合は、当初の使用目的から逸脱し、所有者の承諾を得ない限り、解除事由となるため、あらかじめ所有者の承諾を得て、転貸するべきである。この場合も、前提となる使用貸借契約がそもそも成立しているのかを、まず検討する必要がある。

【After】

　(1)　新法では、居住建物取得者の承諾を得なければ、第三者に居住建物の「使用」をさせることができない（1038条2項）。もっとも、占有補助者であれば、従前の使用が継続するものとして、居住を続けられるが、Dは、Aの生前からBと同居していないため、占有補助者には該当しない。そのため、Cの同意なく、Bは、Dとともに甲建物の2階部分で暮らすことはできない。

　(2)　配偶者短期居住権は、「第三者に居住建物の使用をさせることができ」ても（1038条2項）、配偶者居住権と異なり、「収益をさせること」はできない（1032条3項）。これは、配偶者居住権の存続期間が「配偶者の終身の間」（1030条本文）であるため不定期・長期間に及びうるのに対し、配偶者短期居住権は、数か月で終了することが想定されており（1037条1項各号）、かような短い期間に収益させることができる可能性が低いだけでなく、従前と同一態様の使用を認め、配偶者の居住を保護するという配偶者短期居住権の目的を超えるため、収益を認める必要が認められないためと考えられる。そこで、配偶者短期居住権によって保護されない収益部分については、別途使用貸借契約の成立の有無を検討することとなる。そして、使用貸借契約の成立が認められる場合には、【Before】の場合と同様、当初の使用貸借契約において、さらにこれを転貸し、収益を得ることまで想定されている場合には、許容されるが、収益することが想定されていない場合は、当初の使用目的から逸脱し、所有者の承諾を得ない限り解除事由となるため、あらかじめ所有者の承諾を得て、転貸するべきである。

　Caseでは、Bは、Aの生前からAの事業をともに営んでいたといった事情は認められず、そもそも使用貸借の成立を認めることが困難であると考えられるため、Eに賃貸することはできない。

　(3)　配偶者短期居住権において、配偶者に認められているのは、居住建物の「使用」のみであって、「収益」は認められてない（詳細は、→ Case 73）。そのため、収益に該当するEへの賃貸は、そもそも配偶者短期居住権の権限として認められていないため、たとえCの承諾を得たとしても、Bは、Eに対し、2階部分を賃貸することはできない。

［全　未来］

Ⅱ……配偶者短期居住権❾

75
第三者による使用の承諾と配偶者短期居住権

Case

　AとBは一人娘Cがいる夫婦であるが、Bは遺言書を作成することなく、突然、他界した。Bには、C以外に、前妻との間に前妻が引き取って育てた息子Dがいた。Bの親族からBの死亡を知らされたDがAとCを訪ね、遺産分割の話し合いを行うこととなった。AとBが居住していたB所有の甲建物は老朽化し、不便な場所にあることから、Aは、Bの他界後に甲をCに譲り、町中にあるマンションに引っ越すことを考えていたが、居住場所は決まっていなかった。話し合いの結果、Cが甲を相続することになった。その話し合いの結論が出る前に、Aは、かねてより遊びにきていた自分の妹Eを甲に住まわせ、自分は旅行に出かけて不在が増えるようになり、Eは、自ら居住するための準備を始めた。Cは、Aに対してどのような主張ができるか。

【Before】

　旧法では、配偶者短期居住権のような制度は認められていなかったため、最判平8・12・17民集50-10-2778で示されたように使用貸借契約が成立したと推認する方法を用いることで配偶者の居住権を確保することとなる。Caseでは、残された配偶者の遺産分割協議が終了するまでの間のAの居住について話し合いが成立したときには、その結果に基づいて対応が決まることになるが、明確な話し合いがなかったとしても、上記平成8年判決の論理によれば、使用貸借契約の成立が推認され、遺産分割協議が調うまで、Aは甲に居住することができると考えられる。したがって、CがAに対してどのような主張ができるかについても、Aの居住の根拠となる法律関係により処理されることになろう。AとCのような親族間の場合には、使用貸借契約の締結、もしくは、上記平成8年判決の考え方に従い使用貸借契約の成立を認めることで解決されることとなろう。Aに甲の居住の継続を認める目的は、Aの居住場所を確保するためであり（594条1項）、Eの使用は契約の目的を超えると思われ、AはCの承諾なしに甲を第三者であるEに使用させることはできない（同条2項）。したがって、AがCの承諾を得ずに、Eに甲を使用させたときには、Cは、594条2項違反を理由として、Aとの使用貸借契約を解除することができる（同条3項）。また、Cが契約を解除しなくても、あく

までもEが甲を使用するという実態に変わったと認められ、その使用の目的に従った使用を終了したと認められ、A・C間の使用貸借契約は終了することになろう（597条2項）。

【After】
　新法では、一定の要件を充足した配偶者は配偶者短期居住権を取得することが認められ（1037条以下）、配偶者の死亡後、残された配偶者は特別な法律構成を考えることなく従前の建物に居住を継続できる。

　配偶者短期居住権は「遺産の分割により居住建物の帰属が確定した日又は相続開始の日から6か月を経過する日のいずれか遅い日」（1037条1項1号）までの一時的な居住の根拠を保障するにすぎないものであるから、その権利の内容はそれに必要な限度で認められることになる。たとえば、配偶者は、従前の用法に従い、善良な管理者の注意義務をもって居住建物を使用しなければならない（1038条1項）ので、Aは、甲について適切な衛生状態を保つなど、建物に損傷を与えることがないよう注意して使用しなければならない。他方で、配偶者居住権と異なり、配偶者短期居住権を取得した配偶者は、居住建物をもって収益を行うことはできない。したがって、賃貸借契約を締結した場合や配偶者居住権を取得した場合とは異なり、配偶者は建物を第三者に貸して賃料を得ることはできないが、配偶者短期居住権が暫定的な権利であることを考慮すれば当然のことであるといえよう。配偶者がその使用にあたって1038条1項に違反した場合には、建物の所有者はこれを理由に配偶者短期居住権の消滅の意思表示をすることができる（1038条3項）。

　また、配偶者短期居住権を取得した配偶者は、居住建物の取得者の承諾を得れば、第三者に居住建物の使用をさせることができる（1038条2項の反対解釈）ので、Aは、Cの承諾があれば、Eに甲を使用させることができる。なお、AがEとともに甲を使用している場合には、EはAの履行補助者の地位に立つと考えられる。そこで、Eが適切に衛生を保持せずに甲を使用をしているなど、Eによる甲の使用が不適切であるのをAが見逃しているような場合には、A自身に善管注意義務違反があるのと同様に考えることができるので、善管注意義務違反を理由として、CはAに対する意思表示により配偶者短期居住権を消滅させることができる。また、Aが甲を長期間の旅行などで空けるようになった後、Eが1人で居住している場合、AはCの承諾を得ずにEに甲を使用させることになり、1038条2項違反を理由に、同条3項に基づき、Cは、Aに対する意思表示により配偶者短期居住権を消滅させることができるものと考える。

［岩田真由美］

II……配偶者短期居住権❿

76 配偶者居住権の取得等と配偶者短期居住権の消滅

Case

AとBが結婚して、子C・Dが生まれた後、Bは死去した。AはEと再婚して、自宅の甲建物（Aの単独所有）に2人で居住していた。

Aが死亡し、E・C・Dの3名で遺産分割協議を行ったが、協議は難航した。協議の結果、Eが配偶者居住権を取得することについてはなんとか合意できたが、甲の所有権をC・Dのいずれが取得するのかという点やその他の遺産についてはまだ合意に至らなかったので、取り急ぎ、「Eが甲につき配偶者居住権を取得し、その他の遺産の遺産分割については追って協議する」という旨の遺産分割協議書を作成した。Eが取得していた配偶者短期居住権はどうなるか。また、その後の遺産分割において、Eの配偶者居住権の評価額はどう計算されるか。

【Before】

旧法には、配偶者の居住の権利について定めた特別の規定は存在しなかった。

判例は、共同相続人の1人が被相続人の許諾を得て遺産である建物に同居してきたときは、特段の事情のない限り、その相続人と被相続人との間で、相続開始時を始期とし、遺産分割時を終期とする使用貸借契約が成立したものと推認している（最判平8・12・17民集50-10-2778）。

Caseでは、（旧法には、そもそも配偶者居住権は存在しないが、）甲建物（の所有権）についての遺産分割がまだ完了していないので、甲の遺産分割が完了するまではそのような使用貸借契約が存続すると解されるのではないか。

【After】

新法では、平成8年判決を参考にして、配偶者に居住建物の無償使用を一定期間認めるという、配偶者短期居住権の制度が創設された（1037条以下。詳細は、→ Case 67）。また、新法では、配偶者が居住建物における終身にわたる居住権を確保できるようにするために、配偶者居住権の制度が創設された（1028条以下。詳細は、→ Case 39等）。

配偶者短期居住権も、配偶者居住権も、配偶者に居住建物の使用を認めるという点で

は機能を同じくしており、その効果も比較的類似しているが（1041条等参照）、発生原因、存続期間および対第三者対抗力の点では大きく異なる。発生原因の点でいえば、配偶者短期居住権は、被相続人の所有する建物にその配偶者が相続開始時に無償で居住していた場合に、誰の意思表示も待たず、相続開始時に当然に発生する権利である。これに対し、配偶者居住権は、関係者の意思表示等によって初めて設定される権利である。

それでは、配偶者短期居住権と配偶者居住権とが重複しそうな場合は、どのように処理されるか。まず、①相続開始後、配偶者短期居住権が存続している間に、配偶者が配偶者居住権を取得した（すなわち遺産分割によって取得した）場合には、配偶者短期居住権は消滅する（1039条）と定められており、配偶者居住権のみが残ることになる。また、②相続開始時に配偶者が配偶者居住権を取得した（すなわち遺贈または死因贈与によって取得した）場合には、配偶者は配偶者短期居住権を取得しない（1037条1項柱書ただし書）と定められており、やはり配偶者居住権のみが残ることになる。

この点、法案作成時の議論では、配偶者短期居住権が原則として6か月以上存続することから、配偶者保護の制度である以上、配偶者居住権が生じた後も配偶者短期居住権の原則的な期間中は全くの無償で住めるようにして、配偶者居住権の評価額を低く抑えるべきではないかという旨の意見もあった（第21回会議議事録21～22頁〔水野紀子〕）。しかし、検討の結果、配偶者居住権の発生原因が発生してもなお配偶者短期居住権は消滅しないとする（その間の居住権の保護は配偶者短期居住権のみとする）ことはできないと整理され、上記のような規定となった（部会資料22-2・2～3頁）。その理由としては、配偶者居住権は、登記請求権や第三者対抗力が認められているなど、配偶者短期居住権よりも強力な権利として構成されているため、配偶者が配偶者居住権を取得した時点から配偶者居住権に基づく居住を認める方が配偶者の居住の保護に資する面もあると考えられること、また、遺産分割によって配偶者居住権を取得する場合は配偶者が自ら希望して取得したといえること、また、遺言・死因贈与によって取得する場合は、持戻し免除の意思表示が認められる場合が多いと思われるため（1028条3項・903条4項）、この点が問題になるのは配偶者が遺留分侵害額請求を受けるような限られた場合のみと思われることが挙げられている。このような立法経緯からすれば、配偶者居住権の評価額の算定において、配偶者短期居住権の通常の存続期間がどの程度残っていたかという点は、特に考慮されないものと考えられる。

なお、配偶者は、配偶者短期居住権が消滅したときは原則として居住建物の返還義務を負うが、配偶者居住権の取得によって配偶者短期居住権が消滅した場合（1039条）には返還義務を負わない（1040条1項本文）。　　　　　　　　　　　　　　　　〔木村真理子〕

Ⅱ……配偶者短期居住権⓫

77
配偶者短期居住権の消滅と建物返還等

Case

Aは、Bと結婚し、その翌年にCが生まれた。Aは、Cが生まれた翌年に一戸建ての住宅（甲建物）を購入し、甲はAの単独所有名義で登記されている。AとBはその後も甲で同居を継続したが、Cは高校卒業後は1人で暮らしていた。

Aは死亡し、遺産は甲だけであった。Cは、甲を単独で所有することを希望したが、甲の時価が4,000万円であるところ、代償金を1,000万円しか用意できなかった。そこで相続開始から1年後に、甲を共有（持分割合は、Bが4分の1、Cが4分の3）とする遺産分割協議書を作成した（甲の返還については記載がない）。Cは、Bに対して甲の返還を求めることができるか。

【Before】

判例は、共同相続人の1人が被相続人の許諾を得て遺産である建物に同居してきたときは、特段の事情のない限り、その相続人と被相続人の間で、相続開始時を始期とし、遺産分割時を終期とする使用貸借契約が成立したものと推認していた（最判平8・12・17民集50-10-2778。詳細は、→ Case 67）。

Case においてBが使用貸借契約に基づいて無償で居住する権利を取得していたとしても、これは、遺産分割時を終期とするものであるから、遺産分割時に消滅する。

ただし、配偶者が共有持分を有するときは、仮に他の相続人の持分が多い場合であっても、「当然にその明渡を請求することができるものではない」とされていた（最判昭41・5・19民集20-5-947）。

【After】

新法は、配偶者について、居住建物を無償で使用する権利（配偶者短期居住権）を認めた（1037条以下）。そのため、Case において、Aの配偶者であり、A死亡時に甲建物において同居していたBは、上記規定に基づいて、甲に無償で居住する権利を取得する。しかし、これは「法定の債権」であるところ、「居住建物について配偶者を含む共同相

続人間で遺産の分割をすべき場合」の終期は、「遺産の分割により居住建物の帰属が確定した日又は相続開始の時から6箇月を経過する日のいずれか遅い日」である（1037条1項1号）。**Case** では、相続開始の時から1年が経過した後に遺産の分割により甲の帰属が確定しているから、配偶者短期居住権は消滅する。

ここでは、「遺産の分割により居住建物の帰属が確定した」ことが要件であり、配偶者が共有持分を有するか否かは考慮されない。このことは、配偶者が共有持分を有する場合であっても、配偶者短期居住権は消滅することを意味している。この点、遺産分割の本来のあり方としては、遺産共有状態を解消して、財産をどう分けるかを最終的に決めることが望ましい。しかし、**Case** においてCが十分な代償金を用意できなかったように、具体的事案においては、共有として解決する場合もある。このような例外的な分け方がされた場合であっても、基本的には遺産分割で、最終的にそういう形で遺産を分けるということが決まった以上は、少なくとも相続を原因として若干不安定な遺産共有の状態になっていたことは解消するため、配偶者短期居住権は消滅すると整理されたものである。この点については、配偶者「短期居住権というのは、遺産分割が終了するまでの暫定的な権利関係が生じている期間については、特別に配偶者を保護してもそれほど問題は生じないのではないかという問題意識に基づくもの〔な〕ので、遺産分割終了後も共有状態が続く場合があるとしても、通常の場合と同様の取扱いをする」、すなわち配偶者短期居住権は消滅すると説明されていた（第2回会議議事録2頁〔堂薗幹一郎〕）。

新法は、配偶者が配偶者居住権を取得した場合を除いて「配偶者短期居住権が消滅したときは、居住建物の返還をしなければならない」ことを原則としている（1040条1項本文）。これは、「使用貸借については、債権法改正法案において、その契約が終了した時点における目的物の返還義務が規定されているところ」、配偶者短期居住権についても「その趣旨が妥当する」ためである（部会資料21・5頁）。

この規律によると、**Case** においても「配偶者短期居住権が消滅したとき」という要件を充たすところから、Bの返還義務が認められそうである。

しかし、配偶者が共有持分を有する場合であっても、配偶者短期居住権が消滅することは、そのまま返還義務を認めることを帰結するわけではない。新法は、「配偶者が居住建物について共有持分を有する場合は、居住建物取得者は、配偶者短期居住権が消滅したことを理由としては、居住建物の返還を求めることができない」としている（1040条1項ただし書）。このような例外を設けたのは、配偶者が居住建物について共有持分を有している場合には、配偶者は配偶者短期居住権が消滅したときでも、なお自己の共有持分に基づいて居住建物を使用することができることに配慮したものである。「その後の法律関係については、共有の法理に委ねる」と説明されている（第25回会議議事録1～3頁〔倉重龍輔〕）。

〔中込一洋〕

II……配偶者短期居住権⓬

78 配偶者短期居住権の消滅と附属物収去等

Case

　AとBは長年連れ添った夫婦であったが、遺言書を作成しないままBが他界した。AとBにはすでに結婚している2人の娘CとDがいた。Aは、遺産分割の話し合いが終わるまで、AとBが長年暮らしていたB所有の甲建物に居住を継続することとなった。Aは、従前から、自分より先にBが他界した場合には、甲を出てマンションなどに引っ越すことを考えていたが、転居先はまだ見つからなかった。遺産分割については折り合いがなかなかつかず、思いのほか長引いていたところ、Aにとっては長年自宅として暮らしていた建物であったことから、しばらく従前同様に生活していたが、独居生活の不安から甲のあちこちに人感センサー付きの照明を設置することにした。やがて遺産分割の話し合いが終了し、甲はDが相続することとなった。まだ転居先の見つからないAは、当面、Cと一緒に居住することにして甲を退去することとなったが、Dは早々に甲を第三者Eに譲渡することとした。DとEとの間では、Bの死亡時点の状況に戻して譲渡することに決めたが、Aは自らが附属させたものについては、どのような対応をすればよいのか。

【Before】

　旧法には、配偶者短期居住権の制度が存在しなかったため、配偶者が居住の根拠を確保するためには、最判平成8・12・17民集50-10-2778の論理に従って使用貸借契約が成立しているものと考えるか、もしくは、建物の所有者との間で建物を使用する根拠となる契約関係を結ぶことが必要であった。したがって、**Case**では、Aにより甲の居住の根拠となっているそれぞれの法律関係に基づいて、A自らが附属させた物についての対応をすることとなる。家族・親族関係がよほど悪化している場合を除いては、残された配偶者がそのまま無償で当該建物に居住することを家族・親族内で認めることも多いと考えられることから上記平成8年判決に従って使用貸借契約が成立することが多いと思われ、これに従って規律されることとなろう。したがって、附属させた物の収去に関して定めた新599条に従って解決することとなり、原則として、Aは附属させた照明を収去する義務があるが、その収去に過分な費用を要する場合には、収去を行う必要は

ない（新599条1項）。収去を行うことができない場合には、AとDもしくはEとの間で金銭的な解決を図ることになろう。

【After】

　今回の相続法改正により配偶者短期居住権の制度が導入された（1037条以下）ので、**Case**において、Aがどのように対応をするのかについても法が規定している。法は、配偶者が配偶者居住権を取得したことを理由に配偶者短期居住権が消滅した場合を除いて、配偶者は居住建物を返還しなければならない（1040条1項本文）。建物の返還にあたって、配偶者が相続開始後に附属させた物がある場合には、599条1項および2項の準用により処理されることが規定されている（1040条2項）。すなわち、相続の開始後に配偶者自らが附属させた物がある場合には、それを収去する義務を負い（599条1項本文）、また、自ら収去する権利を有することになる（同条2項）。ただし、配偶者が附属させた物であっても分離することができない場合や分離するのに過分な費用を要する場合については、配偶者は収去義務を負わないこととされた（同条1項ただし書）。たとえば、**Case**の場合、Aの独居生活の便宜のために設置された人感センサー付きの照明が、壁にねじ止めをするだけという簡易な構造の取り付けによって設置されている場合には、ねじを外すだけで取り外せることから、Aは照明を収去する義務を負う。これに対して、大がかりな工事を行い、壁面に埋め込む形で設置された照明の場合には、その照明を収去するためには過分の費用を要する、もしくは、分離することが困難であると考えられ、Aは収去義務を負わないことになる。

　なお、配偶者は収去義務に加えて収去の権利も有することから（599条2項参照）、Aが自ら設置した照明が大変気に入っており、その照明を次の居住場所でも使用したいという事情がある場合には、自らが収去する権利を有すると考えられる。　　［岩田真由美］

Ⅱ……配偶者短期居住権⑬

79 配偶者短期居住権の消滅と原状回復義務

Case

　AとBは長年連れ添った夫婦であったが、Bが遺言書を作成しないまま他界した。AとBには結婚して家を出ているCとDがいた。Aは遺産分割の話し合いが終わるまでは、AとBが長年暮らしていたB所有の甲建物に居住を継続することとなった。Aは、従前から、自分より先にBが他界した場合には、甲を出てマンションを探して引っ越す予定だったが、転居先はまだ見つからない状況であった。遺産分割の話し合いが思いのほか長引いたことから、Aは従前同様の生活を続けていた。遺産分割の話し合いが終了し、また、A自身も当面の間、Cと一緒に居住することとなったので甲を退去することになったが、甲を相続したDは、甲を第三者に譲渡することを決めた。Aは甲に居住している間に、体調を崩しがちであり、ゴミを捨てないまま過ごしたことも多く、床が汚損されてしまっていた。この場合、Aは甲返還時にどのような対応をしなければならないか。裏の空き地で子どもたちが遊んでいるときに、Aの居住している甲に向かってボールを投げて遊んでいたために、家の壁が汚損された場合はどうか。

【Before】

　旧法には、配偶者短期居住権の制度がなかったため、配偶者が居住の根拠を確保するためには、建物所有権を取得するか、最判平成8・12・17民集50-10-2778の論理に従って使用貸借契約が成立しているものと考える、もしくは、建物の所有者との間で建物を使用する根拠となる契約関係を結ぶことが必要であった。この場合、配偶者の居住の根拠となるそれぞれの法律関係に基づいて、その対応が決まるであろう。**Case**では、すでに家を出ているC・DとAが相続人となることから、Aは甲について使用貸借契約の成立を根拠として、甲に居住を継続すると考えるのが、自然な構成であると思われる。使用貸借契約の成立を前提に考えると、新599条2項本文により処理されることになる。Aが、ゴミをため込んだことにより甲を汚損した点については、自らの責任に基づく汚損であるから、その汚損について原状に復さなければならない。これに対して、子どもたちがボール遊びをした結果、壁が汚損されたとき、Aが積極的に容認していたな

どの事情がない限りは責任がないともいえ、少なくとも保護者に対して子どもに対する適切な指導を求めるなどしたときには適切な責任を果たしたものとして、新599条3項ただし書により、Aは原状に復する義務を免れることとなる。建物の所有者は、建物の汚損を生じさせた当事者に対して、不法行為に基づく損害賠償（709条）を求めていくことになろう。

【After】
　新法では配偶者短期居住権が創設されたことで、Caseのような場合の配偶者の居住の根拠が明確になると同時に、法律関係についても明確に規定された。配偶者短期居住権が消滅した場合には、居住建物をその所有者に返還しなければならない（1040条）と規定され、Aは配偶者居住権（1028条以下）を取得したことによって配偶者短期居住権が消滅した場合を除いて（1039条）、甲を相続したDに当該建物を返還することとなる。
　Caseでは、Aがゴミをため込んでしまったことで甲建物を汚損している。Aがそのような使用をしている場合、善管注意義務違反があるといえ（1038条1項）、Dの意思表示により配偶者短期居住権が消滅させることが可能である。したがって、Aは甲を返還しなければならないが、まず、1040条2項において、「相続の開始後に生じた損傷がある居住建物の返還をする場合について」、賃貸借契約に関する621条の規定が準用され、配偶者は、賃借人が負う原状回復義務と同様の義務を負うものとされている。したがって、配偶者は、通常の使用によって生じた建物の損耗ならびに賃借物の経年変化による損傷を除いて相続開始後に生じた損傷について原状に復する義務を負う。ただし、賃借人の原状回復義務と同様に、配偶者の責めに帰することができない事由により生じた損耗については、配偶者は原状回復の義務を免れることになる。
　これを前提にCaseを考えると、Aは自らがゴミを適切に処分しなかったことにより、床を汚損しており、Aの責めに帰すべき事由による汚損であるといえるので、Aは汚損した床を相続開始時のきれいな状況に戻さなければならないが、相続開始時に使用していた床板と同等のものを貼らなければ原状に復したことにはならないであろう。一方、相続開始時に使用していた床板よりも上質の床板を使用した場合には、建物の価値を増加させ、配偶者が有益費を支出したものと考えることができ、1041条により準用される1034条2項・583条2項により、費用負担の処理をすることになろう。これに対して、近所の子どもたちがボールを甲に投げたことによって壁の汚損が生じた場合、A自身が子どもたちやその保護者に必要な注意を与え、その行動を中止するよう求めていたときには、A自身の責めに帰することができない事由により生じた損傷と考えられ、A自身は汚損箇所を原状に復する義務は負わないものと考えられる。建物の所有者は、建物の汚損を生じさせた当事者に対して、不法行為に基づく損害賠償（709条）を求めていくことになろう。

［岩田真由美］

II……配偶者短期居住権⓮

80
配偶者の死亡と配偶者短期居住権

Case

　Aには子Cがおり、Bには子Dがいたところ、AとBは結婚して自宅の甲建物（Aの単独所有）に2人で居住することとなった。
　その後、Aが死亡し（遺言はなかった）、相続人であるBとCの2人で遺産分割協議を行っていたが、協議がなかなか進まなかったので、Bは甲に住み続けていた。ところが、遺産分割協議が完了する前にBが死去し、DがBを単独で相続して、甲に住むようになった。その後、CとDとの遺産分割協議により、Cが単独で甲を取得することとなった。

【Before】

　旧法には、配偶者の居住の権利について定めた特別の規定は存在しなかった。
　判例は、共同相続人の1人が被相続人の許諾を得て遺産である建物に同居してきたときは、特段の事情のない限り、その相続人と被相続人の間で、相続開始時を始期とし、遺産分割時を終期とする使用貸借契約が成立したものと推認している（最判平8・12・17民集50-10-2778）。
　上記平成8年判決により共同相続人が建物への居住を認められたが、遺産分割が完了する前にその共同相続人が死去した場合には、使用貸借契約を推認するという法律構成からみて、建物の占有権原はその共同相続人の死去によって終了し（債権法改正前599条、新597条3項）、相続されることはないものと思われる。
　このように、使用貸借の借主の死亡により使用貸借が終了すると定められている趣旨は、使用貸借は借主に無償で利益を与えるものであって、借主個人に対する信頼や特別の考慮を基礎として行われるものだからである。

【After】

　新法では、上記平成8年判決を参考にして、配偶者に居住建物の無償使用を一定期間認めるという、配偶者短期居住権の制度が創設された（1037条以下。詳細は、→ Case 67）。
　配偶者が配偶者短期居住権を取得したが、その終期が到来する前に配偶者が死亡した場合には、使用貸借契約の規定の準用により（1041条）、配偶者短期居住権は配偶者の

死亡によって終了し（597条3項）、相続されないこととなる。

　その趣旨は、配偶者短期居住権は、配偶者の居住状態を保護するための制度だからである。すなわち、配偶者が相続開始によってそれまで居住していた建物から直ちに退去しなければならなくなる事態を生じさせないようにするために設けられたものであるから、当の配偶者が死亡した場合には、他の相続人等の利益を制限してまで、配偶者短期居住権を存続させる意義がなくなるからであるといわれている（中間試案補足説明6頁）。また、この点につき使用貸借の終了の規定が準用されている（1041条）理由は、「配偶者短期居住権は、配偶者個人に対する特別の考慮を基礎として、無償で占有を認める制度であるから、配偶者の死亡により終了させるべき」とされている点で、使用貸借の終了の制度趣旨（→【Before】）と符合するからだと考えられる。

　配偶者の死亡によって配偶者短期居住権が消滅した場合には、配偶者が本来負担すべき居住建物の返還義務（1040条1項本文）および原状回復義務（1040条2項・621条）等の義務は、配偶者の相続人が負担することになる（中間試案補足説明6～7頁）。

　ただし、配偶者短期居住権が消滅した場合でも、配偶者が居住建物の共有持分を有する場合には、居住建物取得者は、配偶者短期居住権が消滅したことを理由としては、居住建物の返還を求めることができず（1040条1項ただし書）、法律関係は共有の一般法理に委ねられる（部会資料25-2・4頁）。このように、共有の一般法理に委ねるという仕組みからみても、1040条1項ただし書の規定は、配偶者が死亡した場合の配偶者の相続人についても同様に適用されるものと思われる。

　したがって、**Case**では、Aの死亡後、Bは配偶者短期居住権を有していたが、Bが死去した時点でこの配偶者短期居住権は終了した。

　他方で、BはAからの相続に基づく遺産共有持分も有しており、これがDに相続されるため、Cは、配偶者短期居住権が消滅したことを理由としては甲建物の返還を求めることはできない（1040条1項ただし書）。また、共有の一般法理にかんがみれば、Dは甲の2分の1の共有持分を有することから（900条1号）、Cは管理方法を変更（252条本文）してDに対し甲の返還を求めることもできないと思われる（ただし、Dが善管注意義務に違反した使用により建物の価値を減少させるおそれがある場合には、Cから保存行為〔252条ただし書〕として返還を請求できることもありうる。部会資料25-2・4頁）。

　また、Dの占有によりCの持分に応じた使用が妨げられた場合には、共有の一般法理に従い、CはDに対し自己の持分割合に応じて賃料相当額の不当利得金等の支払を請求できる場合があると考えられる（最判平12・4・7集民198-1）。

　そして、Cが単独で甲を取得した時点で、Dの占有権原は消滅するので、Dは甲の返還義務等を負うことになる。

〔木村真理子〕

II……配偶者短期居住権⑮

81 配偶者短期居住権の消滅と損害賠償請求等

Case

Aが死亡し、その妻BとCがAの相続人として遺産分割協議を行っている。Aの遺産はBと同居していたA所有の甲建物と、預貯金である。遺産分割協議が成立するまでの間、BはAの生前と同じく甲に居住していたが、甲に火災が発生し、甲が全焼してしまった。この場合の法律関係はどうなるのか。

【Before】

　旧法には、配偶者短期居住権について定めた特別の規定は存在しなかった。この点、判例上、共同相続人の1人が相続開始前から被相続人の許諾を得て、遺産である建物に被相続人と同居してきたときは、特段の事情のない限り、被相続人と相続人との間において、建物について、相続開始を始期とし、遺産分割時を終期とする使用貸借契約が成立していたものと推認される（最判平8・12・17民集50-10-2778。詳細は、→ Case 67）とされたものがある。この判例に従えば、配偶者は、特段の事情がない限り、遺産分割が成立するまでは、使用貸借契約に基づき建物を使用していることになるが、その間に居住建物が不可抗力により全焼した場合には、その時点で使用貸借契約は終了する。

　また、遺産分割の対象となる財産は遺産分割時を基準とすることが多数説（東京家審昭44・2・24家月21-8-107等）であることから、遺産分割時に居住建物が全焼してしまっていた場合には居住建物自体は遺産分割の対象にならない。Bが損害賠償責任を負う場合や火災保険金請求権が発生している場合であれば、代償財産となる。代償財産が遺産分割の対象になるかについて、判例は「共同相続人が全員の合意によって遺産分割前に遺産を構成する特定不動産を第三者に売却したときは、その不動産は遺産分割の対象から逸脱し、各相続人は第三者に対し持分に応じた代償債権を取得し、これを個々に請求することができる」としており、原則として遺産分割の対象にはならないとしている（最判昭52・9・19家月30-2-110）。そのため、甲が全焼した場合には、全焼した甲は、可分債権である代償財産が発生する場合には、個々の相続人が自己の法定相続分の割合でその可分債権を取得することになるが、遺産分割の対象にはならない。なお、学説では代償財産も相続財産を構成し、遺産分割になるとする見解（肯定説）が多い。肯定説に

は、可分債権に関する判例法理に反対し、可分債権であっても弁済前は遺産分割の対象となるとする見解もあり、この見解によれば本件のような代償財産であっても遺産分割の対象となる。もっとも、肯定説によっても、代償財産が金銭債権などの可分債権であるときは、可分債権に関する判例法理を否定しない見解もあり、この見解からは代償財産である債権は相続財産を構成するが、遺産共有とはならずに、可分債権として相続分に応じて当然に分割されるため、結論としては判例と同じになる。

【After】
　新法は、遺産分割協議前において、配偶者が居住建物に居住することができるように配偶者短期居住権を新設した（1037条）。
　そして、配偶者短期居住権に基づき、配偶者が居住建物に居住する場合の規律も定めている。甲が全部滅失してしまった場合には、甲の全部が使用することができなくなっているので、配偶者短期居住権は消滅する（1041条・616条の2）。配偶者短期居住権は、遺産分割協議が成立しない間、配偶者の相続開始時の居住状況を維持して配偶者の生活の保護を図るものであるため、甲の全部滅失等により使用できない以上は消滅するのはやむをえない。
　また、甲が遺産分割協議前に全部滅失してしまっているため、旧法と同様に甲自体は遺産分割の対象とならない。
　もっとも、配偶者短期居住権は消滅したとしても、配偶者が損害賠償責任を負う場合や火災保険金請求権が発生する場合であれば、それらは代償財産となる。代償財産については、旧法と同様の規律となり、判例によれば、原則として遺産分割の対象にはならないことから、個々の相続人がそれぞれ法定相続分に従い可分債権を取得することになる。
　なお、甲が残っている場合には、遺産分割の対象になり、相続人のうち誰かが甲の所有権を取得することになる。この場合、配偶者以外の者が甲の所有権を取得した場合、その所有者は、配偶者が配偶者短期居住権に基づき居住していた際に、配偶者が損害を発生させた等の事情がある場合には、その配偶者に対し、損害賠償を請求することになる。
　Caseの場合、甲が全焼してしまった時点で、配偶者短期居住権は消滅することになる。

［角田智美］

II……配偶者短期居住権⓰

82
配偶者短期居住権の譲渡禁止

Case

被相続人Aは、Bと婚姻し、子Cをもうけ、Aが単独名義で所有する甲建物に居住していた。

その後、Aが死亡し、その遺言において、甲をCに遺贈する旨が記載されていたため、Cは、Bに対し、配偶者短期居住権の消滅の申入れを行った。

Bは、申入れを受けた当日、配偶者短期居住権が消滅する前にグループホームへ入居することを決意したが、配偶者短期居住権が消滅するまで6か月弱あることから、第三者に配偶者短期居住権を譲渡し、譲渡対価を入居費用に充てることを考えた。この場合において、

(1) Bは、第三者Dに対し、配偶者短期居住権を譲渡することはできるか。
(2) Bは、Cに対し、配偶者短期居住権を譲渡することはできるか。

【Before】

旧法において、配偶者短期居住権に関する規律はなく、判例によることとなる。

Case(1)において、A・B間に使用貸借契約が成立したと認められる場合において、Dに譲渡しようとするとき、そもそもBに使用貸借が認められているのは、A・B間、またはB・C間における親族関係の存在があること、また、Bの住居を確保する必要があるとの配慮を根拠としていると考えられる。そうすると、Dに譲渡するとき、すなわち、Bがグループホームへ入居する時点では、Bの住居を確保する必要性はもはや失われたというべきであって、その時点で、目的に従った使用を終了したとして、使用貸借契約は消滅するというべきである（旧597条2項）。そのため、この場合において、BがDに使用貸借契約における借主たる地位を譲渡するためには、CにおいてDが借主となる新たな使用貸借契約を認める承諾を要する。

もっとも、6か月の期間を定めた使用貸借契約が成立したと認められる場合には、Bがグループホームに入居することとなっても、当然には終了しない（旧597条1項）。しかし、使用収益の態様の変更を伴う以上、所有者たるCの承諾を得ない限り、解除事由となることから、Bは、所有者たるCの承諾を得て、Dに、その使用貸借の借主たる地位を譲渡すべきである。

また、**Case**(2)のように所有者に譲渡する場合であっても、**Case**(1)と同様、原則として、目的に従った使用を終了したとして、使用貸借契約は消滅するというべきであり、使用貸借の期間を定めた場合であっても、所有者の承諾を要することとなる。この場合、借主たる地位を譲り受けることを、所有者が承諾していれば、譲渡することができ、特段の留保を付さない限り、貸主たる地位と借主たる地位とが混合し、使用貸借契約は当然に終了することとなる。

【After】

　新法下においては、配偶者短期居住権を譲渡することが明文で禁じられている（1041条・1032条2項）。これは、配偶者短期居住権は、そもそも、配偶者の居住建物における短期の居住を保護するための制度であって、配偶者に経済的負担なく当然に成立するものであるため、譲渡を認める必要性が乏しいこと、また、配偶者居住権についても、譲渡禁止の規定が設けられていること（1032条2項）との平仄を合わせるため、規定されたものである（部会資料26-2・1頁）。

　そのため、Bは、**Case**(1)の第三者Dに対しても、**Case**(2)の所有者Cに対しても、配偶者短期居住権を譲渡することはできない。

　なお、配偶者居住権についても譲渡することが禁じられている（1032条2項）が、配偶者居住権は、配偶者短期居住権と異なり、部会第25回会議までは、当初想定していたよりも早期に転居する場合の生活費等を取得する手段として、配偶者居住権の譲渡が認められていた。

　これに対し、配偶者短期居住権については、当初から譲渡を認めないこととされている。これは、配偶者短期居住権が、被相続人の生前は、被相続人の占有補助者であった配偶者につき、相続開始後に独自の占有権原を付与することにより、従前と同一態様の使用を認め、配偶者の居住権を保護するという配偶者短期居住権の目的のために認められたものであり、譲渡を認める必要はないこと（中間試案補足説明6頁）から、譲渡は、そもそも認められていなかったものと考えられる。

　　　　　　　　　　　　　　　　　　　　　　　　　　　　　　　〔全　未来〕

II……配偶者短期居住権⓱

83
配偶者短期居住権と建物の修繕等

Case

Aが死亡し、その妻BとCがAの相続人として遺産分割協議を行っている。Aの遺産はBと同居していたA所有の甲建物と、預貯金である。遺産分割が成立する前に、Bが甲に居住していたところ、異常気象による大雨の影響により雨漏りが発生し、修繕をしなければならなくなってしまった。Bは、雨漏りの修繕をすることができるのか。

【Before】

旧法には、配偶者短期居住権について定めた特別の規定は存在しなかった。配偶者は、相続開始前は被相続人の占有補助者として居住建物に居住していたことになるが、相続開始後は占有補助者としての資格を失うため、配偶者を保護する必要が生じていた。この点、判例上、共同相続人の1人が相続開始前から被相続人の許諾を得て、遺産である建物に被相続人と同居してきたときは、特段の事情のない限り、被相続人と相続人との間において、建物について、相続開始を始期とし、遺産分割時を終期とする使用貸借契約が成立していたものと推認される（最判平8・12・17民集50-10-2778。詳細は、→Case 67）とされたものがある。この判例に従えば、配偶者は、特段の事情がない限り、遺産分割が成立するまでは、使用貸借契約に基づき建物を使用することができることになる。使用貸借契約について正面から修繕を規律した規定は存在しないが、595条1項において通常の必要費は借主の負担とすることが規定されている。通常の必要費には、家屋の修繕費のうち、大修繕費は入らないが、普通の応急的小修繕費用が含まれるとされている（我妻・有泉407頁）。つまり、この規定に基づけば、普通の応急的小修繕については、費用を負担する借主Bが修繕することになる。

もっとも、雨漏りなどによる大修繕は、普通の小修繕費とはいえず通常の必要費には含まれないため、Bがいったんは修繕することになり、建物を返還する際の費用償還請求の問題となる（595条2項・583条2項）。

旧法においては、このように使用貸借契約の一環としての規律がなされていたにすぎなかった。

【After】
　新法は、遺産分割協議前において、配偶者が居住建物に居住することができるように配偶者短期居住権を新設した（1037条）。配偶者短期居住権については、配偶者が通常の必要費を負担することとし、それ以外の費用は居住建物の所有者の負担として、使用貸借契約における規定（595条）と同様に規律されている。もっとも、使用貸借契約においては、修繕義務の内容も個々の契約に委ねられるため、修繕義務に関する任意規定がおかれていないが、短期居住権は法定債権であることから、修繕義務の内容について規定が設けられた（部会資料23-2・2頁）。
　修繕義務の内容は、配偶者居住権の規定を準用している（1041条・1033条）。配偶者居住権と配偶者短期居住権については、賃貸借契約において、原則として賃貸人が修繕義務を負うこと（606条1項）と異なり、第一次的な修繕権が配偶者に認められた。建物所有者に第一次的な修繕権を与えるとする案も提示されたが、①配偶者の即時の修繕が必要であること、②配偶者に通常の必要費を負担させる（1041条・1034条1項）ことにした以上、配偶者に修繕権を認めるべきであること、③配偶者に修繕権が認められないと、紛争性のある事案で配偶者を退去させる口実に使用されるおそれがあることなどから、配偶者に第一次的な修繕権が認められたものである（1041条・1033条1項。部会資料24-2・2頁）。この場合、配偶者は所有者に通知義務を負うことなく修繕することができる。
　他方、修繕が必要な場合、配偶者が相当の期間内に必要な修繕をしないときは、居住建物の所有者がその修繕をすることができるとされた（1041条・1033条2項）。所有者としては、配偶者が修繕しないのであれば、自己の建物を修繕して価値を維持する機会が保障されるべきだからである。
　加えて、配偶者が自ら修繕しない場合には、配偶者が所有者に対して修繕の必要性を通知する義務も規定された（1041条・1033条3項）。使用貸借契約においてはこのような修繕義務の通知の規定は存在しないが、賃借人の通知義務（615条）を参考に規定されたものである。615条の趣旨は、賃貸人が修繕義務を負うことを前提に、賃借人に通知義務を課すことよって必要な修繕をする機会を賃貸人に与え、修繕の必要な状態にある賃借物が放置されて荒廃するという損失が生じないようにする点にあるところ、配偶者が修繕しない場合には、所有者に賃貸人と同様に修繕の機会を与えるべき点で共通しているからである。
　また、居住建物について権利を主張する者があるときは、配偶者は遅滞なく、その旨を通知しなければならないとされた（1041条・1033条3項）。
　Caseでは、甲の第一次的な修繕権はBにあるため、Bは雨漏りの修繕をすることができる。

［角田智美］

II……配偶者短期居住権❶⓲

84
配偶者短期居住権と費用負担

Case

　Aが死亡し、その妻Bと子CがAの相続人として遺産分割協議を行っている。Aの遺産はBと同居していたA所有の甲建物と、預貯金である。遺産分割が成立する前に、Bが甲に居住している場合、固定資産税等の費用は誰が負担するのか。

【Before】

　旧法には、配偶者短期居住権について定めた特別の規定は存在しなかった。配偶者は、相続開始前は被相続人の占有補助者として居住建物に居住していたことになるが、相続開始後は占有補助者としての資格を失うため、配偶者を保護する必要が生じていた。この点、判例上、共同相続人の1人が相続開始前から被相続人の許諾を得て、遺産である建物に被相続人と同居してきたときは、特段の事情のない限り、被相続人と相続人との間において、建物について、相続開始を始期とし、遺産分割時を終期とする使用貸借契約が成立していたものと推認される（最判平8・12・17民集50-10-2778。詳細は、→ Case 67）とされたものがある。この判例に従えば、配偶者は、特段の事情がない限り、遺産分割が成立するまでは、使用貸借契約に基づき建物を使用することができることになる。そして、使用貸借における費用負担は595条に規定されている。すなわち、通常の必要費は借主である配偶者が負担することになる（同条1項）。他方、通常の必要費以外は買戻しの規定（583条2項）が準用されるため、196条に基づく規律となり、いったんは借主である配偶者が負担することになる。有益費については、建物返還時に価値の増加が現存していれば、借主である配偶者は、貸主に対し、その選択に従い、その支出した金額または増加額の償還を請求することができる。

　そして、固定資産税等の費用は、通常の必要費に該当する（東京地判平9・1・30判時1612-92）ことから、使用貸借契約に基づけば、借主であるBが負担することになる。

　旧法においては、このように使用貸借契約の一環としての規律に従って費用負担をすることになっていた。

【After】

　新法は、遺産分割協議前において、配偶者が居住建物に居住することができるように配偶者短期居住権を新設した（1037条）。

　そして、配偶者短期居住権の新設に伴い、その内容等についても詳細な規定が設けられた。費用負担については、配偶者短期居住権が使用貸借に類似することから、使用貸借契約の場合と同様の規律とされた。すなわち、通常の必要費は配偶者の負担となる（1041条・1034条1項）。他方で、通常の必要費以外のその他の必要費（例えば、不慮の風水害により家屋が損傷した場合の修繕費）や有益費（例えば、リフォームの工事をした場合の費用）については、買戻しの規定（583条2項）が準用されるため、196条に基づく規律となる。通常の必要費以外の必要費（特別の必要費）を配偶者が負担したときは、建物所有者は返還時に配偶者の負担額を償還することになる。他方、有益費を配偶者が負担したときは、その価格の増加が現存する場合に限り、建物所有者の選択に従い、配偶者はその支出した金額または増加額の償還を請求することができることになる。この場合、裁判所は、建物所有者の請求により、償還について相当の期限を許与することができる（1041条・1034条2項、583条2項）。これは、配偶者短期居住権が使用貸借契約と類似するため、使用貸借と同様の規律とされることから、賃借人が賃貸人に対し直ちに必要費の返還を請求できる賃貸借契約（608条1項）とは異なるものである。

　なお、配偶者が建物所有者に費用償還請求をする場合には、配偶者短期居住権が消滅し、配偶者が居住建物を返還してから1年以内に行わなければならない（1041条・600条1項）。

　また、条文構造上、配偶者短期居住権の費用負担は、配偶者居住権の規定を準用している（1041条・1034条）。配偶者居住権は賃貸借契約に類似するものであるが、建物所有者の負担を考慮し、使用貸借契約と同様の規律が設けられた。そのため、使用貸借契約に類似する配偶者短期居住権について配偶者居住権の規定が準用されたものである。

　Case では、固定資産税等の通常の必要費はBの負担になるが、それ以外の臨時の必要費や有益費は、最終的にその居住建物の所有権を取得することになる者が負担することになる。

［角田智美］

II……配偶者短期居住権⑲

85
配偶者短期居住権の明文化と内縁の配偶者

Case

　A男は、勤め先の企業主の娘であるB女と結婚し、一子Cをもうけたが、Bの両親と同居する結婚生活はAにとって辛いものであり、A・Bの夫婦仲は悪かった。やがてAはD女と恋に落ち、勤め先を退職して、Dとともに遠隔地に転居した。Bは、裕福な実家でCを育てる生活を続け、Aの離婚申入れに応じることはなかった。A・Dの共同生活は、30年あまりに及んだが、Bの離婚拒絶によって内縁のままにとどまった。Aが遺言を遺さずに急逝し、A名義の遺産は、A・Dの居住不動産である甲不動産と預金である。甲は、Aがその父から相続した資産を頭金に購入し、Aが再就職してからローンを支払って完済したものである。DはB・Cから甲を明け渡して遺産のすべてを引き渡すように請求された。Dは、拒絶できるだろうか。

【Before】

　CaseのA・Dの関係は、いわゆる重婚的内縁といわれるものである。

　最初に、内縁についての判例と学説を概観する。明治民法には、法定推定家督相続人同士が結婚できないなどの不合理な「家」制度の婚姻障がいが存在し、足入れ婚の悪習もあったため、学説は、主に内縁不当破棄に不法行為による損害賠償を認めるために、内縁に婚姻の効果を準用する内縁準婚理論を創唱した。戦後これらの婚姻障がいが廃止された後、最判昭33・4・11民集12-5-789は、内縁不当破棄に不法行為責任を認め、760条を内縁に準用した。この判例が内縁準婚理論を採用したことにより、法律婚と内縁との相違は、配偶者相続権と子の嫡出性のみとされてきた。

　しかし内縁準婚理論については、古くから一律の準用を批判して段階的な保護を主張する批判があったほか、近時は、法律婚の婚姻意思がない内縁に婚姻効果を準用すること自体への批判、つまり内縁準婚理論否定説をとる学説も多い。他方、夫婦同氏を免れる目的の事実婚保護のために内縁準婚理論を再評価する学説がある。内縁準婚理論を採る学説は、内縁の死亡解消の場合も、768条の類推適用によって事実上の配偶者相続権を承認すべきだと主張してきた。しかし最決平12・3・10民集54-3-1040は、768条の類推適用を否定してこの解釈を採らなかった。

また **Case** の内縁は、重婚という婚姻障がいゆえに生じた内縁である。重婚的内縁は、消極的破綻主義判例の浸透とともに増加したもので、重婚的内縁に保護を及ぼすことは重婚を認めることに通じるため、内縁準婚理論の難問となっている。判例は、社会立法の効果については、法律婚の妻の農林漁業団体職員共済組合法の遺族年金受給請求を否定した最判昭58・4・14民集37-3-270のように法律婚の完全な形骸化を条件に内縁配偶者を保護するが、民法上の効果については、判例の立場は明らかではない。とりわけ被相続人が有責配偶者にあたるために離婚が困難であったと思われる **Case** の重婚的内縁では、通常の内縁と同様の保護を与えることには困難がある。

　Case と同様に、相続人から内縁配偶者への家屋明渡請求という事案では、最判昭39・10・13民集18-8-1578という先例があり、相続人からの請求を権利濫用として封じている。しかしこの判例は、内縁準婚理論がほとんど異論のない通説判例であった頃の、かつ戦後の住宅難で居住権保護が強く要請された時代のものであり、事案としても相続人は離縁することが決定していた養子で、離縁手続未了のうちに被相続人が死亡した事情があった。Dがこの判例を援用して明渡しを拒めるかどうかは疑わしい。

　しかし近時の最高裁判例でも、共有不動産を共同で使用する内縁の夫婦の間で、その一方が死亡した後は、共有関係の解消までは、他方が同不動産を単独で使用する旨の合意を推認した最判平10・2・26民集52-1-255がある。内縁配偶者の居住を手厚く保護したこの判例の射程が、共有不動産ではなく、さらに重婚的内縁の **Case** にまで及ぶかどうかは、慎重に考えたい。もっとも不倫関係にあった女性への包括遺贈を有効とした最判昭61・11・20民集40-7-1167もあり、有責性をめぐる困難な訴訟を不可避とする離婚法の問題性ゆえに重婚的内縁となった **Case** のような場合には、少なくとも甲を明け渡すまでは、30年あまりに及ぶ共同生活のあったAがDに無償で使用することを認めた使用貸借を推認することはできるだろう。

【After】

　新設された配偶者の短期居住権と居住権が、法律婚配偶者を想定したものであることは明らかである。配偶者相続権と同様に、内縁配偶者に類推適用することは困難である。また被相続人と同居していた相続人に遺産分割時までの使用貸借を認めた最判平8・12・17民集50-10-2778の判例法理との関係については、立案担当者は、短期居住権の立法によって配偶者については判例が変更されたとする（中間試案補足説明4頁以下参照）。しかし使用貸借を認定することは、依然として可能であろう。　　　　　　［水野紀子］

II……配偶者短期居住権⑳

86 配偶者短期居住権の明文化と配偶者以外の相続人

Case

A男とB女夫妻には、C男とD女の一男一女がいる。A・Bの住まいは、東京都内にある、A名義の広い土地付一戸建ての甲不動産である。C・Dともに結婚して独立し、両親と別居していたが、Dは、実家の近くのマンションに住んで、Dの子どもたちが幼いうちはBに育児支援をしてもらうために頻繁に実家に顔を出しており、続けてA・Bが年老いて介護が必要になると、もっぱらDが通って面倒をみていた。やがてCは、定年退職を機に社宅を出て、長男だからA・B夫妻の介護をすると申し出て、Cの妻E女とともにA・B宅に同居した。しかしそれまでほとんど交流のなかったBとEの折り合いは悪く、DはBの希望で両親の介護のために通い続けていた。A・B夫妻がC・Eと同居してから1年ほどで、Aは死亡した。BはC・E夫妻に退去してもらい、残された日々をDに通ってもらいながら1人で暮らしたいと望んでいるが、Cはこのまま同居を続けて遺産として甲を獲得するつもりである。Bはどのような主張をすればいいか。

【Before】

被相続人の生前、被相続人と同居して遺産の居住不動産に住んでいた相続人の1人が、被相続人の死亡後も占有を継続していた場合、遺産共有の段階で、共同相続人の多数持分権者から占有者の少数持分権者に明渡しを請求できないとするのが、最判昭41・5・19民集20-5-947以来の判例である。したがって、2分の1の相続分をもつBに、Dが協力したとしても、Cに明渡しを請求することはできない。この判例について、学説は、遺産分割によって解決すべきであって、遺産共有の段階で共有物の規律に従って明渡しを請求すべきではないと理解して賛成する意見が多かった。しかしその後、遺産分割において、占有期間中の不当利得を請求されるようになり、最判平8・12・17民集50-10-2778は、この不当利得請求を封じることとした。つまり相続人が遺産である建物において被相続人と同居してきたときは、両者間において、当該建物について、相続開始時を始期とし、遺産分割時を終期とする使用貸借契約が成立していたものと推認されるとした。

Caseにおいて、被相続人Aと同居していた相続人は、BとCである。判例によれば、どちらも遺産分割が終了するまで、使用貸借を主張して、無償で居住を継続できるであろう。C・E夫妻との同居を解消したいBとしては、早期に遺産分割協議にもちこみ、不動産の遺産共有状態を解消する必要がある。もしAの遺産に十分な金融資産があれば、遺産分割協議において、甲不動産のCの持分を補える代償財産を提供して、甲をBとDの共有にする遺産分割が可能である。またAの遺産が十分でなくとも、Dが代償財産を提供してCの持分を事実上買い取る遺産分割もありうるだろう。

また遺産分割において、Dが主としてA・Bの介護を担ってきたことを、寄与分として主張することが考えられる。しかし寄与分は、家族としての通常の扶養の範囲を超えた「特別の寄与」でなくてはならず、実務では所要時間などを厳密に計算する金額となっているため、実際には、不動産価格に影響を与えるほどの多額にはなりえないと想像される。

遺産分割協議は紛糾が予想されるが、BはB自身の相続についても視野に入れて、例えば遺言によってDに遺す準備をしながら、C・E夫妻と交渉することになろう。

【After】

新たに立法された配偶者短期居住権や配偶者居住権は、最高裁の非嫡出子相続分違憲決定（最大決平25・9・4民集67-6-1320）が立法のきっかけとなったように、被相続人と同居していた生存配偶者が遺産分割によって居住権を失うことを危惧した改正であった。その背景には、自営業世帯からサラリーマン世帯への社会の構造的変化に伴って、子どもが結婚しても両親と同居する三世代同居が減少し、子どもが独立し老夫婦のみが残る世帯が増加したことと、長寿高齢化によって生存配偶者の老後生活を安定化することの必要性があった。一方、戦前の家督相続意識が継続することも多く、1980（昭和55）年改正による寄与分創設は、家督相続人意識で貢献した、いわゆる「跡取り」相続人の実態と均分相続との乖離を補おうとするものであった。同居相続人に使用貸借を認める上記平成8年決定も同様に被相続人と同居していた相続人の負担を軽減しようとしたと評価できよう。

Caseは、この両者の要請が衝突する場面である。配偶者以外の相続人に使用貸借を認めた判例は立法の影響を受けないので、Bの配偶者短期居住権とCの使用借権は両立することになるから、遺産分割までは現状維持になる。しかし遺産分割において配偶者居住権が認められると、配偶者居住権は建物全体に及び、Cの使用借権は消滅する。その意味では、今回の改正は、「跡取り」相続人の保護よりも、配偶者保護を優先させたと評価できるだろう。

［水野紀子］

I……遺留分制度❶

87
遺留分の帰属およびその割合

Case

Aについて相続が開始した。相続人はW（生存配偶者）、B（子）、D（Aの子であってAの死亡以前に死亡したCを代襲して相続人となるCの子）、E（Dと同じ立場の者）である。W・B・DおよびEの遺留分額は、どのようにして算定されるか。

【Before】

旧法には、だれが遺留分権利者であるかということ、および、遺留分の額を定める規定として、旧1028条が存在した。具体的には、この規定は、①第3順位の血族相続人である兄弟姉妹は遺留分権利者ではないこと、すなわち、配偶者相続人、第1順位の血族相続人である子、および、第2順位の血族相続人である直系尊属が遺留分権利者であること、②遺留分権利者である相続人のうち、問題の相続について、第2順位の血族相続人である直系尊属のみが相続人である場合には、「被相続人の財産」額の3分の1に相当する額が遺留分額の全体額であること、および、③ ②の場合以外の場合には、「被相続人の財産」額の2分の1に相当する額が遺留分額の全体額であることを明らかにしていた。したがって、旧1028条によれば、**Case** の場合には、遺留分額の全体額は、「被相続人の財産」額の2分の1であることは明らかであった。

他方、旧1028条は、**Case** の場合に、W・B・DおよびEの間で遺留分額の全体額がどのように配分されるかに関しては、明示的には規定しておらず、この点は、準用規定である旧1044条に委ねられていた。すなわち、旧1044条は、887条2項・3項（子の代襲者等の相続権）、900条（法定相続分）、901条（代襲相続人の相続分）、旧903条・904条（特別受益者の相続分）の規定を遺留分について準用すると定めていたところ、**Case** の場合には、900条および901条の準用により、Wには遺留分額の全体額のうちの2分の1（＝「被相続人の財産」額の4分の1）、Bには遺留分額の全体額のうちの4分の1（「被相続人の財産」額の8分の1）、DおよびEには各々遺留分額の全体額のうちの8分の1（「被相続人の財産」額の16分の1）が配分されることとなっていた。

また、これまでの記述から明らかなとおり、旧1028条は遺留分額の全体額を算定するための要となる概念として「被相続人の財産」という文言を用いていた。しかし、

「被相続人の財産」が具体的にはなにを指すかは明示的には示されていなかった。

【After】

　1042条が旧1028条に相当する規定である。規律の内容は、実質的には変更されていない。もっとも、規定の仕方という点では、1042条は、旧1028条と比較して、次の2点において疑義が生じにくいようになっている。

　第1点は、**Case** の場合に、W・B・DおよびEの間で遺留分額の全体額がどのような割合に従って配分されるかに関わる。この点に関して、1042条は、旧1028条とは異なって2項を新設し、相続人が数人ある場合に遺留分額の全体額を各相続人（遺留分権利者）に配分する際の割合は、900条および901条の規定によって算定した各相続人の相続分、すなわち法定相続分の割合であることを明確に規定するに至っているのである。

　第2点は、旧1028条が「被相続人の財産」という文言によって示していたものに関わる。上記文言が示していたものが遺留分額を決定することの要であったことは、「被相続人の財産」の3分の1または2分の1の割合に相当する額が遺留分であるという同条の規定の仕方からして明白であった。ところが、「被相続人の財産」という文言は、旧第8章遺留分の中では旧1028条でしか用いられておらず、それが何を指すかは、少なくとも明示的には示されていなかった。これに対して、1042条は、1項1号・2号および2項が規定する割合を乗じる対象を「次条第1項に規定する遺留分を算定するための財産の価額」という文言によって明確に規定し、計算式についてあいまいさを残さないようにするに至っているのである。

［川　淳一］

I……遺留分制度❷

88
遺留分を算定するための財産の価額

Case

　Aについて相続が開始した。相続人はいずれもAの子であるB・CおよびDである。Aは相続開始の3か月前に出身大学を経営する学校法人Eに1億円の寄付をしていた。そのこともあって、相続開始時のAの積極資産は現金3,000万円にとどまった。また、相続開始時にはAには1,000万円の負債があった。遺留分額算定の基礎となる財産額はどうなるか。

【Before】

　旧法には、遺留分額を算定するために、旧1028条（および旧1044条・900条・901条）が規定する割合を乗じる価額を実質的に規定する条文として、旧1029条が存在した。もっとも、同条は、条文の文言上は、旧1028条との関係を必ずしも明示したものとはいえないものであった。

　すなわち、旧1029条1項は、「遺留分」は、「被相続人が相続開始の時において有した財産の価額にその贈与した財産の価額を加えた額から債務の全額を控除して」算定すると規定していた。他方で、旧1028条は、「兄弟姉妹以外の相続人は、遺留分として、次の各号に掲げる区分に応じてそれぞれ当該各号に定める割合に相当する額を受ける」とし、「直系尊属のみが相続人である場合　被相続人の財産の3分の1」（1号）、「前号に掲げる場合以外の場合　被相続人の財産の2分の1」（2号）と規定していた。

　このように旧1028条と旧1029条を並べてみると、どちらも「遺留分」の算定に関わる規定であったことは明白である。しかし、旧1028条中にある「被相続人の財産」という文言が具体的になにを指すかは、必ずしも明白ではなかった。もちろん、条文の位置関係と内容から判断して、旧1029条が規定する「被相続人が相続開始の時において有した財産の価額にその贈与した財産の価額を加えた額から債務の全額を控除して」得られる価額が旧1028条にいう「被相続人の財産」であると解釈することは、それほど難しいことではなかったのは確かである。すなわち、Case に関していえば、相続開始時のAの積極資産額である3,000万円にAが生前に寄付した1億円を加え、負債の1,000万円を減じた額である1億2,000万円がその価額であることは、十分に認識可能であった。しかし、少なくとも、わかりやすい条文かと問われると、返答に窮する部分

があったのは否めない。旧1029条には、「被相続人の財産」という文言が存在しなかったからである。

【After】

1043条が旧1029条に相当する規定である。規律の内容は、実質的には変更されていない。もっとも、規定の仕方という点では、1043条は、旧1029条と比較して、疑義が生じる余地がないようになっている。

すなわち、まず、1042条1項は、遺留分権利者が受けるべき額の算定の基礎となる財産額を「次条第1項に規定する遺留分を算定するための財産の価額」と規定し、1043条によって算定される財産額が1042条における遺留分算定の基礎となる財産額であることを明確に規定している。

次に、1043条1項は、「遺留分を算定するための財産の価額」という1042条1項に用いられている文言を繰り返して使用し、かつ、それを主語とすることによって、1043条が規定する「被相続人が相続開始の時において有した財産の価額にその贈与した財産の価額を加えた額から債務の全額を控除した額」が1042条における遺留分算定の基礎となる価額であることについて、一切の誤解の余地が生じないようにしているのである。

これらの文言の整理は、遺留分侵害額算定のための計算式を明示する条文（1046条）を新たにおいたこととの関係でなされたものであろう。　　　　　　　　　　［川　淳一］

I……遺留分制度❸

89
遺留分の算定対象となる贈与の範囲

Case

　Aは、全財産を妻Bに相続させる旨の遺言を残して死亡した。Aの相続人は、B、前妻との間に生まれた長女Cおよび長男Dである。Aの相続財産は、Bとともに居住していた甲土地・建物（4,000万円）および預貯金1,100万円であり、債務はない。Aは、15年前、Cが婚姻する際に新居用地として乙土地（3,000万円）を買い与え、8年前、Dが起業する際に現金1,000万円を提供したほか、1週間前、Cに誕生日プレゼントとして100万円を贈っている。また、Aは、半年前、兄Eが老人ホームに入る際、入居金の一部200万円を支払っている。
　Dは遺留分を主張することができるか。主張できる場合、その額はいくらか（各贈与時から相続開始時までに価値の変動等はないものとする）。

【Before】

　遺留分算定の基礎となる財産額は、「被相続人が相続開始の時において有した財産の価額」＋「贈与した財産の価額」－「債務の全額」という計算式によって算出される（旧1029条1項）。「贈与した財産」（生前贈与）が加算されるのは、被相続人が死亡直前に財産の全部または大部分を贈与することによる遺留分制度の潜脱を防ぐためであり、受贈者は相続人であるか第三者であるかを問わない。「贈与した財産」には、①相続開始前の1年間に行われた贈与（旧1030条前段）、②相続開始1年前の日より前に当事者双方が遺留分権利者に損害を加えることを知って行われた贈与（同条後段）、③不相当な対価をもってした有償行為のうち、当事者双方が遺留分権利者に損害を加えることを知って行われたもの（旧1039条）および④相続人に対する婚姻もしくは養子縁組のため、または生計の資本としての贈与、つまり、特別受益としての贈与（旧1044条・旧903条）が含まれる。④については、学説上は議論の対立があったものの、判例は、旧1044条が旧903条を準用していることから、相続開始前の1年間に行われたか否か、損害を加えることを知って行われたか否かにかかわらず、相続開始よりも相当以前にされたものであっても、特段の事情のない限り、すべて算入されるという立場を前提としている（最判平10・3・24民集52-2-433）。持戻し免除の意思表示があった場合についても、その

意思表示は遺留分を侵害する限度で失効すると解されている（最決平 24・1・26 家月 64-7-100）。

 Case では、「贈与した額」は、3,000（④）+ 1,000（④）+ 100（①）+ 200（①）= 4,300 万円である。遺留分算定の基礎となる財産は、4,000 + 1,100 + 4,300 = 9,400 万円、D の遺留分侵害額は（→ Case 95・97）、9,400 × 1/2（遺留分割合。旧 1028 条）× 1/4（法定相続分。900 条 1 項・4 号）− 1,000（D の特別受益）= 175 万円となる。したがって、D は、B に対して 175 万円相当の遺留分減殺請求をすることができる（旧 1031 条）。

【After】

 新法は、遺留分を算定するための財産（遺留分算定の基礎となる財産）に含まれる「贈与した財産」のうち、相続人に対する贈与に関する規律を大きく改めた。すなわち、相続人に対する贈与については、算入すべき贈与を特別受益としての贈与に限定し、その期間も相続開始前の 10 年間に短縮して明文化した（1044 条 3 項）。対象期間を限定したのは、従来の規律では、被相続人が相続開始の数十年前にした相続人に対する贈与によって、その存在を知り得ない相続人以外の受贈者または受遺者が受ける侵害額請求（減殺）の範囲が大きく変わる可能性があり、それらの者に不測の損害を与え、その法的安定性を害するおそれがあるためである。他方、相続開始前の 1 年間に行われた贈与であっても特別受益としての贈与でない限り算入しないものとしたのは、相続人に対する贈与は日常的な生活費等と区別しがたいものも多いこと、贈与の時期により算入するか否かが左右されることによる紛争の複雑化を回避する必要性等を考慮した結果である。改正前と比較すると、①・②は相続人以外の者に対して行われた贈与にのみ適用され（1044 条 1 項）、相続人に対して行われた贈与については、④特別受益としての贈与のうち、相続開始前の 10 年間に行われたもの、および相続開始 10 年前の日より前に当事者双方が遺留分権利者に損害を加えることを知って行われたもののみが算入されることになる。

 Case では、乙土地の贈与は、相続開始の 15 年前に行われているため、遺留分権利者に損害を加えることを知って行われたことが立証されない限り（主張・立証責任は遺留分権利者である D が負う）、算入されない。また、C への誕生日プレゼント 100 万円も、相続開始直前に行われたものではあるが、特別受益としての贈与ではないため算入されない。「贈与した額」は、1,000（④）+ 200（①）= 1,200 万円、遺留分を算定するための財産は、4,000 + 1,100 + 1,200 = 6,300 万円、D の遺留分侵害額は（→ Case 95・97）、6,300 × 1/2 × 1/4 − 1,000 = − 212 万 5,000 円となる（1046 条 2 項）。したがって、D の遺留分は侵害されておらず、D は金銭の支払を請求することはできない。［西　希代子］

I……遺留分制度❹

90 負担付贈与と遺留分

Case

被相続人Aは、死亡当時、預貯金1,000万円を有していた。他の遺産はない。相続人は、子BおよびCである。Aの遺言には、「すべての財産をBに相続させる」と書かれていた。Aは死亡する10か月前、妻の死亡を機にBおよびその家族と同居することになり、当時居住していた家を売却し、その売却代金7,000万円をBに贈与した。A・B間の協議により、贈与と引き換えに、BはAと同居するために自宅を大改築するとともに別荘を購入することになった。この改装および別荘購入費用は合計5,000万円であった。

Cは、Bに対して遺留分侵害額に相当する金銭の支払（遺留分減殺）を請求した。Cはいくら取得することができるか。

【Before】

AのBに対する7,000万円の贈与には、Bによる自宅の改装および別荘購入という負担が付いている。このような負担付贈与に対する遺留分減殺に関しては、その目的の価額の中から負担の価額を控除したものについて「減殺」を請求することができる旨の規定がある（旧1038条）。しかし、この規定は、あくまでも、減殺の対象を定めた規定であるため、遺留分算定の基礎となる財産の額を算定する際にも同様に計算すべきか（一部算入説）、あるいは、遺留分算定の基礎となる財産の額を算定する際には目的財産の価額を全額算入すべきか（全部算入説）、解釈が分かれていた。唯一の判例である大判大11・7・6民集1-455は、全部算入説の立場に立っている。

判例に基づいて計算すると、**Case**における遺留分算定の基礎となる財産は（→ Case 88）、1,000（相続財産。旧1029条1項）＋7,000（贈与。旧1029条1項・旧1030条前段）＝8,000万円、Cの遺留分侵害額は、8,000×1/2（遺留分割合。旧1028条2号）×1/2（法定相続分。900条4号）＝2,000万円となる。Cは、Bに対して減殺請求を行い、相続財産である預貯金1,000万円を取得するほか、負担付贈与の中から1,000万円を取得することができる（旧1031条）。負担付贈与に対する減殺の限度額は、7,000（贈与）－5,000（負担）＝2,000万円であり（旧1038条）、1,000万円はこの範囲内だからである。他方、負担付贈与を受けたBの最終的な取得額は、7,000（贈与）－5,000（負担）－1,000（Cへ

の支払）＝ 1,000 万円となる。

【After】

　【Before】における計算に示されるように、判例が採用する全部算入説によると、被相続人から贈与を受けた者の最終的な取得額が、贈与を受けていない者よりも少なくなるという逆転現象が生じる。そこで、新法は、負担付贈与がなされた場合については、遺留分を算定するための財産（遺留分算定の基礎となる財産）を計算する際に算入される「贈与した財産の価額は、その目的の価額から負担の価額を控除した額とする」ものとし（1045 条 1 項）、従来の判例とは異なり、一部算入説の立場に立つことを明記した。

　Case における遺留分を算定するための財産は、1,000（相続財産。1043 条 1 項）＋（7,000〔贈与。1043 条 1 項・1044 条 3 項〕－ 5,000）＝ 3,000 万円、C の遺留分侵害額は、3,000 × 1/2（遺留分割合。1042 条 1 項 2 号）× 1/2（法定相続分。1042 条 2 項・900 条 4 号）＝ 750 万円である（1046 条 2 項）。C は、B に対して遺留分侵害額に相当する金銭の支払請求（減殺請求）を行い（同条 1 項）、相続財産である預貯金 1,000 万円の中からこれを取得することになる。他方、負担付贈与を受けた B の最終的な取得額は、7,000 － 5,000 ＋（1,000 － 750）＝ 2,250 万円となる。

　このように、新法では逆転現象を回避することができる。被相続人の意思にも適う結論といえよう。さらに、改正審議の中では、負担の性質が常に明確とは限らないことも考慮された。すなわち、被相続人の債務を引き受ける代わりに一定の金銭が交付された場合等、その性質が負担付贈与であるか費用の前払いであるか微妙なケースもある。費用の前払いとみなされた場合は、交付された額から引き受けた債務額を控除した額が「贈与」として遺留分を算定するための財産に加算されることになる。これに対して、負担付贈与とみなされた場合、従来の判例である全部算入説によれば、異なる結論になる。性質に関する事実認定次第で結論が大きく変わらないようにする観点からも、一部算入説の採用が妥当と考えられたのである（中間試案補足説明 77 頁以下等）。

〔西　希代子〕

I……遺留分制度❺

91
不相当な対価による有償行為と遺留分

Case

　Aが死亡し、相続財産として預貯金1,000万円が遺された。債務等も含めて、他の相続財産はない。Aの相続人は長男Bおよび長女Cであるが、Aの遺言には、すべての財産を妹Dに遺贈する旨の記載があった。Aは、死亡する2年前、医師から余命2年であることを告げられると、直ちに、居住していた甲土地・建物（当時および相続開始時の価額は1億2,000万円）を1,000万円でCに売却して老人ホームに入居した。Aは当初、甲をCに贈与するつもりであったが、Aから死期が近いことを知らされたCが、遺産の独り占めとBに非難されないよう売買の形式をとることを提案したため、それに応じたという事情がある。
　Bが遺留分の侵害を主張した場合、どのような法律関係になるか。

【Before】

　Bの遺留分侵害額を算定するためには、遺留分算定の基礎となる財産に含まれる財産の価額を確定する必要がある（旧1029条参照）。Aの相続財産は、預貯金1,000万円のみであり、贈与等もないが（旧1030条参照）、A・C間の甲土地・建物の売買は、取引価格をはるかに下回る不相当な対価によるものである。遺留分制度は、被相続人が無償行為によって潜在的相続財産を一方的に減少させることから遺留分権利者を守る制度であるといわれているが、その制度の潜脱を防ぎ、遺留分権利者の保護を実効化するためには、実質的に無償行為と同視できる有償行為も規律の対象としなければならない。そこで、旧1039条は、不相当な対価による有償行為のうち、当事者双方が遺留分権利者に損害を加えることを知ってしたものを贈与とみなし、遺留分権利者がその減殺を請求したときは、その対価を償還するものとしている。この規定により、対価を控除した残額部分が遺留分算定の基礎となる財産に算入される一方、全額が減殺の対象になると解されている。目的物が不可分である場合の扱いについては見解が分かれているが、遺留分権利者は全部減殺したうえで、減殺可能額を超過する額を返還するとの考え方が一般的である。なお、当事者双方が「遺留分権利者に損害を加えることを知って」いたとは、旧1030条のそれと同義であると解されている。すなわち、客観的に遺留分権利者に損

害を加えることになる事実関係を知っていたこと（大判昭9・9・15民集13-1792参照）、具体的には、贈与当時財産が残存財産の価額を超えることを知っていたのみならず、将来の相続開始までに被相続人の財産に何らの変動もないこと、少なくともその増加のないことを予見していた事実があることが必要である（大判昭11・6・17民集15-1246参照）。

Caseでは、甲の売買契約当時、A・Cともに、Aの死期が近いことを認識しており、遺留分権利者Bに損害を加えることを知っていたと認定できる。したがって、遺留分算定の基礎となる財産は、1,000 ＋（1億2,000 － 1,000）＝ 1億2,000万円、Bの遺留分侵害額は、1億2,000 × 1/2（遺留分割合。旧1029条2号）× 1/2（遺留分権利者の法定相続分。900条4号）＝ 3,000万円となる。Bは、Dに対して減殺請求し（旧1033条）、相続財産である1,000万円の預貯金を取得できるほか、不足する遺留分2,000万円につきCに対して減殺請求を行うことができる（旧1031条）。Cが価額弁償（旧1041条）を選択した場合は格別、Bは甲を取得する一方、超過減殺額1億円にA・C間の売買の対価1,000万円を加えた合計1億1,000万円をCに償還することになる。

【After】

新法は、旧法の規律を改め、不相当な対価による有償行為のうち、当事者双方が遺留分権利者に損害を加えることを知ってしたものについて、当該対価を負担の価額とする負担付贈与とみなすこととし（1045条2項）、負担付贈与と同一の条に規定をおいた。遺留分を算定するための財産（遺留分算定の基礎となる財産）に算入される額が対価を控除した残額部分である点は旧法下の解釈と同一であるが、遺留分侵害額を負担する額の限度（減殺の対象となる額）も対価を控除した残額部分とした点は大きな変更である（1047条2項）。他方、対価の償還は不要となる。改正の理由は、遺留分権利者に本来行使できる価額を超えて減殺を認める必要性は乏しく、特に、新法では、遺留分が金銭債権とされたため（→ Case 94）、目的財産全部に対する減殺を認めつつ対価を償還させるというスキームを採用する合理性に欠けることになるからである（中間試案補足説明78頁以下）。改正により、負担付贈与とあわせて、従来、解釈に委ねられていた部分が明文化され明確になっただけでなく、対価の償還等による法律関係の複雑化を避けることができる。なお、当事者双方が遺留分権利者に損害を加えることを知ってした行為のみが規律の対象になる点は旧法と同様である。

Caseの場合、遺留分を算定するための財産およびBの遺留分侵害額は【Before】と同一であり（1046条2項）、Bは、まずDに対して侵害額に相当する金銭の支払請求（減殺請求）を行い（1047条1項1号）、1,000万円の預貯金を取得するところまでは変わらない。これに対して、不足する遺留分2,000万円の扱いは従来とは異なり、Bは、A・C間の甲土地・建物売買の対価の償還は行わず、Cに対して遺留分侵害額に相当する金銭として2,000万円の支払を求めることになる（1046条1項）。　　　　　　［西　希代子］

I……遺留分制度❻

92 相続分の指定と遺留分侵害額請求権

Case
　Aには、子B・C・Dがいる（Aの夫は、すでに死亡している）。Aは、「自分の遺産を、Bが10分の1、Cが10分の1、Dが5分の4の割合で分割せよ」との遺言を残して死亡した。Aの遺産の総額は6,000万円である。BとCは、Aの相続分指定により遺留分を侵害されたとして、Dに対し、遺留分侵害を理由とする権利主張をしたい。どのような請求ができるか。

【Before】
　Aの遺言は、B・C・Dの相続分を指定したものである。他方、B・C・Dの具体的遺留分（個別的遺留分）は、各々、遺産の6分の1である（1/2×1/3＝1/6。旧1028条2号および旧1044条・900条4号本文）。ここでは、Aの相続分指定により、BとCは、各自の遺留分を15分の1侵害されていることになる（1/6－1/10＝1/15）。
　このように、相続分の指定が遺留分を侵害しているときは、その指定が遺留分を侵害する限度で無効となるのか（この場合は、B・C・Dの相続分は、当然に、Bが6分の1、Cが6分の1、Dが3分の2に修正される）、それとも、遺留分を侵害する相続分の指定は当然に無効となるのではなく、遺留分減殺請求を待って、この意思表示をした者について相続分の修正がされるのか（この場合は、自己の遺留分を主張するかどうかは、B・Cの自由であるということになる）について、議論があった。遺言による相続分の指定を定めた旧902条1項が、そのただし書において、「被相続人又は第三者は、遺留分に関する規定に違反することができない」と定めていたところ、この意味をどのように解するのかをめぐる対立であった。この点に関しては、学説では当然無効説も有力に主張されていたが、通説・判例は、減殺の意思表示を必要とするとの立場に立っていた（最決平24・1・26家月64-7-100）。
　この通説・判例によれば、**Case**では、B・Cはそれぞれ、Dに対し、遺留分の侵害を理由として、Dの指定相続分である5分の4から15分の1を「減殺」請求することができる（形成権としての遺留分減殺請求権）。そして、B・Cが遺留分減殺請求をしたときは、B・C・Dの相続分は、Bが6分の1、Cが6分の1、Dが3分の2になる。
　もとより、B・Cが遺留分減殺請求をしたとき、B・Cに回復された15分の1の持

分は、Aの遺産に対する持分割合として回復されるにとどまる。B・Cは、Aの遺産を構成する個々の財産についての各15分の1の持分を、自己固有の財産として取得するのではない。Aの遺産に対するB・Cの相続分の回復がされたにすぎない（遺産共有における持分割合の修正）。Aの遺産を構成する個々の財産の最終的な帰属は、遺留分減殺の結果として修正された相続分を基準とする遺産の分割を経て確定される。

【After】

　Aの遺言は、B・C・Dの相続分を指定したものである。他方、B・C・Dの具体的遺留分（個別的遺留分）は、各々、遺産の6分の1である（1/2 × 1/3 = 1/6。1042条1項2号および同条2項の指示する900条4号本文）。ここでは、Aの相続分指定により、BとCは、各自の遺留分を15分の1侵害されていることになる（1/6 − 1/10 = 1/15）。

　新法のもとでは、遺留分を侵害する相続分の指定は当然に無効となるのではない（旧902条1項ただし書の削除）。遺留分を侵害する相続分の指定がされたときは、遺留分を侵害する相続分の指定を受けた相続人は受遺者に含まれ（1046条1項かっこ書）、遺留分を侵害された者からの遺留分侵害額請求により、この者に、侵害相手方に対する金銭債権が与えられることとなる（形成権としての遺留分侵害額請求権。同項）。また、遺留分減殺請求構成が遺留分侵害額請求構成へと改まった結果、遺留分を侵害する相続分の指定が「減殺」されるのではなく、被侵害者が侵害者に対して侵害額に相当する金銭の支払を目的とした債権を取得することになる（金銭債権化）。

　Case では、Aの遺産総額が6,000万円であることから、BとCの遺留分侵害額は、それぞれ、400万円となる。BとCの具体的遺留分（個別的遺留分）に相当する額は各1,000万円であるところ、遺言により各自に指定された相続分に相当する額は600万円であるため、その差額400万円が遺留分侵害額となるのである。この額が、相続分の指定の結果として、Dにより侵害されていることになる。

　したがって、B・Cはそれぞれ、Dに対し、遺留分の侵害を理由として、400万円の支払を求めることができる。こうして、B・Cが遺留分侵害額請求をしたときでも、Aの遺産（6,000万円）に対するB・C・Dの相続分は、Bが10分の1、Cが10分の1、Dが5分の4という割合において変更はない（Bが6分の1、Cが6分の1、Dが3分の2になるのではない）。また、B・Cが遺留分侵害額請求をしたとき、これによって生じるBのDに対する400万円の金銭債権、CのDに対する400万円の金銭債権は、いずれも、B・Cの固有財産に属する債権（しかも、一般債権）であり、Aの相続に係る遺産分割の対象となるものではない。

［潮見佳男］

I……遺留分制度❼

93
相続分の譲渡と遺留分侵害額請求権

> **Case**
>
> 　AとBは夫婦であり、2人の間には子C・D・Eがいた。夫Aは、総額9,000万円の財産を残して死亡した。この遺産分割にあたり、妻Bは、自己の相続分の全部を、無償でEに譲渡した。そして、C・D・Eは協議により、Cが6分の1、Dが6分の1、Eが3分の2の相続分を有することを前提としてAの遺産を分割し、Cが1,500万円の資産、Dが1,500万円の資産、Eが6,000万円の資産を取得した。その半年後にBも死亡したが、Bの死亡当時、Bにはめぼしい財産はなかった。CとDは、EがBからAの相続分の譲渡を受けたのは、BからEへの贈与にあたることを理由に、この贈与により、自分たちはBの相続につき遺留分を侵害されているとして、Eに対し、何らかの権利主張をしたい。どのような請求ができるか。

【Before】

　ここでは、まず、EがBからAの相続財産に対するBの相続分の無償譲渡を受けたことが、遺留分制度でいわれるBからEへの「贈与」にあたるかどうかが問題となる。「贈与」にあたるということであれば、Bの相続につき、①EがBからAの相続財産に対するBの相続分の譲渡を受けたことがEの特別受益として捉えられ、Bの相続財産に持ち戻されるほか（旧903条1項）、②具体的遺留分（個別的遺留分）を算定する際の基礎財産への算入が認められ（旧1030条または旧1044条・旧903条1項）、③Eに対するC・Dの遺留分減殺請求の対象となりうる（これも、旧1030条または旧1044条・旧903条1項）。

　これに関して、判例によれば、共同相続人間で相続分の無償譲渡がされたときは、積極財産と消極財産を包括した被相続人Aの遺産全体に対する譲渡人Bの割合的な持分が譲受人Eに移転し、相続分の譲渡に伴って個々の相続財産についての共有持分の移転も生じる。また、相続分の譲渡を受けた共同相続人Eは、被相続人Aの遺産全体に対し「従前から有していた相続分」と「譲渡を受けた相続分」とを合計した相続分を有する者として、被相続人Aの遺産分割手続等に加わる。そして、この遺産分割手続等において、他の共同相続人C・Dに対し、「従前から有していた相続分」と「譲渡を受けた相

続分」との合計に相当する価額の相続財産の分配を求めることができる。それゆえ、共同相続人間においてされた無償による相続分の譲渡は、「譲渡を受けた相続分」に含まれる積極財産と消極財産の価額等を考慮して算定した当該相続分に財産的価値があるとはいえない場合を除き、相続分の譲渡をした者Bの相続において、遺留分算定の基礎財産となる「贈与」にあたる（最判平30・10・19民集72-5-900）。

このように、相続分の無償譲渡を遺留分制度との関係で贈与と評価することができるとき、**Case** では、Aの相続財産に対するBの相続分2分の1のBからEへの無償譲渡が、贈与と評価される。そして、Bの相続財産がゼロであるところ、ここに贈与財産、すなわち、Aの相続財産に対するBの相続分2分の1を持ち戻したとき、Bの相続財産についてのC・D・Eの具体的遺留分（個別的遺留分）は各6分の1であることから（旧1028条2号および旧1044条・900条4号本文）、C・Dは、Aの相続財産に対するBの相続分2分の1から、その6分の1を遺留分として受けることができる。その結果、C・Dは、各々、Eに対して、遺留分減殺請求をすることにより、Aの相続財産に対する12分の1の相続分の移転を求めることができることになる。もっとも、**Case** では、すでに、Aの相続について協議による遺産分割が完了している以上、C・Dは、Eに対して価額弁償（したがって、各750万円〔＝4,500×1/6〕の支払）を求めるほかない（旧1040条1項本文の類推適用）。

【After】

共同相続人の1人に対する相続分の無償譲渡が遺留分制度との関係では原則として贈与と評価することができるとの判例法理は、新法の下でも基本的に妥当する。

他方、新法は、遺留分制度を遺留分減殺請求権から遺留分侵害額請求権へと転換し、遺留分侵害額請求をした遺留分権利者の侵害相手方に対する権利を金銭債権として捉えることとした。

したがって、**Case** では、旧法におけるのと同様、Aの相続財産に対するBの相続分である2分の1のBからEへの無償譲渡が、原則として贈与と評価される。そして、Bの相続財産がゼロであるところ、贈与財産、すなわち、Aの相続財産に対するBの相続分2分の1（＝4,500万円）を持ち戻したとき、Bの相続に関するC・D・Eの具体的遺留分（個別的遺留分）は各6分の1であることから（1042条1項2号および同条2項の指示する900条4号本文）、これに相当する価値である750万円（＝4,500×1/6）につき、C・Dは遺留分を侵害されている。それゆえに、C・Dは、各々、Eに対し、遺留分の侵害を理由として750万円の支払を求めることができる（1046条1項）。なお、CのEに対する750万円の金銭債権、DのEに対する750万円の金銭債権は、いずれも、C・Dの固有財産に属する債権（しかも、一般債権）であり、これらの債権の行使によって回収された金銭は、Bの相続に係る遺産分割の対象となるものではない。　　　　　［潮見佳男］

I……遺留分制度 ❽

94
遺留分が金銭債権化されたことの影響

Case

Aには配偶者Bと子Cがいるが、相続分をBが5分の1、Cが5分の4とする遺言をした。Aの死亡後Bが遺留分侵害額（遺留分減殺）請求をした場合、その後の手続はどのようになるか。Cが相続人でなく、Aの両親はすでに死亡しており、Aが一人っ子で兄弟姉妹もいないときに、Cに遺産の5分の4を遺贈するという内容であったらどうか。

【Before】

　遺留分減殺請求権が行使されると、減殺の対象となった遺贈および贈与は全部もしくは一部の効力が否定され、遺贈および贈与の目的物についての権利の全部もしくは一部が遺留分権利者に帰属する。このように遺留分減殺の効果は、目的物について物権的に生じ、遺留分権利者は遺留分義務者に対し、例えば不動産であれば、所有者や共有者として所有権移転登記手続請求や持分移転登記手続請求といった手続をとることになる。減殺の対象となる遺贈の目的物以外に遺産が存在すれば、これについては遺産分割手続が必要となる。

　この例外として存在するのが、相続分の指定と割合的包括遺贈である。相続分の指定および割合的包括遺贈が減殺されると、これらの効果の全部または一部が効力を失い、遺留分権利者に帰属することになるが、帰属することになるのは減殺された相続分もしくは相続分と同一の内容を有する「相続人と同一の権利義務」（990条）であるから、遺留分権利者は自己の相続分と合わせた権利を有する者として、遺産分割手続をとれば足りるものとされている。

　旧1031条は減殺の対象を遺贈および贈与としているから、相続分指定については遺留分減殺の対象とはならず遺留分に反する相続分指定は当然に無効であるという解釈が考えられるが、通説は遺留分の規定に反する相続分の指定も当然には無効ではなく、遺留分権利者の減殺に服するにとどまると解し、最高裁判所はこの通説を前提として遺留分減殺の効果を判断し、遺留分割合を超える相続分を指定された相続人の指定相続分が、その遺留分割合を超える割合に応じて修正されるとした（最決平24・1・26家月64-7-100。このうち「その遺留分割合を超える割合に応じて」との部分については、最判平10・2・26民集

52-1-274)。この結果、**Case** では特別受益にあたる生前贈与がなければ、Cの指定相続分の20分の1が修正され、Bが4分の1、Cが4分の3の相続分を有するとして遺産分割手続をなすこととなる。遺言の内容が、Bに5分の1を、Cに5分の4を相続させるという割合的に相続させる旨の遺言についても同様であろう。

　割合的包括遺贈について遺留分減殺請求がなされた場合にも、相続分の指定と同様に遺贈された割合が修正され、修正された割合に基づいて遺産分割手続がなされる。

【After】

　遺留分侵害額請求の効果は金銭債権の発生であるから、遺贈の目的物以外の遺産が存するときには、金銭請求手続と遺産分割手続をとることが必要となる。

　1046条1項は、受遺者に相続分の指定を受けた相続人を含むとしたから、相続分指定が遺留分侵害額請求の対象となることが明らかとなった。遺留分侵害額請求の効果は金銭債権の発生であるから、相続分指定という行為の全部または一部が無効となることはない。旧902条1項ただし書は、金銭債権の発生という効果と反することから削除された。旧法と異なり相続分の修正という効果は生じないから、指定相続分に基づく遺産分割と遺留分侵害額請求に基づく金銭請求が併存することになり、両者の調整は、1046条2項2号によって遺留分侵害額の算定の問題となる（→ Case 95・96）。

　特定の財産を特定の相続人に相続させる旨の遺言について、1046条1項は特定財産承継遺言として立法措置を講じたが、割合的に相続させる旨の遺言については措置を講じなかった。受益者が相続人であり遺言者の意思は相続分の指定と同じであると考えられるから、相続分の指定と同様に扱うべきであろう。

　遺贈について遺留分侵害額請求の効果は金銭債権の発生であるから、遺贈の全部または一部が無効となることはなく、旧964条ただし書は、金銭債権の発生という効果と抵触することから削除された。

　割合的包括遺贈の受遺者は1046条1項の受遺者であるから、遺留分侵害額請求を受けることになり、相続分の指定と同様に遺産分割手続と遺留分侵害額請求により発生する金銭請求手続が併存する。両者の調整は、1046条2項2号によることになる。

　その他、金銭債権化の結果、遺留分減殺請求により遺贈または贈与の目的物について遺留分権利者が権利者となることを前提とする果実の返還に関する旧1036条および相続財産の支弁に関する旧885条2項は削除された。不相当な対価をもってした有償行為についての定めは、金銭債権化に沿うように改められた（旧1039条・新1045条2項 → Case 91）。

[加藤祐司]

I……遺留分制度❾

95 遺産分割されていない場合の遺留分侵害額の請求

Case

Aは、甲土地（8,000万円）と預金（1,000万円）を残して死亡した。相続人は、配偶者B、子CおよびDである。死亡の3年前にDに対し1,000万円の特別受益にあたる生前贈与がなされている。相続債務はない。A死亡後、甲をCに遺贈する内容の遺言が発見された。BおよびDは、Cに遺留分侵害額（遺留分減殺）請求をした。それぞれの遺留分侵害額はどうなるか。

【Before】

Caseでは相続債務がないから、遺留分算定の基礎となる財産の額は1億円、Bの遺留分額は2,500万円、Dの遺留分額は1,250万円である（旧1028条2号・旧1029条1項・旧1031条。最判平8・11・26民集50-10-2747）。遺留分侵害額の算出のためには、遺留分の額から、遺留分権利者が受けた特別受益財産額（Dにつき1,000万円）のほか、遺留分額から相続によって得た財産額を控除する（もっとも、特別受益額は遺留分額算定の際に差し引かれるべきであるとするのが上記平成8年判決に従った理解であろう。このように考えるとDの遺留分額は250万円となる。結論は変わらない）。

この問題は、もともと共同相続人間で遺留分減殺請求がなされたときに減殺の対象となった財産について発生する共有関係が遺産共有なのか物権法上の共有なのかという見解の相違に応じて、前者はその分割は遺産分割手続によるとし（審判説）、後者は共有物分割手続によるとした（訴訟説）。この点に関して最高裁判所が後者の見解に立ったところから（最判平8・1・26民集50-1-132）、論争に一応の終止符が打たれ、以後、後者の見解に立ったうえで、遺留分減殺請求に基づく訴訟手続が先行した場合において、相続によって得た財産額をどのように考えるかについて争われた。遺産分割手続によって実際に得られた財産額であるとすると、遺産分割が終了するまで、遺留分に関する手続を進められなくなってしまうからである。このような事態を避けるために考えられたのが、法定相続分説と具体的相続分説である。なお、具体的相続分説も家庭裁判所の裁量的判断による寄与分は考慮しない。

未分割の遺産についての共同相続人の権利は法定相続分割合のものしかないとする法定相続分説は、Bについて500万円（1,000×1/2）、Dについては250万円（1,000×

1/4）が相続によって得た財産額であるとする。法定相続分説によれば、甲土地につきBは2,000/8,000の持分を有することなる（2,500－500）。Dには1,000万円の特別受益があるから、結果としてはDが甲に持分を有することはない。これに対し、具体的相続分説は、Aの遺産について遺産分割がなされれば具体的相続分に従った財産を取得できるはずであるとし、Bは約770万円、Dは約230万円が相続によって得られる財産額となる（この計算に関しては、超過特別受益者があった場合における実務の多数説といわれる見解に依拠している。超過特別受益者を除き、各相続人について具体的相続分を算出するとする考え方である。みなし遺産1億円について、Bは5,000万円、Cはゼロ、Dには1,000万円の特別受益があるから1,500万円。遺産1,000万円についてBは5,000/6,500が具体的相続分率になり約770万円が具体的相続分額となる。Dは1,500/6,500が具体的相続分率で約230万円が具体的相続分額となる）。そうすると、Bについての遺留分侵害額は約1,730万円（遺留分額2,500万円から遺産1,000万円から取得できる約770万円を控除する）、Dについての遺留分侵害額は約20万円（遺留分額1,250万円から特別受益1,000万円と遺産1,000万円から取得できる約230万円を控除する）となる。その結果、甲土地につきBは約1,730/8,000の、Dは約20/8,000の持分を有することになる。

【After】

旧法の解釈として、法定相続分説、具体的相続分説のいずれが多数の見解であるか、また、裁判例がいずれに与しているかは必ずしも明らかではない。

1046条2項2号は、このうち具体的相続分説に従っている。わかりやすさという点では法定相続説が優るが、実質的公平という点では具体的相続分の方が妥当であると思われる。

具体的相続分は、「遺産分割手続における分配の前提となる計算上の価額又はその価額の遺産の総額に対する割合を意味する」（最判平12・2・24民集54-2-523）ものであり、実体法上の権利関係ではないが、遺留分侵害額の計算の中で、このような計算上の価額を取り込むことが矛盾するとまではいえないように考えられる。また、後行する遺産分割手続（協議、調停、審判）で、遺留分侵害額の算出における具体的相続分とは異なる割合による分割がなされることは避けられないが、すでになされた遺留分侵害額に相当する金銭請求の結果に何ら影響を与えない。遺産分割審判に関し、相続によって得られる財産額（1046条2項2号の「相続分に応じて遺留分権利者が取得すべき遺産の価額」）は、遺留分侵害額請求に相当する金銭債権の請求における理由中の判断にすぎないから、これに既判力は生ずることはなく、遺産分割審判がこれに拘束されることはない。

1046条1項は遺留分侵害額に相当する金員の支払を請求できるとし、形成権である遺留分侵害額請求の効果を金銭債権の発生としているから、Bは約1,730万円を、Dは約20万円をそれぞれCに対して請求できることとなる。　　　　［加藤祐司］

I……遺留分制度❿

96 遺産分割が成立している場合の遺留分侵害額の請求

Case

Aは、甲土地（8,000万円）と預金（1,000万円）を残して死亡した。相続人は、配偶者B、子CおよびDである。死亡の3年前にDに対し1,000万円の特別受益にあたる生前贈与がなされている。相続債務はない。A死亡後、B・CおよびDは、甲の遺産分割を後回しにして、まず、預金の分割をすることとし、Bが預金750万円、Cが250万円を取得するという遺産分割協議をなした。ところが、遺産分割協議後、甲をCに遺贈する内容の遺言が発見された。BおよびDは、Cに遺留分侵害額（遺留分減殺）請求をした。それぞれの遺留分侵害額はどうなるか。

【Before】

Case 95と同じく、Aには相続債務がないから、遺留分算定の基礎となる財産の額は1億円、Bの遺留分額は2,500万円、Dの遺留分額は1,250万円である（旧1028条2号・旧1029条1項・旧1031条）。

最判平8・11・26民集50-10-2747によれば、遺留分侵害額は、遺留分額から特別受益財産額と相続によって得た財産の額を控除した額である（Caseでは相続債務がないから、負担すべき相続債務の額を加算する必要はない）。

この「相続によって得た財産の額」について、実際の遺産分割によって得られた財産の額とする見解（Bについては750万円、Dについては0円。Bの遺留分侵害額は1,750万円、Dのそれは250万円）と、遺留分減殺請求に基づく持分移転登記手続等が先行した場合と同じく寄与分を考慮しない具体的相続分の額であるとする見解（Bは約770万円、Dは約230万円）の対立があった。上記平成8年判決は「相続によって得た財産の額」としているから、前者の見解に立つようにも思われ、これが常識的であるとも考えられるが、そうすると、遺産分割の内容次第で各遺留分権利者についての遺留分侵害額が変動し、その結果、減殺対象となった遺贈、贈与の目的物の持分が変動してしまうという難点が指摘されていた（例えば、Bが預金1,000万円全額を取得すれば、Bについての遺留分侵害額は1,500万円、Dの遺留分侵害額は250万円となる）。いずれの見解が有力であったか明らかではないが、前者の見解に従った事件処理が多いのではないかとの指摘がある。

【After】

　1046条2項2号は「第900条から第902条まで、第903条及び第904条の規定により算定した相続分に応じて遺留分権利者が取得すべき遺産の価額」を遺留分から控除すると定めたから、【Before】に記載した見解のうち、具体的相続分の額を控除する見解によったものということができる。これによれば、Bについての遺留分侵害額は約1,730万円、Dについての遺留分侵害額は約20万円となる（その算出過程については、→ Case 95）。

　Case 95と統一的に理解できる点で優れている。しかし、その結果が妥当であるのか、やや疑問がある。**Case**でBは約2,480万円を取得することになり、Dは特別受益を含め約1,020万円を取得するにすぎない。これに対し、Cは6,500万円を取得することとなる。むしろ、実際になされた遺産分割の結果を控除するものとし、Aについては1,750万円（2,500 − 750）、Dについては250万円（1,250万円から特別受益1,000万円を控除）を遺留分侵害額とすることが妥当だという考え方もありうるところだからである。

　このような考え方があり、従来もこのような考え方に沿った事件処理が存したにもかかわらず、1046条2項2項が現実に取得した遺産の額ではなく、先に記載したような内容となったのは、遺留分侵害額は相続開始時において存する諸要因（相続開始時の積極・消極財産の額、特別受益の有無および額等）によって確定されるべきだという理論的な理由からである。その他、遺産分割が協議や調停でなされるときには、例えば、被相続人との親疎、親族とりわけ老親との同居や扶養、墳墓の維持管理、親類との今後の付き合い、被相続人との間また相続人間の金銭貸借や立替金の実質的清算といった様々な要素が考慮されたうえ結論に至ることから、このようにして決められた遺産からの実際の取得額を組み込んで遺留分侵害額を算出することは相当でないという理解に基づくものだと思われる。

〔加藤祐司〕

I……遺留分制度⓫

97
遺留分侵害額の計算方法

Case

Aは、20＊＊年1月1日、甲土地（8,000万円）と預金（3,000万円）を残して死亡した。相続人は、配偶者Bおよび子Cである。相続債務は2,000万円である。死亡の15年前にCに対し1,000万円の特別受益にあたる生前贈与がなされている。Aは甲を相続人でないDに遺贈する内容の遺言をなしている。BおよびCの遺留分侵害額がそれぞれいくらか。

【Before】

遺留分侵害額の算定については、旧1028条・旧1029条および旧1030条ならびに旧1044条が準用する887条2項・3項・900条・901条および旧903条によってなされている。このほか旧1038条・旧1039条および旧1044条が準用する904条も、遺留分算定の基礎となる財産の範囲もしくはその評価に関する規定である。

この遺留分侵害額の算定については、最判平8・11・26民集50-10-2747の示したところは次のとおりである。

　①遺留分の基礎となる財産額＝相続開始時に有していた財産の価額＋贈与額－相続債務額

　②遺留分額＝遺留分の基礎となる財産額×個々の遺留分権利者の遺留分率

　③遺留分侵害額＝遺留分額－（特別受益財産額＋遺贈財産額＋相続によって得た財産額）＋遺留分権利者が負担すべき相続債務額

上記平成8年判決は、遺贈については述べておらず、また、遺留分額の算定において特別受益額を控除している。遺贈については特別受益と同様に扱われ、特別受益（および遺贈）財産額を②、③のいずれの段階で控除しても結論は変わらない。

Caseでは遺留分の基礎となる財産額は1億円、B・Cの遺留分額は2,500万円、B・Cについての遺留分侵害額はいずれも1,500万円となる（→ Case 95・96）。

【After】

1043条が【Before】の①を、1042条が②を、1046条2項が③を定める。これらによると、遺留分侵害額の算出方法も【Before】と同様であるが、いくつかの点で変更がな

されている。

【Before】①のうち相続人に対する贈与額については相続開始前1年以内か以後かを問わず特別受益に該当する贈与であることが明記され、かつ、原則として相続開始前10年に限られることとなった（1044条1項・3項→ Case 89）。③の控除項目として遺贈の価額が明記された（1046条2項1号）。特別受益財産額に関して1044条は①の遺留分の算定の基礎となる財産額についてのみ規定しているから、③の控除項目としての贈与については、その時期を問わないということになる（1046条2項1号）。また、③の控除項目としての相続によって得た財産額については、「第900条から第902条まで、第903条及び第904条の規定により算定した相続分に応じて遺留分権利者が取得すべき遺産の価額」とされ、寄与分を考慮しない具体的相続分額であることとされた（1046条2項2号→ Case 95・96）。評価時点に関しては、①の贈与額については1044条2項が、相続によって得た財産額（相続分に応じて遺留分権利者が取得すべき遺産の額）については1046条2項2号が、いずれも904条を準用して相続開始時の価額であると定めている。

以上によると、①の遺留分の基礎となる財産額は9,000万円（8,000 + 3,000 − 2,000）、②のB・Cの遺留分額はいずれも2,250万円（9,000 × 1/4）、③の遺留分侵害額はB・Cいずれについても1,250万円ずつ（Bについては2,250 − 2,000 + 1,000〔2,000万円は遺産である預金についての具体的相続分、1,000万円はBが承継する相続債務の額（遺留分権者承継債務額）〕、Cについては2,250 − 1,000 − 1,000 + 1,000〔1,000万円は、順に特別受益財産額、遺産である預金についての具体的相続分額、遺留分権利者承継債務額〕）という結果となる。

特別受益財産額について、控除項目としても10年に制限すると、Bについての遺留分侵害額は1,250万円で変わらないが、Cについては15年前の贈与であるから控除項目としての特別受益財産額には該当しないこととなり、遺留分侵害額は2,250万円となる。

遺留分算定の基礎となる財産額の算定に関して、これまでは相続人に対する贈与についての期間制限はなされていなかった（旧1044条・旧903条1項）。これを相続開始前の10年に限ったのは（1044条1項・3項）、古い贈与を加えて遺留分算定の基礎となる財産額を算定すると、そのような古い時期の贈与を知ることの難しい受遺者や受贈者が多額の遺留分侵害額に相当する金銭の支払請求を受けることになりかねないからである。しかし、他方で、控除項目としての特別受益財産額についても同様に期間制限をすると、上記のとおり、かえって受遺者や受贈者の負担が増加してしまうこととなる。そこで、特別受益となる贈与の時期についての制限は設けらなかった。　　　　　　［加藤祐司］

I……遺留分制度⓬

98 受遺者と受贈者がいる場合の遺留分負担額

Case

　Aの相続人は妻Bと長男Cおよび長女Dの3人である。Aは死亡する5年ほど前、長男Cに自宅甲建物（相続開始時の評価額は2,000万円。以下、財産の価額はいずれも相続開始時の評価額）を贈与し、その後も自宅でBおよびC一家と同居していた。Aは、「自宅の敷地である乙土地（8,000万円）はBに相続させる。預貯金はCの子Eに遺贈する」との内容の遺言書を作成していた。Aの死亡時の遺産は乙と預貯金2,000万円のみである。負債はない。
　Dが遺留分侵害額（遺留分減殺）を請求する場合、B、C、Eの遺留分負担の順位はどのようになるか。

【Before】

　旧1033条は、「贈与は、遺贈を減殺した後でなければ、減殺することができない」と定めていた。いわゆる「相続させる」遺言による場合については、遺贈と同順位とする裁判例があり（東京高判平12・3・8高民集53-1-93）、これが多数説となっていた。

　Caseにおいては、多数説によれば、BとEが同順位でDに対する遺留分侵害額を負担する。Dの遺留分侵害額は1,500万円である。負担割合を算出するにあたり、Bの遺留分額を控除する必要があるとする判例（最判平10・2・26民集52-1-274）に従うので、Bについては、乙の評価額8,000万円からBの遺留分額3,000万円を控除した5,000万円を、Eについては預貯金2,000万円を、算出の計算に用いることになる。その結果、Bは乙の共有持分の $1,500 \times 5,000/(5,000+2,000)$ の減殺を、Eは預貯金の準共有持分 $1,500 \times 2,000/(5,000+2,000)$ の減殺を受けることとなる。

　BおよびEに対する減殺により、Dの遺留分侵害は解消されるので、DはCに対しては減殺を請求することができない。

【After】

　1047条1項1号は「受遺者と受贈者とがあるときは、受遺者が先に負担する」と定める。

新法では、「減殺」という概念にかわって、遺留分侵害額の「請求」という文言が用いられることとなったが、遺留分侵害額を負担する順位は、旧法における減殺を受けるべき順位と異ならない。ただし、疑義があったいくつかの点を明らかにする改正が行われた。

　その1つ目が、いわゆる「相続させる」遺言による場合の扱いである。1047条1項本文において、「遺贈（特定財産承継遺言による財産の承継又は相続分の指定による遺産の取得を含む。……）」と定められ、「特定財産承継遺言」（1014条2項。「遺産の分割の方法の指定として遺産に属する特定の財産を共同相続人の1人又は数人に承継させる旨の遺言」）による場合、すなわち、いわゆる「相続させる」とする遺言により特定の財産が承継された場合、遺贈と同順位に扱うことが明確にされた。また、遺言による相続分の指定により遺留分が侵害された場合も、遺贈と同順位とすることになった。**Case** における負担の順位は旧法と異ならない。

　死因贈与については、遺贈に関する規定を準用するとの条文（554条）があることから、減殺の順序についても遺贈と同視する説と、遺贈の次順位とする説があった。死因贈与の順位についても条文に明記すべきであるとの意見があり、リーディングケースとして引用されることの多い上記平成12年判決が示した遺贈、死因贈与、生前贈与の順位を規定することが検討されたが、最高裁の判決ではないことと、遺贈と同順位とすべきとの有力説もあることから、今回の改正での条文化は見送られた（第24回会議議事録27頁〔神吉康二〕）。

　2つ目は、同じく1047条1項本文において、「贈与（遺留分を算定するための財産の価額〔1043条〕に算入されるものに限る。……）」と定め、算入される生前贈与の範囲を明らかにした（→ **Case 89**）。

　3つ目は、最高裁判決（最判平10・2・26民集52-1-274）を取り入れ、負担額の算出にあたり、受遺者または受贈者の遺留分額を控除することを明らかにするために、これも1047条1項本文において、「目的の価額（受遺者又は受贈者が相続人である場合にあっては、当該価額から第1042条の規定による遺留分として当該相続人が受けるべき額を控除した額）」と定めた（→ **Case 88**）。

　Case において、DはBとEに対して遺留分侵害額の支払を求めることができ、Cに対しては求めることができず、この順位は旧法と同じである。今回の改正は、遺留分を負担する者の順位や割合についてはこれまでの実務を条文で明確にしたものであるから、旧法と異ならないが、減殺にかえて侵害額の請求を受けることと変更された結果、Cは、BとEに対して、不動産の共有持分や準共有持分の減殺を請求するのではなく、侵害額に応じた金銭の支払を請求することになる。

〔巻淵眞理子〕

I……遺留分制度⓭

99
複数人に同時に贈与した場合の遺留分負担額

Case

　Aの相続人は、妻B、長女Cおよび長男Dの3名である。Aは、死亡する5年前の誕生日に、妻Bに自宅の敷地である甲土地（相続開始時の評価額は8,000万円。以下、財産の価額はいずれも相続開始時の評価額）を、同居する長女Cに自宅である乙建物（2,000万円）を贈与した。Aの相続開始時の遺産は、生前贈与した甲と乙以外にはなく、負債はない。
　Dが遺留分侵害額（遺留分減殺）を請求した場合、BおよびCの遺留分負担の順位と金額はどのようになるか。

【Before】

　旧1034条は、「遺贈は、その目的の価額の割合に応じて減殺する。ただし、遺言者がその遺言に別段の意思を表示したときは、その意思に従う」と定めていた。条文では、生前贈与が同時になされた場合の扱いが明らかでなかったが、同時になされた生前贈与の場合も、価額割合に応じて減殺されるとするのが多数説であった。なお、同条ただし書により、遺言者が別段の意思を表示している場合は、価額割合に応じた減殺ではなく、遺贈の目的物の中で、遺言者が指定した物を減殺の対象とすることができた。

　Caseでは、Dの遺留分侵害額は1,250万円である。DがBおよびCに対して遺留分の減殺を請求する場合、遺留分権利者に対する遺贈や贈与は、その者の遺留分額を超える部分のみが割合減殺の対象になる（最判平10・2・26民集52-1-274）との判例があることから、Bに対する遺留分減殺額の算出の基礎となる金額は 8,000 − 2,500 = 5,500万円、Cについては 2,000 − 1,250 = 750万円である。そこで、DはBに対して、1,250 × 5,500/(5,500 + 750) = 1,100万円相当となる、甲土地の持分80分の11を減殺請求することができた。同様に、Cに対しては、1,250 × 750/(5,500 + 750) = 150万円相当となる、乙建物の持分40分の3の減殺を請求することができた。

【After】

　1047条1項2号は、受遺者が複数あるときと同様、受贈者が複数あるときにおいても、同時に贈与された場合は、価額割合に応じて遺留分侵害額を負担することを明らか

にした。したがって、複数の生前贈与が同時に行われた場合は、すべての受贈者に対して、価額の割合に応じた負担額を請求する必要がある。特定の受贈者に対してのみ請求した場合は、請求を受けた受贈者は、価額割合に応じて負担すべきことを抗弁として主張できることになる。

Case において、Dは遺留分侵害額として、Bに対しては1,100万円、Cに対しては150万円の支払を求めることになる。なお、遺留分を算定するための財産の価額については1043～1045条参照。BとCに対する請求が、それぞれの遺留分を侵害しないことも確認する必要がある（1047条1項）。

新法でも旧法同様、遺言者が別段の意思を表示した場合は、価額割合によらないことが可能とされている。このことにつき、旧法では、遺言者の別段の意思に従っても取引の安全を害するおそれがないからと説明されてきた。この説明は遺贈にはあてはまる可能性が高いが、生前贈与の目的物が、相続開始時よりかなり以前に受贈者から第三者に譲渡されており、この目的物が減殺の対象となるならば、取引の安全を害する結果となることもあり得たと考えられる。他方、新法では、減殺による所有権または共有持分権の移転という効果が否定され、すべて金銭債権として解決されることになったので、取引の安全への配慮は、旧法に比べ、より不要となったと考えられる。遺言により、例えば、「まずはCに対する贈与から侵害額の弁償をする」との指定がある場合は、それに従う。

なお、生前贈与の場合に、「贈与が同時にされた」ときの「同時」は、何によって判断するかについて、従来から諸説あるところである（→ **Case 100**）。

遺贈の場合に、旧法では、複数の遺言書がある場合も、効力は死亡時に同時に発生するので、遺言書の作成時期にかかわらず割合に応じて減殺され、また、1人に対する1個の遺贈で目的物が複数ある場合も、減殺者に選択権はなく、各物件の価額に応じて減殺すべきとされてきた。また、請求者が一部の受遺者だけに請求した場合、全部の遺贈の中で当該遺贈の価額の割合の限度でしか減殺は認められないと解釈されてきた。これらの解釈は、新法でも妥当すると考えられる。

［巻淵眞理子］

I……遺留分制度⓮

100
複数人に異時に贈与した場合の遺留分負担額

Case

被相続人Aの相続人は妻B、長男C、長女Dの3名である。Aは、死亡する8年前に、同居していたCに自宅の敷地である甲土地（相続開始時の評価額は6,000万円。以下、財産の価額はいずれも相続開始時の評価額）を贈与した。また、死亡する3年前には別荘として利用していた乙土地（3,500万円）と丙建物（1,500万円）をDに贈与した。Aの相続開始時の遺産は、自宅である丁建物（1,500万円）と預貯金1,500万円であり、負債はない。Aは、遺言書を作成していなかった。

Bが、CおよびDに対して遺留分侵害額（遺留分減殺）を請求する場合の順位と金額はどのようになるか。

【Before】

旧1035条は、「贈与の減殺は、後の贈与から順次前の贈与に対してする」と定めていた。死亡時により近い贈与ほど遺留分侵害の直接の原因になっていること、古い贈与ほど法的関係の安定を保護する必要が高いことから、このように定められたとされ、強行規定と解されていた。

Caseの場合、生前贈与を持ち戻すと、CとDはすでに法定相続分を超えて取得していることから、相続開始時の遺産である丁建物と預貯金の合計3,000万円相当はBが単独で取得することになる。Bの遺留分侵害額は、甲、乙、丙、丁および預貯金の合計額1億4,000万円の4分の1である3,500万円から、Bが取得する3,000万円を控除した500万円になる。

そして、後の贈与から減殺すると定める旧1035条により、Bは、まずはDに対し、Dが生前に贈与を受けた乙と丙につき、500万円相当の共有持分を減殺請求することになる。

Dに対する減殺により、Bの遺留分侵害は解消されるので、BはCに対して減殺請求することはできない。

【After】

1047条1項3号は、旧法と同様の順位、すなわち、後の贈与にかかる受贈者から順次前の贈与にかかる受贈者が遺留分侵害額を負担する、と定める。この規定は、旧法同様、強行規定と解される。なお、遺留分の減殺ではなく、侵害額の負担と改められている。

そこで、**Case**の場合、順位については、旧法のときと同様、Bは、Dに対して、遺留分侵害額500万円の支払を求めることになる（遺留分を算定するための財産の価額については1043～1045条参照）。なお、Dに対する請求が、Dの遺留分を侵害しないことを確認しておかなければならない（1047条1項参照）。そして、Dへの侵害額請求によりBの遺留分侵害額は全額が弁償されるので、Bは、Cに対しては請求することができない。また、BのDに対する請求は、従前は乙土地と丙建物の共有持分移転登記請求であったところ、改正後は金銭の支払請求に変更されている。Dの無資力による損失はBが負担する（同条4項）。なお、Dは、裁判所に対して、支払について期限の猶予を求めることができる（同条5項）。

もっとも、旧法時からの大きな論点は、そのまま解釈に委ねられることとなった。すなわち、贈与の先後関係は、契約の先後か履行（登記）の先後かの問題である。登記の先後によるという有力な見解もあるが、多数説は、契約成立の先後関係に従うべきとする。その論拠として、書面によらない贈与は、履行が終わった部分については解除できない（550条）と定められているところ、贈与契約の履行としては目的物の引渡しや権利証・登記事項証明書の交付などの行為が行われれば履行が終わったものとする判例があることが挙げられる。また、遺留分を負担すべき贈与の順位は、物権法上の対抗関係が生じる場面ではないことも指摘されている。

なお、同一日付の贈与が複数ある場合、登記の受付番号によらず、反証なき限り同時になされたものと推定するとの判例（大判昭9・9・15民集13-20-1792）がある。

1個の贈与の目的物が複数の場合、全部の目的物の価額割合に応じて負担することになる。

遺留分侵害額請求権の消滅時効との関係で、複数の生前贈与がある場合は、可能性のある贈与については網羅的に請求しておく必要がある場合も考えられる。［**巻淵眞理子**］

I……遺留分制度⓯

101
転々と譲渡された場合の遺留分負担額

Case

被相続人Aの相続人は、妻Bと長男Cの2名である。A夫婦は、C一家と同居していたことから、死亡する8年ほど前に自宅である甲土地（相続開始時の評価額は5,000万円。以下、財産の価額はいずれも相続開始時の評価額）と乙建物（2,000万円相当）を、Cに贈与した。贈与から5年ほど経ち、AとBは、相次いで老人ホームに入所した。そこで、Cは、甲と乙をDに売却し、C一家はCの勤務先近くに住居を購入して転居した。A死亡時の遺産は、預貯金1,000万円だけであり、負債はない。

【Before】

旧1040条1項は、「減殺を受けるべき受贈者が贈与の目的を他人に譲り渡したときは、遺留分権利者にその価額を弁償しなければならない。ただし、譲受人が譲渡の時において遺留分権利者に損害を加えることを知っていたときは、遺留分権利者は、これに対しても減殺を請求することができる」と定めていた。遺留分権利者は、原則として、受贈者に対して価額の弁償を求めることができるにとどまる。ただし、受贈者からの譲受人が、権利を譲り受けるときに遺留分権利者に損害を加えることを知っていた場合には、遺留分権利者は、譲受人に対して現物の返還を請求することができる。なお、譲受人は、価額を弁償することにより、現物返還を免れることができた（旧1041条2項）。

Caseの場合、Cへの生前贈与が特別受益として遺産に持ち戻されると、Bの遺留分侵害額は1,000万円（(1,000＋7,000)×1/4－1,000）となり、原則としてCに対して1,000万円の価額弁償を求めることができるが、Dが悪意の場合には、Dに対して甲土地と乙建物の7分の1ずつの共有持分の減殺を請求することができた。

旧1040条は、生前贈与についてのみ定めるが、判例は、遺贈にも同条が類推適用されるとしていた（最判昭57・3・4民集36-3-241）。

なお、遺留分減殺の意思が表示されたのちに、受贈者が目的物を譲渡した場合については上記と異なる。判例は、二重譲渡の対抗問題として扱うとした（最判昭35・7・19民集14-9-1779）ので、譲受人が背信的悪意者である場合を除き、遺留分権利者は、対抗要件を具備した譲受人に対して、目的物の返還を求めることができないこととされてい

た。そこで、譲受人が対抗要件を具備していた場合、遺留分権利者は、受贈者に対して、不法行為による損害賠償を求めることができるという裁判例（大阪高判昭49・12・19民集30-7-778）や、不当利得として遺留分減殺による持分相当額の返還を請求することができるとする裁判例（名古屋地判昭51・9・28民集36-3-244）があった。

【After】
　今回の改正は、遺留分の性質を、物権的に権利を回復させる形成権から、金銭債権を発生させる形成権に変更した。改正前は、遺産を構成する財産の一部を、減殺請求権の行使により相続人に回復させ、被相続人の財産処分の自由を一部制限してきたが、改正により、被相続人に、すべての財産を完全に自由に処分することを認めた。その結果、「減殺」という文言を条文に残すことが不適切となり、遺留分侵害額の請求という言葉に置き換えることにもなった。

　それは同時に、減殺を受けるべき「目的物」という概念もなくなったことを意味する。したがって、改正前は、減殺を受けるべき物件が譲渡された場合に、その物件の返還を追及する手段を用意しておく必要があったが、改正後はその必要がなくなり、旧1040条は、全文が削除された。

　Caseの場合、改正後は、受贈者に対する価額弁償だけが可能であり、BはCに対してのみ、1,000万円の遺留分侵害額請求権を行使することになる。たとえDが悪意であっても、Dに対して侵害額の弁償を求めることはできず、Cが無資力の場合の損失は、Bが負担する（1047条4項）。なお、裁判所はCの請求により、1,000万円の支払に期限の猶予を与えることができるとされている（同条5項）。Cの裁判所に対する、期限の猶予を求める訴えは形成訴訟とされているが、反訴を要するとする説と、抗弁でよいとする説があり、今後の運用が注目される。

［巻淵眞理子］

I……遺留分制度⓰

102
負担付贈与等と遺留分負担額

Case

　Aが死亡し、相続人は子B・Cである。Aには弟Dと、A・Dの母Eがいた。Aの遺産は600万円で、債務はない。(1)・(2)の各事情がある場合において、BがDに対して遺留分の主張をした。DのBに対する負担はどのようなものとなるか。
　(1)　Aは死亡する1年前に、Dに対して、甲土地（3,000万円）を贈与した。その後、Cは甲を3,200万円で売却し、得た代金で、乙不動産を取得した。相続開始時の評価額は甲3,000万円、乙2,800万円である。
　(2)　Aは死亡する1年前に、Dに対して、金銭3,000万円を贈与するとともに、Dとの間で、Aの死後はDがEの世話をEの生涯続ける旨の合意をしていた。Eの平均余命、心身の状況等を考慮すると、Eの世話に要する費用は1,000万円と評価される。

【Before】
　旧法下では、①遺留分の侵害額は、相続開始時の財産の価額に贈与の価額を加えるなどして算定した遺留分算定の基礎財産（旧1029条1項）をもとに算定され、②遺留分侵害があれば、遺留分権利者は贈与等の減殺を請求することができた（旧1031条）。
　Case の(1)では贈与の目的財産が、受贈者の行為によって滅失している。(2)では負担付贈与である。このような場合に、①で加算する贈与の価額、および、②で減殺の対象となる贈与の価額をどう考えるかが問題となる（①につき、→ Case 89・90）。
　(1)の贈与財産が滅失等した場合に関しては、贈与が特別受益であれば、旧1044条による904条の準用で、①での、特別受益として加算する贈与（旧1044条・旧903条）の価額は、相続開始時になお現状のままであるとした価額となる。そして、学説は、特別受益ではない贈与についても同様に、相続開始時になお現状のままであるとした価額とすると解していた。これに対して、②での価額については規定がない。ただ、①について上記のように解する以上、贈与が減殺の対象となるのであれば（贈与は基本的に減殺の対象となるが、特別受益たる贈与は特段の事情があれば減殺の対象とならない余地がある。最判平10・3・24民集52-2-433）、相続開始時になお現状のままであるとした価額を減殺の

対象とすべきである。

Case(1)では、甲が相続開始時にD所有のままであるものとして、①では3,000万円を加算し、Bの遺留分は（600＋3,000）×1/2×1/2＝900万円となり、Bは遺産600万円を取得しても、300万円分の減殺請求が可能である。そして、②で減殺の対象となる贈与も3,000万円となるが、Dが甲をすでに譲渡しているため、DはBに対して300万円の価額弁償をすることになる（旧1040条）。

(2)の負担付贈与に関しては、②については旧1038条により、負担付贈与の目的財産の価額から負担の価額を控除したものが減殺の対象となる。これに対して、①での加算額については明文の規定がなく、②に関する旧1038条が及ぶのか否か、見解が分かれていた（→ Case 90）。

Case(2)では、①に関して、旧1038条が及ぶとする立場によれば（→【After】）、贈与3,000万円のうち負担の価額1,000万円を控除した2,000万円が加算の対象となるため、Bの遺留分は（600＋2,000）×1/2×1/2＝650万円であり、Bは遺産600万円を取得しても、50万円分の減殺請求が可能である。②では、旧1038条により、贈与のうち2,000万円が減殺の対象となり、DはBに対して50万円の債務を負担する。

【After】

新法下では、①遺留分の侵害額は、旧法と同様に、贈与の価額を加えるなどした遺留分算定の基礎財産（1043条1項→ Case 89）をもとに算定され、②遺留分侵害があれば、遺留分権利者は、受贈者に対して遺留分侵害額請求をなしうる（1046条→ Case 94）。

(1)の、贈与財産が滅失等した場合に関しては、旧1044条が削除され、①で加算する贈与の価額（1044条1項）には、1044条2項により904条が準用される。また、②では、1047条2項により904条が準用され、受贈者の負担額が決まる。

Case(1)では、①でも②でも、【Before】と同様、甲土地が相続開始時にD所有のままであるものとするため、①では3,000万円が加算され、②では3,000万円の贈与が遺留分を侵害しているものとされ、BのDに対する遺留分侵害額請求により、DはBに対して300万円の金銭債務を負う。金銭のみで処理され、甲土地自体の滅失は問題とならない。

(2)の負担付贈与に関しては、①での加算額については、旧1038条が①にも及ぶと解する一部算入説が採用され、1045条1項が新設された（→ Case 88）。②での価額については、旧1038条と同じ内容が、1047条2項による1045条の準用により導かれる。

Case(2)では、①でも②でも、【Before】と同様、贈与の価額を2,000万円として、①では2,000万円が加算され、②では2,000万円の贈与が遺留分を侵害しているものとされ、BのDに対する遺留分侵害額請求により、DはBに対して50万円の金銭債務を負う。

［宮本誠子］

I……遺留分制度⓱

103 受遺者等の行為による債務消滅と遺留分負担額

Case

　Aが死亡し、相続人は子BとCである。Aは、生前、自己所有の甲不動産において、個人事業を営んでおり、この事業をAの甥Dに承継させる予定であったため、「遺産のうち、甲をDに遺贈する」旨の遺言をしていた。
　Aの遺産は、甲（相続開始時の評価額5,000万円）のみである。また、Aは、事業に関連してEに対し1,000万円の債務を負っていた。
　Aの死亡から2か月が経過した頃、B・Cは、Dに対して、遺留分の主張をした。その後に、DがEに対して、Aが借り入れていた債務1,000万円を弁済した場合、DのB・Cに対する遺留分侵害額はどうなるか。

【Before】

　旧法下では、①遺留分侵害額は、次の計算式で算定された（最判平 8・11・26 民集 50-10-2747）。遺留分侵害額＝「遺留分算定の基礎となる財産の額」×「総体的遺留分率」×「法定相続分率」－「遺留分権利者の特別受益の額」－「遺留分権利者が相続によって得た積極財産の額」＋「遺留分権利者が相続によって負担する債務の額」（→ Case 97）。そして、遺留分権利者が遺留分の主張をすれば、②上記により算定された侵害額に相当する遺贈・贈与が、侵害する限度において減殺された（旧1031条→ Case 94）。

　①の算定式のうちの「遺留分権利者が相続によって負担する債務の額」については、当該債務が金銭債務であれば、相続開始時に法律上当然に分割され、各共同相続人に相続分に応じて承継されるから（最判昭 34・6・19 民集 13-6-757、相続分の指定がある場合については、最判平 21・3・24 民集 63-3-427）、相続債務の相続分に応じた額を指す。この額は相続開始時に定まっており、たとえ、受遺者等が、遺留分権利者（相続人）の承継した相続債務を弁済して、相続人の承継した債務が消滅したとしても、①の遺留分侵害額の算定には影響せず、②の遺贈・贈与が減殺される範囲にも影響しない。

　Case では、①での侵害額は、B・Cそれぞれ、(5,000 － 1,000) × 1/2 × 1/2 ＋ 債務 1,000 × 1/2 ＝ 1,500万円であり、B・CのDに対する遺留分の主張（遺留分減殺の意思表示）により、Dに対する遺贈は、B・Cそれぞれ 1,500 万円ずつの限度で減殺される（その結果、甲不動産はB・C・Dの共有となる）。ただし、Dは価額弁償をすることもで

206　第4章　遺留分制度

きる（旧1041条1項）ところ、DはB・Cの債務を第三者弁済しており、B・Cに対してそれぞれ500万円の求償権を有しているため、価額弁償のうち500万円分は求償権と相殺できる可能性もある。

【After】
　新法は、①【Before】で示した計算式を明文化した（1046条2項→ Case 97）。そして、遺留分権利者が遺留分の主張をすれば、②遺留分権利者は、受遺者等に対して、遺留分侵害額に相当する金銭の支払を請求できる（同条1項→ Case 94）。
　②で遺留分権利者の取得する権利が金銭債権になれば、①の計算式における相続債務額の加算は、（加算した分、遺留分権利者に支払うべき額が増えるため）受遺者等が遺留分権利者に相続債務弁済資金を事前に提供するのと同じ状態を生じさせる（中間試案補足説明75頁）。
　また、「例えば、被相続人が個人事業を営んでおり、事業に関連して多額の債務を負担していたところ、被相続人の死亡に伴い受遺者又は受贈者が当該事業を承継したという事案では、遺留分権利者がその承継する相続債務の支払をしないからといって、その分の支払を怠ることができない場合が多いと考えられる」。「そのような場合に、受遺者又は受贈者がその分の支払をした上で遺留分権利者にこれを求償するというのは迂遠である。また、そもそも、事業を承継する受遺者又は受贈者にとっては、遺留分権利者に弁済資金の前渡しをするくらいであれば、むしろ期限の利益を放棄してでも相続債権者に直接弁済したいという場合もあるものと考えられる」（中間試案補足説明75頁）。
　そこで、新法は、受遺者等が、遺留分権利者が承継した債務（「遺留分権利者承継債務」という〔1046条2項3号〕）を消滅させる行為をしたときには、消滅した債務額の限度において、遺留分権利者に対する意思表示により、受遺者等の負担する遺留分侵害額の債務を消滅させることができることにした（形成権。1047条3項前段）。
　また、受遺者等が、遺留分権利者承継債務を消滅させる行為をしたことによって、求償権を取得することがあるところ、受遺者等が、遺留分侵害額の債務の消滅請求をした後に、求償権の行使をすれば、受遺者等が実質的に二重の利益を得ることになり相当ではないから（部会資料22-2・28頁以下）、上記の債務消滅請求をすれば、債務が消滅した限度において求償権も消滅するとした（1047条3項後段）。
　Caseでは、Dは、①での侵害額を【Before】と同様1,500万円のままとすることもできるし、B・Cに対して債務の消滅請求して、$(5,000 - 1,000) \times 1/2 \times 1/2 + 債務0 = 1,000$万円とすることもできる。Dは、B・Cに対して、それぞれの額の、遺留分侵害額に相当する金銭債務を負うことになる。第三者弁済をしたことによるB・Cに対する求償権は、前者の場合は維持されるが（相殺の可能性がある）、後者の場合は消滅する。

［宮本誠子］

I......遺留分制度⓲

104
受遺者等の無資力と遺留分負担額

Case

Aが死亡し、相続人は子B・Cである。Aの遺産は1,000万円で、債務はない。

Aは死亡する8年前、Cに対し、特別受益として甲土地3,000万円を贈与していた。また、Aは死亡する1年前、甥Dに対し、乙土地2,000万円を贈与していた。

Bは、Dに対して遺留分の主張をしたが、Dはその直前に事業に失敗し、乙も失い、無資力の状態にある。BはCに対して遺留分の主張をすることができるか。

【Before】

遺留分を侵害された者は、遺留分を侵害している遺贈・贈与を受けた者に対して、遺留分の主張をすることができる。遺留分の主張は、旧法下では、遺留分減殺請求権の行使であり、これは形成権であって、その行使により、遺留分を侵害する遺贈・贈与はその侵害する限度で失効し、遺留分権利者が当然に財産を回復するとされていた（最判昭57・3・4民集36-3-241、形成権＝物権的効果説）。

遺贈・贈与が複数ある場合、遺留分減殺を受ける順序は次のように定められていた。①贈与と遺贈がある場合には、遺贈を先に減殺する（旧1033条）。②遺贈が複数あれば、遺言者が遺言で別段の意思を表示していない限り、遺贈の目的の価額の割合に応じて減殺する（旧1034条）。③贈与が複数あれば、後になされた贈与から順次減殺する（旧1035条）。

Caseでは、この順序に従い減殺を受けることになる遺贈・贈与の受遺者・受贈者が無資力である場合に、遺留分権利者が、次の順位の受遺者・受贈者に対して、減殺請求できるかが問題となる。旧1037条は、「減殺を受けるべき受贈者の無資力によって生じた損失は、遺留分権利者の負担に帰する」と定めていた。それゆえ、減殺すべき遺贈・贈与の受遺者・受贈者の無資力リスクは、遺留分権利者が負担する。これは、本来減殺請求を受けることがないはずの者が先順位者の無資力によってリスクを負担することは条理に反するという考慮に基づくものである。

Caseにおいて、Bの遺留分は（1,000 + 2,000 + 3,000）× 1/2 × 1/2 = 1,500万円であり、Bは遺産1,000万円全部を取得しても、遺留分が500万円侵害されている。Cに対する贈与とDに対する贈与のうち、減殺の対象となる贈与は、後になされたDに対する贈与である。Dの無資力リスクは、遺留分権利者であるBが負担するのであり、BがCに対して請求することはできない。

【After】
　新法では、遺留分を侵害された者は、遺留分侵害額に相当する金銭の支払を請求できることとなった（1046条1項）。受遺者・受贈者は、1047条1項の定める順序に従い、遺留分侵害額を負担する。1047条1項の定める順序自体は、旧1033〜旧1035条と同様であり、①受遺者と受贈者がある場合には、受遺者が先に（1047条1項1号）、②受遺者が複数あるときは、遺言者が遺言で別段の意思を表示していない限り、遺贈の目的の価額の割合に応じて（同項2号）、③受贈者が複数あるときは、後になされた贈与の受贈者から順に（同項3号。贈与が同時になされている場合には②と同様の方法で）、負担する。
　この順序に従い遺留分侵害額を負担することになる受遺者・贈与者が無資力である場合についても、新法では旧法の内容を維持している。1047条4項が、「受遺者又は受贈者の無資力によって生じた損失は、遺留分権利者の負担に帰する」と定めており、遺留分侵害額を負担する遺贈・贈与の受遺者・受贈者の無資力リスクは、遺留分権利者が負担する。
　Caseにおいては、【Before】と同様に、Bの遺留分は1,500万円であり、Bは遺産1,000万円全部を取得しても、遺留分が500万円侵害されている。侵害額請求の対象となる贈与は、後になされたDに対する贈与であるため、Bが遺留分の主張をすれば、BはDに対して500万円の金銭債権を取得することになる。Dの無資力リスクは、遺留分権利者であるBが負担するので、BがCに対して請求することはできない。［**宮本誠子**］

I……遺留分制度⑲

105 遺留分侵害額の支払に関する期限の許与

Case

　Aが死亡し、相続人は子B・Cである。Aの遺産は、甲不動産（相続開始時の評価額5,000万円）と金銭1,000万円であり、債務はない。
　Aは、「遺産のうち、甲をCに相続させる」旨の遺言を残していた。それは、Aが生前に、自己所有の甲を自宅兼事務所として、家業を営んでおり、その家業を手伝っていたCが家業を継続できるようにと考えていたからであった。
　Bは、Cに対して、遺留分の主張をした。Cには財産がほとんどなく、甲くらいであるが、Cは家業を継続するために甲を手放したくないと考えている。Cはどのように対応すべきか。

【Before】

　旧法下での遺留分制度では、遺留分権利者に遺贈等の減殺請求が認められていた（旧1031条）。遺留分権利者からの遺留分減殺の意思表示により、遺留分を侵害する遺贈等は遺留分を侵害する限度で当然に失効し、遺留分権利者が財産に対する権利を回復する。例えば、ある土地の遺贈が遺留分を侵害していれば、遺留分権利者は、遺留分減殺の意思表示により、同土地の所有権または共有持分（遺留分侵害に相当する分）を取得する。このように、遺留分権利者は現物返還を受けることが原則であった。
　しかし、例外として、受遺者等には、価額弁償をして現物の返還義務を免れることが認められていた（旧1041条1項）。価額弁償は、あくまでも、本来なすべき現物返還を価値的に実現する例外的手段であり、価額弁償の算定基準時は現物返還請求権が消滅する時、すなわち価額弁償時である（最判昭51・8・30民集30-7-768）。
　Caseにおいては、Bの遺留分は、(5,000 + 1,000) × 1/2 × 1/2 = 1,500万円であり、BがAの遺産から金銭1,000万円を取得しても、500万円の遺留分侵害がある。そして、相続させる旨の遺言も遺留分減殺の対象となるから（最判平3・4・19民集45-4-477、最判平10・2・26民集52-1-274）、Bが遺留分の主張（遺留分減殺の意思表示）をすれば、甲不動産（5,000万円）のうち500万円分が減殺され、Bは甲の共有持分10分の1を取得する。しかし、CはBに対して価額弁償をすることにより、甲の持分を失わなかったことにな

る。価額弁償の額は、価額弁償時の甲の価値の10分の1である。

【After】

　新法では、遺留分権利者が、遺留分侵害額請求の意思表示をすれば、遺留分侵害額に相当する金銭の給付を目的とする債権が発生することとなった（1046条1項）。このように遺留分権利者の権利行使により生ずる権利を金銭債権化すると、受遺者等は、遺贈等の目的物を保持し続けることができるようになる一方で、直ちに金銭を準備できない場合のあることが懸念される。

　法制審議会では、受遺者等が現物給付をすることを認める制度も検討されたが、受遺者等が遺留分権利者にとって不要な財産を押し付ける等、制度の濫用も懸念されることから、現物給付制度の採用は見送られた。そして、受遺者等が直ちには金銭を準備することができない場合を考慮し、受遺者等の請求により、裁判所は、受遺者等が負担する金銭債務の全部または一部の支払につき、相当の期限を許与することができることとした（1047条5項。部会資料26-2・7頁参照）。

　期限の許与がなければ、侵害額請求の意思表示により、金銭債権が発生し、受遺者等は直ちに履行遅滞に陥り、遅延損害金も生じると解される。これに対して、期限の許与があれば、当該期限が経過するまでの間は、受遺者等は履行遅滞に陥らず、遅延損害金は発生しない。

　Caseでは、Bには、【Before】と同様、500万円の遺留分侵害がある。相続させる旨の遺言（新法では「特定財産承継遺言」と呼ばれる〔1014条2項参照〕）の受益者は、受遺者と同様に、遺留分侵害額を負担するため（1047条1項参照）、Bが遺留分の主張（遺留分侵害額請求の意思表示）をすれば、BのCに対する500万円の金銭債権が発生する。Cは、同金銭債権にかかる債務の支払訴訟が提起されている場合には、その抗弁として期限の許与を主張することができる。また、裁判外で金銭の支払を求められている場合には、期限の許与のみを求めて訴えを提起して、裁判所から相当の期限の許与を得るという対応をすることが可能である。

〔宮本誠子〕

I……遺留分制度⑳

106
遺留分侵害額請求権の期間制限等

Case

Aが死亡し、相続人は子B・Cである。Aの遺産は1,000万円で、債務はない。次の(1)・(2)の場合において、BはCに対して遺留分の主張をしたいと考えている。いつまでにしなければならないか。

(1) Aは死亡する1年前に、Cに対して、甲土地（相続開始時の評価額5,000万円）を贈与していた。この贈与がなされたことを、Bは知っている。

(2) Aは死亡する1年前に、Cに対して、金銭5,000万円を贈与していた。この贈与がなされたことを、Bは知っている。

【Before】

旧法下では、遺留分権利者に遺贈等の減殺請求が認められており（旧1031条）、①遺留分権利者からの遺留分減殺の意思表示により（形成権）、遺贈等は遺留分を侵害する限度で当然に失効すると解され（最判昭57・3・4民集36-3-241）、例えばある土地の遺贈が遺留分を侵害しているという場合には、遺留分権利者は、同土地の所有権または共有持分（遺留分侵害に相当する分）を取得して、②所有権または共有持分に基づく請求をなしうるようになる。

旧1042条は、「減殺の請求権」について、遺留分権利者が、相続の開始および減殺すべき贈与または遺贈があったことを知った時から1年間行使しないときは、時効によって消滅し（同条前段）、また、相続開始の時から10年を経過した時も同様とする（同条後段）と定めていたところ、旧1042条のいう「減殺の請求権」は、①形成権としての減殺請求権のみなのか、②形成権を行使した結果としての返還請求権等も含まれるのか、言い換えると、いずれの請求権が同条の期間制限にかかるのかが問題となる。

判例は、旧1042条にいう「減殺の請求権」は、「形成権である減殺請求権そのものを指し、右権利行使の効果として生じた法律関係に基づく目的物の返還請求権等もこれに含ましめて同条所定の特別の消滅時効に服せしめることとしたものではない」として（上記昭和57年判決）、①形成権である減殺請求権のみが1年の消滅時効にかかるとしている。この立場によれば、遺留分減殺の効果として生じる②不動産等の返還請求権や、不動産の所有権または共有持分権に基づく登記請求権は、物権的請求権として消滅時効

にかからない（後者につき、最判平 7・6・9 判時 1539-68）。

　Case においては、B の遺留分は、(5,000 + 1,000) × 1/2 × 1/2 = 1,500 万円であり、B が A の遺産から 1,000 万円を取得しても、500 万円の遺留分侵害がある。B は、C に対して贈与がなされたことを知っているため、C に対して①遺留分の主張（遺留分減殺の意思表示）をするのであれば、相続の開始および減殺すべき贈与があったことを知った時から 1 年以内にしなければならない。B は、遺留分減殺の意思表示さえすれば、(1)では、甲土地の共有持分権 10 分の 1 を当然に取得する。そして②共有持分に基づく登記請求権は、物権的請求権として消滅時効にかからない。(2)では、金銭 500 万円を本来は B が取得していたことになるため、②不当利得返還請求権が発生すると解される。この請求権は、債権の消滅時効の規律に服する（債権法改正前 166 条 1 項・167 条 1 項〔10 年〕、新 166 条 1 項〔原則 5 年〕）。

【After】

　新法により、遺留分権利者は、受遺者・受贈者に対し、遺留分侵害額に相当する金銭の支払を請求できることとなる（1046 条 1 項）。これは、遺留分権利者が、①遺留分の主張（遺留分侵害額請求権の行使。形成権）をすれば、②受遺者等に対する金銭債権が発生するというものである。

　1048 条は、「遺留分侵害額の請求権は、遺留分権利者が、相続の開始及び遺留分を侵害する贈与又は遺贈があったことを知った時から 1 年間行使しないときは、時効によって消滅する。相続開始の時から 10 年を経過したときも、同様とする」と定めている。期間制限の内容に変更はないものの、対象となる権利が「遺留分侵害額の請求権」であると示すことで、遺留分の金銭債権化に合わせ、また、①が対象であることが明らかにしている。

　②の時効に関しては、新法では、遺留分権利者が取得するのは、常に金銭債権であるため、民法の一般の債権と同様の消滅時効の規律に服する（債権法改正前 166 条 1 項・167 条 1 項〔10 年〕、新 166 条 1 項〔原則 5 年〕。追加試案補足説明 60 頁）。

　Case においては、【Before】と同様、B の遺留分は 1,500 万円であり、B が A の遺産から 1,000 万円を取得しても、500 万円の遺留分侵害がある。B は、C に対して贈与がなされたことを知っており、C に対して①遺留分の主張（遺留分侵害額請求の意思表示）をするのであれば、相続の開始および減殺すべき贈与があったことを知った時から 1 年以内にしなければならない。B は、遺留分減殺の意思表示さえすれば、(1)でも(2)でも、② 500 万円の金銭債権を取得する。この金銭債権は、債権の消滅時効の規律に服する（債権法改正前 166 条 1 項・167 条 1 項〔10 年〕、新 166 条 1 項〔原則 5 年〕）。　　　　〔宮本誠子〕

I……相続人以外の者の貢献❶

107
特別寄与料の請求が認められる要件

Case

(1) 被相続人Aは、20＊0年に死亡し、相続が開始した。Aの相続人は長男B、長女Cであり、その法定相続分は2分の1ずつである。遺産分割において、Bは自らの寄与分について、以下のとおり主張した。Bは、Aの妻が死亡した後、BはBの妻DとともにAと同居して生活するようになった。その後、Aが脳梗塞で倒れて右半身不随となり、BとDは、Aが死亡するまでの約15年間、Aの介護を担ってきた。具体的には、BとDは、Aの入院中3か月間は付き添い看護を行い、A退院後は週2回の通院の付き添い、自宅での入浴の介助、食事、車いすでの散歩の世話等を行い、A死亡の半年前からは、Aが毎晩失禁する状態となったことから、その処理をする等したのであり、寄与分がある。このとき、Dは寄与分の主張をすることができるか。

(2) 上記(1)において、A死亡の10年前にBが死亡した後も、DはAと同居し、Aが死亡するまでの間、Aの介護を担ってきた。このとき、Dは寄与分を主張することができるか。

【Before】

　Case は、相続人の配偶者による介護を寄与分として評価することができるかという問題を扱った事例である。

　旧法では、寄与分として評価されるのは、相続人がした寄与に限られているため（904条の2）、相続人以外の者がした寄与は、寄与分として評価されない。そのため、相続人の配偶者が被相続人の療養看護に努めた場合であっても、遺産分割手続において相続人以外の者が寄与分を主張することはできない。Case (1)・(2)では、いずれの場合も、DはAの相続人ではないから、寄与分を主張することはできない。

　他方、家裁実務では、相続人が生存しており、その配偶者が寄与している場合には、相続人の配偶者の寄与を間接的に認めてきた。具体的には、Case (1)において、寄与行為をしたDではなく相続人Bの寄与分として認める。例えば、相続人の配偶者の寄与を相続人の寄与と一体のものと構成する裁判例（東京高決平元・12・28家月42-8-45）や相続人の配偶者の寄与を履行補助者の寄与と構成する裁判例（東京高決平22・9・13家月63-

6-82、東京家審平12・3・8家月52-8-35等）がある。しかし、相続人の配偶者の寄与を相続人の寄与分に含めて評価する取扱いについて、問題点が指摘された（→ Case 110）。

　まず、相続人の配偶者の寄与について、相続人が生存しているか否かという偶然の事情により、考慮の可否が左右される。**Case**(2)のように、BがAよりも先に死亡している場合、BはAの相続人ではないため、Dの寄与をBの寄与分として主張することはできない。また、DはAの相続人でも代襲相続人でもないため、寄与分を主張することはできない。その結果、遺産分割手続において、CはAの介護をまったく行っていなかったとしても、Aの相続人であるから、相続財産を取得することができ、他方、DはAの介護に尽くしても、Aの相続人ではないから、寄与分の主張をすることはできない。これでは実質的公平性を欠くとの批判があった。

　次に、相続人の配偶者の寄与について、相続人の寄与分として評価されるにすぎず、相続人の配偶者自身の財産権は保障されない。**Case**(1)では、Bが相続により取得した財産はBの特有財産であり（762条1項）、DがBから寄与財産を受け取ることができるかどうかは、B次第である。これでは、本来相続人の配偶者の権利であるべきものが相続人の権利に吸収されてしまうとの批判があった。

　このように、旧法では、相続人の配偶者（相続人以外の者）の寄与に十分に報いることは困難であった。

【After】

　新法では、実質的な公平を図る観点から、特別の寄与制度に関する規定が新設され、相続人以外の者が、被相続人の療養看護等を行った場合、一定の要件のもとで、相続人に対して金銭の支払を請求することができることが明文化された（1050条）。

　Case(1)・(2)では、いずれの場合も、相続開始後、Bの生存の有無に関係なく、Dは、特別寄与者として、Aの各相続人に対してDの寄与に応じた金銭（以下、「特別寄与料」という）の支払を請求することができる。

　特別寄与料の請求が認められる要件は、①被相続人の親族であること（相続人、相続の放棄をした者および相続欠格事由に該当しまたは廃除により相続権を失った者を除く）、②被相続人に対して無償で療養看護その他の労務の提供をしたことにより被相続人の財産の維持または増加について特別の寄与をしたことである（→ Case 108・109）。

［羽生香織］

I……相続人以外の者の貢献❷

108 特別寄与料の請求と寄与分審判の関係

Case

被相続人Aは、20＊0年に死亡し、相続が開始した。Aの相続人は長男B、長女Cである。Bは、中学卒業後、Aの農業後継者として、Aと共同して農業を営んでいた。Bは、Dと婚姻した後もAのもとにとどまり、Dと一緒に無償で農業に従事してきたが、Aより先に死亡した。Dは、Bの死亡後もAと同居し、Bの遺志を継いで無償で農業に従事した。Dは寄与分を主張することができるか。

【Before】

Case は、相続人以外の者が、被相続人の事業に関する労務の提供をすることにより、被相続人の財産の維持または増加に貢献した事例である。

旧法では、寄与分として評価されるのは、相続人がした寄与に限られているため（904条の2）、相続人以外の者がした寄与は、寄与分として評価されない。Case では、Dは自己の寄与分を主張することはできない。

なお、寄与分制度において、相続人による寄与行為として認められるためには、①寄与の態様が「被相続人の事業に関する労務の提供又は財産上の給付、被相続人の療養看護その他の方法」であること、②寄与の結果、被相続人の財産が維持または増加したこと、③寄与の程度が「特別の寄与」であることが要件となっている。家庭裁判所の実務（寄与分を定める処分についての審判。家事別表2・14項）では、①家事従事型、金銭等出資型、療養看護型、扶養型、財産管理型の各類型に属する行為を寄与の対象とする。そして、これらの寄与行為について、相続開始前までになされたものが対象となり、さらに、②寄与行為と財産の維持または増加との間の因果関係が存在すること、③「特別の寄与」であること（必要性、無償性、継続性、専従性）を考慮して、寄与分を定める。

【After】

新法では、特別の寄与制度に関する規定が新設された。

特別の寄与制度において、特別寄与者による特別寄与料の請求が認められるためには、①寄与の態様が被相続人に対する無償の労務提供であること、②寄与の結果、被相続人

の財産が維持または増加したこと、③寄与の程度が「特別の寄与」であることが要件となっている（1050条1項）。

このように、特別の寄与制度は寄与分制度との類似性を有するが、寄与行為における①寄与の態様および③寄与の程度が異なる。

まず、①寄与の態様について、対象となる寄与の類型が異なる。新法は、「療養看護その他の労務の提供」を挙げる（1050条1項）。「療養看護」とは、疾病や障害がある者を看護・介護することをいう。「療養看護」は、あくまで労務の提供の例示として挙げているにすぎず、労務の提供があれば寄与行為の対象となる。さらに、相続をめぐる紛争の複雑化、長期化を防止する観点から、「無償で」という文言を付加し、寄与行為に対する対価を得ていないことが請求権の発生要件であることを明記する（部会資料26-2・12頁）。したがって、特別の寄与制度は、療養看護型および家事従事型に属する行為のみを対象とする。

次に、③寄与の程度について、特別の寄与制度と寄与分制度では意味が異なる。寄与分制度における「特別の寄与」は、被相続人と相続人との身分関係に基づいて通常期待される程度（「通常の寄与」）を超える高度なものであることを意味する。特別の寄与制度における「特別の寄与」は、「通常の寄与」との対比から設けられた要件ではなく、「貢献の程度」が一定程度を超えることを要求する趣旨のものである。このように、寄与分制度とは異なる認定基準を設定したのは、特別寄与者は被相続人の親族（725条）であり、かつ、民法上の扶養義務を負わない者が含まれる（730条・752条・877条参照）からである（部会資料23-2・23頁）。「貢献の程度」の具体的な認定基準について、今後の解釈または実務の運用を注視したい。

Caseにおいて、特別の寄与に関する処分についての審判では、Dが、相続開始前になした①無償の労務提供について、②寄与行為と財産の維持または増加との間の因果関係が存在すること、③「貢献の程度」が一定の程度を超えるものであることを考慮して、特別の寄与といえるか否かを判断したうえで（→ Case 112）、認める場合には、特別寄与料の価額が示され、認めない場合には、申立てが却下される。　　　　［羽生香織］

I……相続人以外の者の貢献❸

109
被相続人の親族による特別の寄与

Case

被相続人Aは、20＊0年に死亡し、相続が開始した。Aの相続人は長男B、長女Cである。Aは、夫が死亡した後、Aの妹Dと同居して生活するようになった。Aは、脳梗塞で倒れて右半身不随となり、離床や就床、入浴等、起き上がりや立ち上がりの所作については人の介助が必要で、歩行等の移動については物の支えまたは人の介助に頼る状態となった。その後、Aの体力はかなり低下して病臥することが多くなり、介助の必要性が高くなった。Dは、Aが死亡するまでの約10年間、Aの介助を全面的に行い、終日介護に従事していた。

相続開始後、Dは、寄与に応じた金銭の支払を請求することができるか。

【Before】

Caseは、被相続人の兄弟姉妹が貢献した事例である。

旧法では、Caseのように、相続人以外の者（D）が被相続人（A）の療養看護等に尽くした場合に、特別縁故者の制度（958条の3）、準委任契約に基づく請求（656条、643条）、事務管理に基づく費用償還請求（697条）、不当利得返還請求（703条等）によって報酬などの支払を請求するといった手段が考えられる。しかし、十分な救済が得られるとは限らず、相続人以外の者の寄与を考慮した解決はいずれの方法でも困難であった。

【After】

新法では、特別の寄与制度に関する規定が新設された。特別寄与者は、相続開始後、相続人に対して特別寄与料の支払を請求することができる。

新法で特別寄与料支払請求権が認められる特別寄与者は、「被相続人の親族」であり、かつ、相続人でない者に限定される（1050条1項）。「被相続人の親族」とは、①6親等内の血族、②配偶者、③3親等内の姻族である（725条）。ただし、相続人、相続の放棄をした者（939条）、欠格事由に該当する者（891条）、廃除された者（892条）は除外される。②被相続人の配偶者は、常に相続人となるから（890条）、結果として、①6親等内の血族および③3親等内の姻族のうち、相続人でない者が特別寄与者となりうる。

請求権者を被相続人の親族に限定した理由は、ⓐ被相続人と何ら身分関係のない者を請求権者に加えることで、相続紛争の複雑化・長期化を回避すること、ⓑ被相続人と近い関係にあるために有償契約を締結する等の生前の対応が困難である者を保護する制度であること、ⓒ請求権者について扶養義務を負う者（877条）とは異なる範囲の者とすることで、請求権者が介護負担者であるかのようなメッセージ性を払拭することにある（部会資料25-2・20頁）。なお、被相続人との同居は要件ではない（部会資料23-2・23頁）。

　また、請求権者から相続人を除外した理由は、ⓓ相続人には寄与分を認める制度が存在すること、ⓔ相続の放棄をした者、欠格事由に該当する者、廃除された者について、相続人になり得たがならなかった（または、なれなかった）者を新法の適用により救済する必要性は乏しいことにある（部会資料19-1・6頁）。

　特別の寄与制度の創設に際し、相続人の妻が、被相続人（夫の父）の療養看護に努め、被相続人の財産の維持または増加に寄与した場合が念頭におかれたことから、請求権者として、まず、被相続人の子の配偶者が挙げられる。その他、被相続人の兄弟姉妹（2親等の血族）や甥・姪（3親等の血族）または従兄弟の子（4親等の血族）、被相続人の配偶者の連れ子（1親等の姻族）等が挙げられる。いずれも、被相続人と身分関係を有するものの、相続人にはなりえない者である。

　Caseでは、Dは、Aの2親等の血族であり「被相続人の親族」に該当するから、相続開始後、相続人B・Cに対し、特別寄与料の支払を請求することができる。

［羽生香織］

I……相続人以外の者の貢献❹

110 相続人の履行補助者としての寄与分との関係

Case

農業を営むAには、子B・C・Dがいる。BはEと婚姻し、子Fをもうけ、Aと同居し、農業に従事している。Aは、持病が悪化し、加齢にともなって身体機能が低下し、ついには寝たきりの状態となった。また、Bも農作業中に怪我をしたため、農作業に従事できなくなったことから、EはFの子育てをしながら、率先して農作業に従事し、またAが寝たきり状態となり介護が必要となったときは、Eが中心となってAの世話をした。AはEに感謝しつつも、Eの労に報いる趣旨の遺贈をすることなく死亡した。Eには、自身が貢献した分について、何らかの権利があるだろうか。

【Before】

　寄与分（904条の2）は、共同相続人中に、被相続人の財産の維持・増加に特別の寄与をした者（寄与者）がある場合にのみ、相続分を修正し、共同相続人間の公平を図る制度である。したがって、相続人以外の者が特別の寄与をしたとしても、寄与分を主張することはできないと解されてきた。また、特別縁故者に対する財産分与は、相続人不在の場合にのみ認められる（958条の3、958条の2）。相続人以外の者が特別の寄与をした場合で、相続財産から何らかの給付を受けることは、例えば、被相続人と寄与者である相続人以外の者との間で雇用契約が明確に認められ、寄与者が賃金支払請求権を有する場合のように、財産法上の権利を取得しそれを行使する場合は別として、ほとんど認められてこなかった。

　相続人以外の者の特別の寄与に対する特別な規定がないことから、相続人以外の者の特別の寄与による利益は、相続を通じて、何ら寄与することのなかった相続人（CaseのC・D）が最終的に取得することとなる。そこで、このような不公平を避けるための次善の方法として、裁判例（東京高決平22・9・13家月63-6-82等）では、相続人以外の者による特別の寄与を、「相続人の履行補助者」による寄与と評価し、相続人自身の寄与分額に算入して請求することを認めている。相続人以外の者と近い関係にある相続人の寄与分額を増加させることで、間接的に相続人以外の者に被相続人の財産を取得させるものである。Caseでは、Eの特別の寄与は、相続人Bの「履行補助者」として相続財産

の維持に貢献したものと評価され、Bの寄与分が認められると考えられる。

【After】

【Before】のような解決に対しては、相続人以外の者が相続人の配偶者（「長男の嫁」）であることを念頭に、夫婦は別人格で、夫婦の財産関係は別産制（762条）であるにもかかわらず、寄与分では夫婦の財産が一体であるかのように扱うことは整合性がとれないことや、相続人の寄与分として評価することで、法律関係をいたずらに複雑化し、本来相続人以外の者に帰属すべき請求権の行使を阻害していること、また相続人が寄与者よりも先に死亡した場合には、相続人の履行補助者として考慮できなくなるなどの問題点が指摘されてきた。

新法は、相続人以外の者の貢献への方策として、「特別の寄与」制度（1050条）を設け、特別寄与者の範囲を、被相続人の親族（相続人、相続放棄をした者、欠格事由に該当する者、廃除された者を除く）とした。また寄与行為として認められるのは、無償の労務提供であり、療養看護やCaseのような家業従事が挙げられている。これによって、新法は、本人の貢献を本人の利益として評価することを実現している。

特別寄与料の額の算定方法は、「家庭裁判所は、寄与の時期、方法及び程度、相続財産の額その他一切の事情を考慮して、特別寄与料の額を定める」（1050条3項）とされており、おおむね現行の寄与分制度（904条の2第2項）と同様の取扱いとなる（第196回国会参議院法務委員会会議録19号4頁）。現行の寄与分制度において、家業従事型で寄与分が認められるためには、①扶養義務等を超えた特別の貢献、②無償性、③継続性、④専従性（片手間でないこと）が要求されている。特別寄与料においては、①は不要であり、また「特別の寄与」は、一定程度を超える寄与という意味で捉えられるべきものとされている（部会資料23-2・23頁）。これまでの寄与分の要件であった通常期待される貢献を超える貢献から、一定程度を超える貢献へとその程度は緩和されたことから、「その他一切の事情」として考慮してきた③・④の要件については、これまでの寄与分において要求されてきた程度を緩和することも考えられる。ただし、緩和するとしても、一定程度以上の貢献があることが前提となっており、一定の関係があれば当然に一定額がもらえるものではないことに注意する必要がある。

Caseでは、Eは、相続人Bの配偶者であり、継続的に農業に従事したものの、それに対する対価もなく、またE自身へのかなりの負担を要するものであることから、Eは特別寄与者として、相続人（B・C・D）に対して、特別寄与料の支払を請求することが認められることになろう。なお、「特別の寄与」制度の施行日（2019〔令和元〕年7月1日）以降は、BがEを履行補助者として寄与分を請求することは認められず、Eが特別寄与者として特別寄与料を請求すべきである。

［松久和彦］

I……相続人以外の者の貢献❺

111
内縁の配偶者による特別の寄与

Case

　AとBは婚姻し、2人の間には子C・Dがいる。C・Dが独立し、A・B2人での生活が始まった矢先、Bは死亡した。Aは、知人の紹介で知り合ったEと意気投合し、連れ合いを先に亡くしたという同じ境遇もあってか、悩みを話したり日常生活を助けあったりする仲になっていった。次第にお互いを信頼しあうパートナーとしてみるようになったAとEは、2000年頃に同居を始めた。C・Dに遠慮して、婚姻の届出をすることなく共同生活を続けていった。2005年にAは寝たきり状態となり、Aの療養看護はEが行ったが、2018年にAは死亡した。Eには、自身が療養看護した分について、何らかの権利があるだろうか。

【Before】

　内縁関係にある男女の一方が死亡した場合に、内縁配偶者には相続権は認められない。また内縁配偶者に寄与分（904条の2）を認めることは、相続権自体を認めるものではないものの、寄与分権者として相続に関与する地位を与えることになり、実質的には相続権を与えることと同じになるとして否定されている。さらに、最高裁（最決平12・3・10民集54-3-1040）は、被相続人の存命中に療養看護をした内縁配偶者が、財産分与（768条）を類推適用して、清算的な取扱いを相続人に対して求めた事例で、「死亡による内縁解消のときに、相続の開始した遺産につき財産分与の法理による遺産清算の道を開くことは、相続による財産承継の構造の中に異質の契機を持ち込むもので、法の予定しないところである」として、これを否定している。

　他方で、裁判例（大阪高判昭57・11・30家月36-1-139）では、内縁関係にある男女が共同して家業を経営し、その収益で購入した不動産について、死亡した当事者の一方の名義になっていたとしても、当該不動産を当事者間で一方の特有財産にする旨の特段の合意がない以上、共有財産であるとして（250条）、内縁の配偶者に共有持分を認めている。内縁関係に基づいて認められるものではなく、真実の共有関係という財産法上の規定による解決である。

　Caseでは、Aの相続人（C・D）がいることから、特別縁故者への財産分与（958条の

3）は適用されず、財産法上のアプローチ、すなわち準委任契約（656条）に基づく請求、事務管理（697条）に基づく費用償還請求、不当利得返還請求（703条）が考えられる。準委任契約は、原則無報酬であり（648条1項）、報酬支払の特約がある場合にのみ、委任者（A）に対する報酬支払請求（**Case**では、契約上の地位を承継した相続人C・Dに請求）が可能となるが、契約書などの証拠が欠けていたり、合意内容が不明確なことが多い。また事務管理者であるEは、有益な費用を支出した場合にのみその償還を請求できるにとどまり（702条）、不当利得返還請求も、黙示の介護の合意が認められれば準委任契約の成立が認められ、「法律上の原因がない」とはいえず、不当利得が成立しない。いずれの方法も、その成立が認められない場合や成立したとしても証明が困難であるなど、救済方法としては不十分であることが指摘されている（中間試案補足説明81頁）。

【After】

　新法は、「特別の寄与」制度（1050条）を設け、特別寄与者の範囲を、被相続人の親族（相続人、相続放棄をした者、欠格事由に該当する者、廃除された者を除く）とした。親族に限定したことで、被相続人の内縁の配偶者（**Case**のE）や事実婚・同性カップルのパートナーは特別寄与料を請求することはできない。仮に、**Case 110**において、BとEが内縁の関係にあった場合には、相続人の内縁配偶者は「被相続人の親族」に含まれないことから、特別寄与料を請求することはできない。内縁、事実婚、同性カップルは、新法の対象には含まれず、寄与に対する対価を得る方法は、【Before】の財産法上のアプローチによることになるが、救済方法として不十分であることはすでに指摘したとおりである。

　「特別の寄与」制度の趣旨は、明確な契約や遺言がないまま被相続人が死亡したときに、事後的に実質的な公平を図る点にある。愛情と信頼に基づき形成される関係であるにもかかわらず、法律婚とそれ以外の関係とで、これほどまでに異なる取扱いがなされることに合理性があるのだろうか。

　寄与分導入の際の議論でも、内縁配偶者を寄与分権者から除外する際に財産法のルールを活用することが指摘されてきたが、公表例はない。相続法改正においても同様の可能性が高く、「特別の寄与」制度が導入されても保護が図られない者が残ることは、寄与分制度と同様である。このような不公平を是正するために、親族に含まれない者が行った寄与をその者の財産権として構成することが、今後の解釈論において検討すべき課題となる。なお、解釈論として、相続人の内縁、事実婚および同性カップルのパートナーの寄与については、「相続人の履行補助者」による寄与と評価し、相続人の寄与分額に算入して請求することを認めることは可能であろう。**Case**のような被相続人の内縁、事実婚および同性カップルのパートナーについては、「特別の寄与」の類推適用等が考えられるが、親族に限定した経緯等をふまえると困難といえる。

［松久和彦］

I……相続人以外の者の貢献❻

112 特別寄与料の額を定める審判の判断要素

Case

　AとBは長年連れ添った夫婦で、3人の子C・D・Eがいたが、20年前にBが亡くなり、AはEとその子どもであるFと同居していた。CとDは遠く離れて住んでおり、Eは3人の家計を支えるために日夜働き、高齢になったAの世話はFが行っていた。介護保険は利用していたが、デイサービスを利用していない時間帯は、FがAの身の回りの世話をし、病院への送迎と付き添いをしていた。要介護度3と認定された2年前からはトイレ等への付き添いや食事の介助のみならず生活全般について付き添い看護が必要になった。
　やがてAが亡くなり遺産分割の話になると、Fは特別寄与者としてC・D・Eに対し寄与料の請求をしたが、C・Dからは「介護保険を利用していたので、Fに権利はない」といわれた。Fは特別寄与料の請求ができるか。

【Before】

　旧法は、相続人にのみ寄与分を認め、相続人以外の者の特別の寄与の制度はなかった。そのため、孫ではあるが相続人ではないFは、Aの療養看護について相当な寄与をしたとしても、何らの金銭的請求をすることもできなかった。そのため、Fが自己の寄与について何らかの請求をする場合には、生前にAとの間で民法上の準委任契約があったとして、相続人であるC・D・Eに対して報酬請求および費用償還請求をするか、事務管理としての費用償還請求や不当利得返還請求をすることにより解決せざるをえなかった。また、寄与者が相続人の配偶者であれば、寄与行為を相続人自身の寄与として考慮した裁判例（東京家審平12・3・8家月52-8-35）もあった。しかし、相続人の子であるFの寄与行為を相続人であるEの寄与として考慮できるかについては、裁判例はなかった。

【After】

　新法は、相続人以外の被相続人の親族で、被相続人に対し特別の寄与をしたものに、特別寄与料の請求をすることを認めた（1050条）。
　この特別寄与料の額は、第一次的には当事者間の協議によって決まる（1050条2項）。当事者とは、請求者である特別寄与者と義務者である相続人であり、両者の話し合いに

よって合意できるのであれば、その金額の多寡を問わない。したがって、請求者であるFとC・D・Eとの間で協議がまとまれば、その金額が特別寄与料となる。

一方、協議が調わないとき、または協議をすることができないときは、特別寄与者が家庭裁判所に協議に代わる処分を請求することができる（1050条2項）。この場合、特別寄与料を決める要素については、「寄与の時期、方法及び程度、相続財産の額その他一切の事情を考慮して、特別寄与料の額を定める」（同条3項）として、寄与分と同様の規定（904条の2第2項）を設けているため、現在の寄与分の判断要素を参考にすることになる。

具体的には、療養看護の場合には、①寄与の期間については、明確な基準はないものの、相当長期間に及ぶこと、②方法および程度については、たんなる家事援助ではない介護であって、被相続人が介護保険における「要介護度2」以上の状態であること、が目安とされている。家業従事の場合には、①継続性として、明確な定めはないものの、労務の提供が3年程度の長期間に及んでいること、②専従性として、専業である必要はないものの、労務の内容が片手間ではなく相当な負担を要するものであること、が求められている。したがって、特別の寄与料の算定でも、同様に考えられるであろう。

そして、療養看護の場合の相続人の寄与分は、介護保険制度実施後における療養看護行為の報酬日額に介護者が専門職ではないことを考慮した裁量割合（通常0.5ないし0.8）を乗じた金額を算定し、その額に看護日数を乗じて算定されている。家業従事の場合には、寄与行為を行った者が通常得られたであろう給付額を賃金センサス等を参考にして定め、そこから生活費割合に相当する額を控除した金額に寄与期間を乗じて算定されていることが多い。生活費を控除するのは、寄与行為を行った者が被相続人と住居や生活費を共通にしていたのであれば、生活費の分はすでに支払を受けているとみなされるからである。なお、農業従事者の事例であるが、遺産形成の経緯や遺産の内容等を検討して、遺産の全部または一部の評価額の一定割合を寄与分とした例もある。

以上からすると、**Case** のFの療養看護は、たとえデイサービスを利用していたとしても特別の寄与に該当することが多いであろうから、相続財産等のその他の事情にもよるが、家庭裁判所は、療養看護に従事した日数に応じた金額の支払をC・D・Eに命じることになろう。

なお、寄与分では「被相続人の事業に関する労務の提供」（904条の2第1項）を寄与行為に含めているが、特別の寄与は「無償で療養看護その他の労務の提供」（1050条1項）と規定されている。これは、被相続人の事業に関する労務の提供を排除するものではないが、通常、事業に関する労務の提供であれば対価を得ている場合が多いため、無償であることの多い療養看護を例示したうえで、財産上の給付を除くために「その他の労務の提供」と記載されているのである。

［金澄道子］

I……相続人以外の者の貢献❼

113 特別寄与料の額の上限

Case

Aには20年前に死別した妻との間にBとCの2人の子がおり、会社員であるCとCの妻であるDと3人で暮らしていた。Aは小さな惣菜屋を経営していたが、従業員はおらず、Dが仕入れから経理・配達まで手伝っていた。10年ほど前まではAはDに対しパート程度の給料を支払っていたが、経営が苦しくなってからはそれもできなくなり、夏と冬に小遣い程度の額を渡すだけだった。Aは、5年前に厨房の調理器具の入れ替えのために銀行から300万円の借入れをしていた。

Aが亡くなった後、銀行の貸金庫を開けてみると、中に遺言書があり、最近交際を始めた女性Eに対し500万円を遺贈すると記載されていた。Aの遺産は1,000万円しかなかったが、Dは特別寄与料としてB・Cに対し300万円を請求することができるか。

【Before】

旧法には、特別の寄与の制度はなく、寄与分は相続人に限って認められていた。そして、相続人であれば、「被相続人の事業に関する労務の提供又は財産上の給付、被相続人の療養看護その他の方法により被相続人の財産の維持又は増加について特別の寄与をした者」(904条の2第1項)は寄与分の主張ができ、寄与分の上限は、「被相続人が相続開始の時において有した財産の価額から遺贈の価額を控除した残額を超えることができない」(同条3項)とされていた。このように遺贈が寄与分より優先されるのは、寄与分はあくまでも相続人間の内部での寄与に応じた分配を認めるにすぎないからである。

CaseのDは、相続人であるCの配偶者ではあるがAの相続人ではないため、寄与分の主張はできなかった。仮に相続人であった場合には、Aの遺産の額から遺贈の500万円を控除した額が寄与分の上限となる。また、寄与分の協議が調わずもしくは協議することができないため家庭裁判所で寄与分を定める場合には、「寄与の時期、方法及び程度、相続財産の額その他一切の事情を考慮」(904条の2第2項)すると規定されていることから、相続債務である銀行からの借入れは、「一切の事情」の中で考慮されることになる。

【After】

　Dは相続人ではないが、姻族1親等としてAの親族であるから、特別寄与料の請求をすることができる（1050条1項）。

　寄与行為の態様としては、「無償で療養看護その他の労務の提供」（1050条1項）とされているため、療養看護のみならず、「その他の労務の提供」として、例えば農業・牧畜業・小売商経営など被相続人が営んでいる事業への労働力の提供等も含まれる。しかし、いずれも無償であることが要件である。この場合の「無償」とは、まったく金銭の支払がないことではなく、交通費や小遣い程度の額で、提供した労務の対価としては著しく過小である場合には、「無償」とされるであろう。一方、「財産上の給付」は、相続人の寄与分の場合とは異なり、特別の寄与制度における寄与行為の態様には含まれない。被相続人のための扶養料の支払等の財産上の給付であれば、特別の寄与制度によることなく、被相続人との間で立替金返還請求や、他の扶養義務者に対する事務管理または不当利得を原因とする扶養料請求などの財産法上の請求権で対応できるからである。

　そして、特別寄与料の額は、「被相続人が相続開始の時において有した財産の価額から遺贈の価額を控除した残額を超えることができない」（1050条4項）とされており、遺産から遺贈（死因贈与を含む）を控除した金額が上限となる点は、これまでの寄与分の制度と同じである。

　なお、特別寄与者は相続人ではないため、被相続人の債務を承継しない。そのため、相続財産が債務超過である場合には、債務を負うことなく特別寄与料のみを受け取ることになり、相続人より有利に扱われることになるのではないかとの疑問がある。そのため、特別寄与料の額について、相続財産から相続債務を控除した純資産を上限とすることを明記するべきであるとの考え方もあった（部会資料19・4頁）。しかし、特別寄与料の額を定めるにあたり債務を考慮要素として明示すると、債務の額を確定させる必要が生じ、手続を複雑にする懸念もあるため、法律上は明記されないこととなった。

　ただし、事実上は寄与分の上限規定（904条の2第3項）と同様に、「一切の事情」の中で相続債務の額が考慮されることになろう。

　Caseでは、遺産が1,000万円、遺贈が500万円、債務が300万円であるから、法律上は500万円が限度（1,000－500）となるが、一切の事情として相続債務である300万円が考慮され、200万円（500－300）がDの受け取る特別寄与料の事実上の上限となろう。

[金澄道子]

I……相続人以外の者の貢献 ❽

114 相続人が複数いる場合の特別寄与料の負担額

Case

農業を営んでいたAにはB・C・Dの3人の子がいたが、全員親元を離れ、遠隔地で生活をしていた。ところが、5年前Aは大腿骨を骨折して歩行困難になり、隣に住む甥Eとその配偶者Fが見るに見かねて1日3食の食事を届け、通院に付き添い、週に5日は交代で泊まり込んでは身の回りの世話をしていた。Aが亡くなったあと、相続人であるB・C・DはEとFから特別寄与料を請求された。B・C・Dは、特別寄与料をどのような割合で分担するのか。また、仮にDが、生前Aから多額の援助を受けていたため遺産分割の結果何も相続しなかった場合には、そのことを理由に、E・Fからの特別寄与料の請求を拒むことができるか。

【Before】

　旧法には、特別寄与料の制度は存在しなかった。そのため、Aの相続人ではないE・Fは遺産を受け取る権利はなく、もちろん寄与分の請求もできなかった。

　改正前に、相続人でない者が被相続人に対する貢献の対価を求める方策としては、生前の被相続人との間に家事援助・介護等の事実行為の準委任契約があったとして相続人に対して報酬請求をするか、被相続人の食事代・介護のための交通費・療養看護にかかった費用等を不当利得返還請求もしくは事務管理による費用償還請求をすることが考えられる。これらの請求が認められれば、相続人はいずれもその額を相続債務として、法定相続分に応じて承継することになる。なお、遺言による相続分の指定がある場合には、相続人間の内部関係においては当該指定された相続分の割合に応じて債務を承継するが、債権者は法定相続分に応じて請求をすることができる。

　Caseにおいては、E・Fが、民事上の請求権の存在を主張・立証して相続人に請求することになるが、もともとE・FとAとの間に準委任契約があるとしても、報酬についての特約まではないことがほとんどであろう。また、不当利得では利得の有無自体が問題になるであろうし、私的自治の例外である事務管理も成立することはまれであるから、実際に請求をすることは難しいであろう。

【After】

　新法では、特別寄与者は相続の開始後、相続人に対し、特別寄与料の請求をすることができる（1050条1項）。なお、法定相続人であっても、相続を放棄した者は相続人ではないので、特別寄与料を負担することはない。

　相続人が数人ある場合、特別寄与者は、相続人全員のみならず相続人の一部のみに対しても特別寄与料の請求をすることができる。これは、特別寄与料が相続人自身の負う個別の負担であること、特別寄与料の請求をすることができる期間が短く制限されており、相続人全員に対して請求しなければならないとすると、請求の機会を逸するおそれがあること、特別寄与者と相続人の関係が様々であることを考慮したものである。

　そして、各相続人は、協議もしくは家庭裁判所によって定められた特別寄与料の額を法定相続分もしくは遺言による相続分の指定がある場合にはその指定相続分の割合に応じて負担する（1050条5項・900〜902条。部会資料19-1・6〜7頁）。通常の相続債務であれば、債権者は遺言による相続分の指定がなされている場合であっても法定相続分に応じて権利を行使することができ（902条の2本文）、債権者が指定相続分に応じた債務の承継を承認した場合のみその指定相続分による債務の承継が認められる（同条ただし書）が、特別寄与料は指定相続分の割合に応じて負担することになる。これは、特別寄与料はそもそも相続債務ではないことおよび各相続人は特別寄与者の貢献によって維持または増加した相続財産をその相続分に応じて遺産として共有していると考えられることから、共有物に関する負担（253条1項）の趣旨により、指定相続分の割合によって負担することとしたのである。

　なお、相続人であればたとえ具体的相続分がないとしても、法定相続分もしくは遺言による指定相続分に応じて特別寄与料を負担しなければならない。なぜなら、具体的相続分は特別受益や寄与分を考慮した後の遺産の取得割合であるが、特別受益がないため具体的相続分が増えた相続人が、特別受益があったため具体的相続分が少ない相続人より多くの特別寄与料を負担することは合理的ではないし、寄与分が認められたため具体的相続分が増えた相続人が、寄与分がなかった相続人に比べて特別寄与料を多く負担することもまた合理的ではないからである。

　したがって、**Case** では、Dは具体的相続分がないとしても、E・Fからの特別寄与料の請求を拒むことはできず、遺言による相続分の指定がない場合には、B・C・Dは、E・Fの特別寄与料として定められた額の各々3分の1の額を負担することになる。

［金澄道子］

II……家事事件手続法の一部改正

115
特別の寄与に関する審判事件の手続

> **Case**
> Aの遺産分割をめぐって、相続人であるBとCが遺産分割調停で話し合いをしていたところ、Bの妻であるDはAを介護していたことを理由にCに対し、Aの家業に長年従事し無償で労務を提供していたEはBとCに対し、それぞれ特別寄与料の請求をした。しかし、いずれも特別寄与料の額について話し合いがつかなかったため、DとEは家庭裁判所に協議に代わる処分を請求した。BとCは遺産分割調停と特別の寄与に関する処分事件をまとめて話し合うことを希望していたので、家庭裁判所に対し、この2つの事件を併合するように請求することができるか。

【Before】
　旧法には、特別の寄与の制度は存在しなかった。そのため、相続人ではないD・Eは家庭裁判所に遺産の分配を求めて申立てをすることもできなかった。

【After】
　新法では、特別寄与者は相続人に対し、特別寄与料の請求をすることができ（1050条1項）、当事者間に協議が調わないとき、または協議をすることができないときは、家庭裁判所に対して協議に代わる処分を請求することができる（1050条2項、家事第2編第2章第18節の2）。
　管轄は、相続が開始した地を管轄する家庭裁判所である（家事216条の2）。協議に代わる処分の申立ては、相続人全員を相手にすることも、相続人の一部のみに対して行うこともできる。これは、特別寄与料は、被相続人の債務（相続債務）とは異なり、相続人自身が特別寄与者に対して負う個別の負担であることや、特別寄与者と相続人との関係が様々であることを考慮したものである。
　なお、申立ては、特別寄与者が相続の開始および相続人を知ったときから6か月以内、もしくは相続の開始の時から1年以内にしなければならない（1050条2項ただし書）。前者は時効期間であり、後者は除斥期間である。これら短期の時効・除斥期間が定められたのは、被相続人に対し特別の寄与をするほど密接な関係にある者は、被相続人の死亡

を遅滞なく知ることができるはずであること、特別寄与料を負担することになる相続人とその負担する金額が決まらなければ遺産分割が滞ってしまう可能性があることから、速やかに特別寄与料の負担者と額を定め、早期に遺産分割に関する紛争を解決する必要があるからである。

　特別の寄与に関する処分の審判事件（家事216条の2）は、家事事件手続法別表第2・15項の事項についての審判事件であるため、審判のみならず調停を申し立てることもできる（家事244条）。

　特別の寄与に関する処分の調停・審判事件と遺産分割の調停・審判手続を併合するかどうかは、裁判所の自由裁量による（家事192条・245条3項参照）。これは、特別の寄与には様々な事情や類型が予想され、請求の理由が乏しい申立てがなされる可能性も否定できないことから、一律に併合しなければならないとすると遺産分割の紛争が混乱して複雑化・長期化するおそれがあることから、裁判所の裁量で柔軟に判断できるようにするためである。

　申立てを受けた家庭裁判所は、特別寄与料の額を定め、相続人に対し、金銭の支払を命じることができる（1050条3項、家事216条の3）。

　Caseでは、DとEは、上記制限期間内であれば、それぞれAの相続が開始した地を管轄する家庭裁判所に対して、協議に代わる処分を申し立てることになる。DがCに対してのみ申立てをすることも可能である。

　遺産分割の調停・審判事件と特別の寄与に関する処分の調停・審判事件を併合するか、DとEの2つの特別の寄与に関する処分の調停・審判事件を併合するかは、申立てを受けた家庭裁判所が事案に応じて自由な裁量により判断することになる。家庭裁判所は、Dの申立てが相当であると認めた場合には特別寄与料の額を定め（1050条3項）、相続人Cは、特別寄与料の額に法定相続分もしくは指定相続分を乗じた金額を負担する（同条5項）。EのBとCに対する請求の場合も同様である。

　特別寄与料を定める審判に対しては、即時抗告をすることができる（家事216条の4）。また、特別の寄与に関する処分の審判を本案とする保全処分をすることもできる（家事216条の5）。

［金澄道子］

第6章 遺言書保管法

I……自筆証書遺言の保管制度❶

116
法務局における遺言書の保管制度

Case

　Aには、同居している妻Bと子Cがいる。Aは、甲土地および甲土地上の乙建物を所有しているほか、金融資産を有していた。Aは、以前からCが事あるごとに金銭的な支援を求めてくることや、Aの死亡後Bの生活が心配であったため、甲と乙はBに相続させたいと考えていた。

　Aは、公正証書遺言も考えたが、高齢であったため遠方にある公証役場に行くこと自体が億劫であり、公正証書遺言を作成するには金銭的にも負担がかかることや証人が必要であると知人から聞いたため、公正証書遺言を作成した場合に万が一、Cに遺言の内容が漏れると困ると思った。

　Aは、20＊0年1月15日、自筆証書遺言（α）を作成した。αには、「甲および乙を妻Bに相続させる」旨記載している。

　Aは、αを自宅の押入れに保管していたが、自分が死んだ後、αをBが発見してくれるか不安であったし、仮にCが発見した場合には、Bに内緒で破棄するのではないかと懸念していた。

　Aは、自分が死亡するまでαの存在をCに気づかれないように自宅以外で保管したいと考えているが、どのように保管することが考えられるか。

【Before】

　自筆証書遺言は、紙とペン・印鑑さえあれば作成可能な遺言書で（968条）、遺言者がプライバシーを守りながら作成できるメリットがある。しかし、作成者自身が保管することになるため遺言書を紛失してしまったり、作成者の死亡後、遺産分割がされるまでの適切な時期に相続人や受遺者等にその遺言が発見されなかったり、仮に発見されても偽造・変造・破棄・隠匿のおそれがあった。

　Aは、自宅以外に遺言を保管するためには、公正証書遺言（969条以下）を作成しその原本を公証役場で保管するか、あるいは民間のサービス（信託銀行などによる遺言管理信託や弁護士等による保管）を利用して保管することはできる。これらの方法は、遺言を自宅以外で保管することができるため、本人以外の者による偽造・変造などを防ぐことができるが、費用がかかることがデメリットとされてきた。また、公正証書遺言は、証

人の立会のもと作成することになるため（969条1号）、本人以外の者に遺言書の内容が知られてしまうこととなり、そのこともデメリットになりうるとも指摘されていた。

【After】
　相続法改正に至る議論のなかで、自筆証書遺言の作成後の紛失や偽造または変造を防止し、確実に公的機関において保管し、相続人がその存在を把握することのできる仕組みの必要性が指摘され、民法改正と合わせて「法務局における遺言書の保管等に関する法律」（遺言書保管法〔以下、「法」という〕）が整備された（2020年7月10日施行）。
　この法律は、968条の自筆証書による遺言書の保管およびその情報管理に関する必要な事項とその取扱い方法を定めている（法1条）。遺言書保管に関する事務は、法務局が遺言書保管所として所管し（法2条1項）、遺言書保管官がその事務を取り扱う（法3条）。遺言書保管官とは、遺言書保管所に勤務する法務事務官であって、法務局または地方法務局の長が指定する者をいう（同条かっこ書）。法務局が遺言書保管所とされたのは、遺言書という極めて重要な個人情報を含む文書を保管する機関には高度の信頼性が要求され、保管事務を行う国家機関として法務局が適切であると説明されている（部会資料17・15頁）。
　Aは、従来の遺言書の保管方法以外に、この制度を利用してa遺言の保管を所管する法務局に申請することができ、A死亡後は、BおよびCは遺言書保管事実証明書の交付を請求することで（法10条1項）、遺言書の保管の存否が明らかになり、遺言書が保管されている場合には、相続人等の関係者は保管された遺言書情報証明書の交付を求めることができる（法9条1項）。

[冷水登紀代]

I……自筆証書遺言の保管制度❷

117 遺言書の保管の申請等

Case

(1) 以下の①・②の場合において、遺言書保管官は、A作成の自筆証書遺言（α）の保管申請を受理することができるか。

①Aは、αの保管を申請するために、αを封印した状態でAの住所地を管轄する法務局に持参した。

②Aは、病気で入院中であったため、BにAが作成したαについて法務局に行って保管の申請をしてほしいと頼んだ。

(2) (1)①の場合において、Aは、申請のためにαのほかにどのような書類を添付する必要があるか。

【Before】

本法が制定される前は自筆証書遺言の保管に関する特別な制度がなかった。

【After】

(1) 自筆証書遺言の保管について、作成者本人が遺言者の住所地もしくは本籍地または遺言者が所有する不動産の所在地を管轄する遺言書保管所（法務局）において遺言書保管の申請をすることができる（遺言書保管法〔以下、「法」という〕4条1項・3項）。

遺言書保管法の立案当初は遺言者が入院している状況などを考慮し、遺言者以外の者による保管の申請なども検討されていたが（部会資料6・16頁）、遺言者以外の者による偽造および変造をできる限り防止するためには、保管手続の申請資格は本人に限定する必要性があるとの意見を考慮し（中間試案補足説明45頁）、法4条1項は本人に限定して保管申請ができることとした。したがって、②の場合であってもBは、Aを代理して保管申請をすることはできない。

保管申請にあたり、作成者Aは、法務局に自ら出頭しなければならず（法4条6項）、この際本人確認が行われる（法5条）。郵送による申請も認められない。本人確認のために、申請者は、当該申請人を特定するために必要な氏名、その他の法務省令で定める事項を示す書類の提示もしくは提出またはこれらの事項についての説明が求められる（同条）。遺言書保管所が、遺言書保管の申請にあたり本人確認を行うことで、遺言の真

正な成立を基礎づける間接事実となり、遺言の有効性を争う紛争の防止にも繋がるからである（部会資料6・15頁）。

　自筆証書遺言の保管を申請する場合、遺言書は、法務省令で定められた方式に従い作成されたもので、無封のものでなければならない（法4条2項）。というのも、遺言書保管官が当該遺言の方式の適合性を外形的に確認し、当該遺言書を画像情報化して保存することになるため、封印して持参しても開封が必要となるからである。なお、仮に封印された状態で持参したとしても封筒は保管等の対象とはならない。

　(2)　Aは、aの保管の申請にあたり、これに添えて、「1　遺言書に記載されている作成の年月日　2　遺言者の氏名、出生の年月日、住所及び本籍（外国人にあっては、国籍）　3　遺言書に次に掲げる者の記載があるときは、その氏名又は名称及び住所　イ　受遺者　ロ　民法第1006条第1項の規定により指定された遺言執行者　4　前3号に掲げるもののほか、法務省令で定める事項」を記載した申請書（法4条4項）と、本人であることを確認するための事項を証明する書類その他法務省令で定める書類の添付をする必要がある（同条5項）。　　　　　　　　　　　　　　　　　　　　　［冷水登紀代］

I……自筆証書遺言の保管制度❸

118
遺言書の保管の申請の撤回等

Case

　Aは、20＊0年7月1日に自筆証書遺言（α）をAの住所地にある遺言書保管所に保管申請し、同日付で受理された。
　(1)　遺言書保管官は、αの保管にあたり、どのような事務を行うことになるか。
　(2)　Aは、20＊1年8月に入り、遺言書の一部を書き替えたいと思ったが、αがどのような内容であったか一部記憶が定かでなかった。Aは、αの内容を確認するためにどのような請求をすることになるか。
　(3)　Aは、αの保管を撤回したいと考える場合には、どのような請求をすることになるか。
　(4)　Aがαの保管申請の撤回をした場合やAが死亡した場合に、αの返却およびαに関する情報の消去は行われるか。

【Before】
　本法が制定される前は、自筆証書遺言の保管に関する特別な制度がなかった。

【After】
　(1)　Aの自筆証書遺言（α）の保管申請が受理されれば、遺言書保管官は、遺言書保管所の施設内でαを保管することになる（遺言書保管法〔以下、「法」という〕6条1項）。遺言書保管官は、遺言書原本の保管とともに、αにかかる情報の管理をしなければならない（法7条1項）。遺言書にかかる情報の管理は、磁気ディスクまたはこれに準ずる方法により調製する遺言書保管ファイルに記録されることになる（同条2項）。法7条2項柱書かっこ書には、一定の事項を「確実に記録することができる物を含む」との定めがあるが、画像情報の記録は、大規模災害等による遺言書原本の紛失のおそれを考慮して、新たに設けられた制度であり、万一滅失した場合には、画像データを利用して遺言書の正本を作成することができるからである（部会資料17・17頁）。遺言書保管ファイルには、「1　遺言書の画像情報　2　第4条第4項第1号から第3号までに掲げる事項　3　遺言書の保管を開始した年月日　4　遺言書が保管されている遺言書保管所の名称

及び保管番号」が記録される（法7条2項）。

　遺言書の画像情報化に先立ち当該遺言の方式の適合性を外形的に確認する（部会資料26-1・11頁、12頁注1参照）。もっとも遺言書保管官は当該遺言の方式の適合性を外形的に確認するにとどまり、遺言書の有効性の最終的な判断は裁判により確定されることになる。したがって、遺言書保管官が確認する事項は、968条に定められたもののうち①日付および氏名の自署ならびに②押印、③加除訂正がある場合にはその方式など、確認することが比較的容易であるものに限られると考えられている（部会資料17・16頁）。

　(2)　遺言者Aは、遺言書保管を申請した遺言書保管所（特定遺言書保管所）の遺言保管官に対して、自ら特定遺言保管所に出頭し、遺言書原本の閲覧をいつでも請求することができる（法6条2～4項）。遺言書原本の閲覧請求は、相続開始前は、プライバシー保護の観点から、遺言者本人に限り認められている。なお、遺言者による保管した遺言書に係る画像情報等を証明した書面（遺言データの写し）の交付請求については、遺言者に閲覧と返還を認めればその保護としては十分であるとの理由から認められていない（部会資料24-2・22～23頁）。

　(3)　遺言者Aは、いつでも遺言の方式に従い、その遺言の全部または一部を撤回することができる（1022条）。遺言者の最終意思の尊重のためである。この観点から、Aは、いつでも保管中の遺言書について、その保管の申請の撤回を求めることができる（法8条1項）。遺言書の保管申請の撤回をする場合、自ら特定遺言書保管所に出頭し（同条3項）、撤回書に所定の書類を添付して、提出しなければならない（同条2項）。保管申請の撤回であり、遺言書の撤回のためには、1022条以下の規定に従うことになると考えられる。

　(4)　遺言者Aが遺言書保管申請を撤回した場合、遺言書保管者は、遅滞なく、保管されていた遺言書原本を返還しなければならず、また法7条2項により管理されていた当該遺言書にかかる情報も消去しなければならない（法8条4項）。

　遺言者の死亡の日（遺言者の生死が明らかでない場合は、政令で定める日）から相続に関する紛争を防止する必要があると認められる期間が経過した後に、遺言書保管官はその遺言書を廃棄できる（法6条5項）。相続人が遺言書原本の返還を求めても、紛争防止の観点から拒絶される。相続人は、法務局に保管されている遺言書の内容と同一性を証明した書面（写し）を受け取れば足りるからである（法9条。部会資料23-2・12頁）。なお、遺言者死亡後の遺言書にかかる情報は、法6条5項の期間経過後に消去されることになる（法7条3項）。

　　　　　　　　　　　　　　　　　　　　　　　　　　　　　　　　［冷水登紀代］

I……自筆証書遺言の保管制度❹

119 遺言書情報証明書・遺言書保管事実証明書の交付等

Case
　AはBと婚姻し、Bの子Cと養子縁組した。Bが死亡した後、AはCと疎遠になり、実妹Dの世話を受けながら晩年を過ごし、Dに対する謝意を自ら遺言にしたためた旨言い残して死亡した。Dは、姉Aから遺言書を預かってはいない。どこを、どのように探すべきか。

【Before】

　旧法下では、自筆証書遺言の公的保管制度は存在しなかった。自筆証書遺言は、取引銀行等の貸金庫、あるいは自宅または居所の金庫・机等に保管されるケースが多い。推定相続人または受遺者の1人や、顧問弁護士・顧問税理士に預けるケースもある。関係者のいずれも自筆証書遺言の存在を知らないまま、遺品整理の際に、思いがけない場所から発見されたり、大掃除の際に仏壇裏から発見されたケース等もあり、様々である。

　相続人は、自己のために相続の開始があったことを知った時から3か月以内に、相続の承認または放棄をしなければならない（915条1項）。相続を承認するか放棄するかを判断するためにも、まずは　遺言書の存否の確認が必要である。

　遺言書発見時に、遺産分割手続が進行中であったり、すでに終了しているケースでは、事後の手続は困難さを増す。

　被相続人が自筆証書遺言を残したことが想定される場合は、相続の開始後、速やかに、考えられる預け先への問い合わせや保管場所の捜索を行う必要がある。自筆の遺言書の保管者または発見した相続人は、遅滞なく家庭裁判所に検認の申立てを行わなければならない（1004条1項→Case 120）。封印のある遺言書は、家庭裁判所において開封される（同条3項）。

　Dは、相続人Cを促し、もしくは自ら、上記想定される保管場所を探し、預け先と想定される関係者らに問い合わせるなどして遺言書の発見に努め、遺言者Aの遺志の実現に繋げなければならない。

【After】

　2018（平成30）年7月6日に、「法務局における遺言書の保管等に関する法律（遺言書

保管法〔以下、「法」という〕〕」が成立し、2020（令和2）年7月10日から法務局における自筆証書遺言の保管制度の運用が開始される。

　法務局の自筆証書遺言保管制度の運用開始時以降に、同保管制度を利用する可能性が存した者が死亡した後は、関係相続人等（遺言者の相続人、受遺者、遺言執行者その他法9条1項記載の者）は、法務局における遺言書の保管の有無について調査することができる（法10条）。

　すなわち、関係相続人等は、遺言書保管官（遺言書保管所に勤務する法務事務官であって、法務局または地方法務局の長に指定された者。法3条かっこ書）に対し、特定の死亡者につき、遺言書保管所における関係遺言書の保管の有無、保管されている場合には遺言書保管ファイルに記録されている事項を証明した書面（遺言書保管事実証明書）の交付を請求することができる（法10条1項）。

　また、関係相続人等は、関係遺言書を保管している法務局（遺言書保管事実証明書の記載により把握できる）の遺言書保管官に対し、遺言者の死後に限り、その遺言書の閲覧を請求することができる（法9条3項）。さらに、関係相続人等は、遺言書保管官に対し、遺言者の死後に限り、遺言書に係る画像処理等を証明した書面（遺言書情報証明書）の交付を請求することができる（同条1項）。

　遺言書保管事実証明書の交付請求、遺言書閲覧請求、遺言書情報証明書の交付請求は、いずれも法務省令で定める所定の請求書に省令で定められる書類を添付してこれを行う（法9条4項・10条2項）。政令で定める手数料を収入印紙をもって納付しなければならない（法12条2項）。

　遺言書保管官は、保管に係る遺言書を閲覧させまたは遺言書情報証明書を交付したときは、当該請求者を除く遺言者の相続人・受遺者・遺言執行者に対し、遺言書を保管している旨を通知する（法9条5項）。

　2020年7月10日以降において、Aが自ら法務局に出頭し自筆証書遺言の保管申請の手続をふむことができた場合は、Dは、Aの死後、法務局の遺言書保管官に対し、Aの遺言書保管事実証明書の交付請求を行い遺言書保管の有無を知ることができ、保管の事実が存する場合は、遺言書情報証明書の交付請求を行うことにより、遺言書の存在とその内容を知りうる。同時に、遺言書保管官からC宛てに保管している旨が通知される。

　法務局の遺言書保管制度発足以後においても、法務局の保管対象外である封印された遺言書や、法務局に出向くことが困難になった後に書き替えられた新たな遺言書等が自宅等に保管されるケースや新たに公正証書遺言が作成される可能性はある。遺言者は、いつでも、遺言の方式に従って、その遺言の全部または一部を撤回することができ（1022条）、前の遺言が後の遺言と抵触する部分は、後の遺言で前の遺言を撤回したものとみなされる（1023条1項）。したがって、日付のより新しい遺言書の存否を確認するため、従前同様のひととおりの探索は必要である。

〔山田攝子〕

I……自筆証書遺言の保管制度❺

120
遺言書の検認の適用除外

Case

　Aは、亡父の相続に際し、亡父が作成した遺言書について、家庭裁判所の検認期日を契機に自筆証書遺言の有効性をめぐって兄弟間で紛争が生じて何度も裁判所に通うこととなり、消耗した。この経験から、A自身の相続の際には、妻と子どもらが、円満かつ円滑に遺産を取得できるよう、できる限りの配慮をしたいと考えている。特に、検認だけは避けたい。どのような手立てがあるか。

【Before】

　旧法下では、自筆証書遺言（および秘密証書遺言）については、家庭裁判所の検認が必要である（1004条1項）。

　検認とは、家庭裁判所が、提出された遺言書についてその存在および内容を確認する手続である。遺言書の効力を判定する手続ではないが、これを怠ると過料の制裁があり（1005条）、実務の面でも、不動産移転登記手続や銀行・証券会社等における権利承継手続の際に、検認のないことが支障となる。

　自筆証書遺言である限り、遺言書の保管者または遺言書を発見した相続人は、家庭裁判所に検認の請求をし、通知された期日に裁判所に出頭して、出頭した相続人らとともに、手続に関与しなければならない。

　相続人らの検認申立て、検認の期日出頭を回避させるには、検認が不要である公正証書遺言（1004条2項）によることを選択することになる。1989（昭和64）年1月1日以降に公証役場で作成された公正証書遺言については、公証役場の遺言検索システムにより、相続関係者らは、被相続人の死後に限り、公証役場で、被相続人に係る公正証書遺言の存否等を照会することができる。

【After】

　「法務局における遺言書の保管等に関する法律（遺言書保管法〔以下、「法」という〕）」に基づき、2020（令和2）年7月10日に、法務局において作成者の申請により自筆証書遺言を保管する制度が発足する。

法務局の保管にかかる自筆証書遺言については、紛失・改ざん等のおそれは想定されないため、検認は不要とされている（法11条）。

　遺言書預け入れの際、遺言書保管官において、遺言書が968条の定める方式の適合性を外形的に確認する。遺言能力の有無など遺言書の効力にかかる審査は行わないが、少なくとも自ら法務局に出向いて保管の申請を行うことができる状況であったことは推認されること、保管にかかる遺言書については、画像データでも保管されるため、改ざんのおそれもなく、相当程度に効力に関する紛争の可能性を排除することが期待できる。

　Aは、遺言書を法務局に預ける制度を利用することにより、妻や子どもらが、検認のために家庭裁判所に出向くことなく遺言書に記した遺志を実現させることができ、また、妻・子どもらに、生前、法務局に遺言書を預けている事実のみを伝えておくことによって、相続開始後速やかに遺志の実現に繋げることができる。

　なお、封印のある自筆証書遺言については、法務局の保管制度は利用できない（法4条2項）。

　封印された遺言書の保管者またはこれを発見した相続人は、未開封のまま家庭裁判所に提出してその検認を経なければならないことは、従前どおりである（1004条1項・3項）。

［山田攝子］

I……自筆証書遺言の保管制度❻

121
遺言書の保管に要する手数料等

> **Case**
> Aは、自筆で遺言書を作成のうえ、最寄りの法務局に出向き、遺言書の保管を申請したところ、保管を断られた。納得のいく説明を得られず、不服を申し立てたい。
> どのような手段があり、どのような流れで遺言書保管の結果を得られるか。

【Before】

旧法下においては、法務局の自筆証書遺言の保管制度は存在しなかったため、記載すべき事柄は存しない。

【After】

自筆証書遺言（無封のものに限る。遺言書保管法〔以下、「法」とする〕4条2項）の保管の申請は、「法務大臣の指定」する法務局であって（法2条1項）、遺言者の住所地もしくは本籍地または遺言者の所有する不動産の所在地を管轄する遺言書保管所の遺言書保管官に対して行わなければならない（法4条3項）。最寄りの法務局が大臣指定の遺言書保管所であるか、事前に確認されたい。

遺言書保管官は、本人確認、遺言が968条の定める方式への適合性を外形的に有しているかの確認、法務省令で定められた書類等を添付の申請書の記載事項の確認等の事務を行う。保管制度の利用には、収入印紙をもって手数料を納めなければならない（法12条2項）。手数料の額は、物価の状況、事務に要する実費を考慮して政令で定められる（同条1項）。

保管申請には、持参または提出すべき書類や確認・把握しておかなければならない事柄が少なくない（詳細につき、→ Case 117）。制度発足までに法務省のホームページ等で公表されるはずの案内やリーフレット等で必要書類等を確認し、事前に準備・携行したうえで、遺言書保管所に出頭することが望ましい。

遺言書保管官の処分に不服がある者または不作為に係る処分を申請した者は、遺言書保管官に審査請求書を提出して、監督法務局または地方法務局の長に審査請求をすることができる（法16条1項・2項）。遺言書保管官が審査請求に理由があると認めるときは、

相当の処分をしなければならない（同条3項）。相当の処分を行わない場合は、3日以内に、意見を付して監督法務局または地方法務局の長に審査請求事件を送付する（同条4項）。法務局または地方法務局の長は、審査請求を理由があると認めるとき、または審査請求に係る不作為に係る処分をすべきものと認めるときは、遺言書保管官に相当の処分を命じ、その旨、審査請求人に通知する（同条5項）。遺言書保管官の処分について行政手続法第2章（申請に対する処分）の規定は適用されない（法13条）。

　Aは、上記のとおり、法務局遺言書保管法に定める審査請求の手段によることができる。

　保管申請に係る遺言書が968条の定める方式に適合し、本人が管轄ある遺言書保管所に出頭し、本人の申請であることの確認が得られ、手数料の納付に欠けることがないなら、おおむね不足ある書類・記載事項の補完で足りるものと思われる。

　高齢者を含む利用者に対するわかりやすい事前案内と適切な窓口対応で　本制度の円滑な利用が図られる。事前の周到な体制整備に加え、運用開始後も適時見直しを行い、利用しやすい制度として定着して行くことが望まれる。

　なお、立会人を自ら用意できない場合、相談に応じてくれる公証役場もある等、近年、公正証書遺言の制度も、サービス・利便性が向上している。費用の点では、法務局における自筆証書遺言の保管制度が低廉であることは否めないが、外出困難な場合は公証人に出張してもらえる。ケースに応じて、「法務局における遺言書保管制度」「公正証書遺言」の利用を取捨選択し、両制度が補完し合って、「遺言者の遺志の実現」がスムースに図られる流れとなることを期待したい。

[山田攝子]

事項索引

後継ぎ遺贈　81

遺言執行者　58, 70, 72, 74
　　——による遺贈の履行　57
　　——による移転登記の抹消　53
　　——による通知　53
　　——による特定遺贈　56
　　——の一般的な権限　52
　　——の欠格事由　67
　　——の行為の効力　65
　　——の対抗要件具備権限　55
　　——の当事者適格　54
　　——の引渡し権限　55
　　——の被告適格　53, 57
　　——の復任権　68
　　——の法的地位　65
遺言執行の妨害　70, 72, 74
遺言書閲覧請求　237, 239
遺言書情報証明書　239
遺言書保管官　233, 239, 242
遺言書保管事実証明書　239
遺言書保管所　233, 242
遺言書保管の申請　234
　　——の撤回　237
遺言書保管ファイル　236
遺言の撤回　76
遺言無効確認の訴え　53
遺産分割　22, 186
　　——と登記　3
　　——により居住建物の帰属が確定した日　139, 155
　　——の対象　21, 24
　　——の方法の指定　8
　　——を禁ずる遺言　28
　　一部の——　26
遺産分割協議　84
遺贈　198
　　——の担保責任　49
　　遺言執行者による——の履行　57
　　配偶者居住権の——　81, 87
遺留分　176, 201, 202
　　——の基礎となる財産額　194
　　——を算定するための財産　179
遺留分額　174, 194
遺留分権利者承継債務　207
遺留分侵害額　179, 194, 198
　　——の請求　203
遺留分侵害額請求権　184, 185, 187, 212
遺留分負担額　204, 206, 208
遺留分負担の順位　196
インウッド式　132

改築　107
価額弁償　187
価額割合　198
貸金庫　62
画像情報化　235
仮登記　99
仮払い制度　19
仮分割の仮処分　19, 40, 42

き

期限の許与　210
協議に代わる処分　230
共有の一般法理　161
共有持分　155
居住建物　83, 88
　　——の共有　86
　　——の共有持分　89
　　——の返還　117, 157, 159
　　——の返還義務　153, 161
　　遺産分割により——の帰属が確定した日　139, 155
居住建物取得者　141, 145
居住の用　103
居住用不動産　15
寄与分　32, 173
金融機関　34
　　複数の——　37

244　索引

具体的相続分　22, 24, 90, 229
具体的相続分説　190
区分所有　82, 83

原状回復義務　158, 159, 161
検認　238, 240, 241
顕名　65
権利濫用　139

公正証書遺言　240
合理的意思解釈　148
婚姻期間　91

財産目録　47
裁判所の自由裁量　231
残存耐用年数　131

死因贈与　197
　　配偶者居住権の――　81
自己契約　67
事実婚　223
自書　44
市場性修正　133
指定相続分の割合　229
自筆証書遺言　44
　　――の保管　234
収益価格　133
重婚的内縁　171
修繕義務　167
修繕権　111
受贈者からの譲受人　202
出頭　234, 237
使用借権類似の法定の債権　139
使用収益　120
使用貸借契約　150, 156, 158, 165
譲渡　4, 6
譲渡禁止　79
消滅時効　212
処分権限　10
審査請求　242

審判説　190

生前贈与　197, 198, 201
善管注意義務　103, 109, 120, 159

相続債権者　74
相続債務　206
　　――の承継　11, 13
「相続させる」旨の遺言　8, 58
　　――と登記　2
相続税評価額　130
相続によって得た財産の額　192
相続による権利の承継と対抗要件　2, 4, 6
　　――債権　6
　　――動産に関する権利　4
　　――不動産に関する権利　2
相続による債権の承継　7
　　――債務者対抗要件　7
　　――第三者対抗要件　7
相続人が複数いる場合の特別寄与料の負担額　228
相続人の債権者　72
相続人の履行補助者　220
相続分の移転　187
相続分の指定　184, 188
　　――と登記　2
相続分の譲渡　186
相続放棄　141
　　――と登記　3
相続を放棄した者　229
増築　107
贈与　186
　　――の順位　201
　　特別受益に該当する――　195
即時抗告　231
訴訟説　190
その他の必要費　113
損害賠償請求　121
存続期間　94, 153
　　配偶者居住権の――　94, 123, 125
存続年数　131

第三者対抗要件　7, 98

第三者による使用　148, 150
代償金　23
代償財産　163
建物所有者の承諾　151
他の共同相続人の利益を害する　41, 43

超過特別受益者　20
賃借権類似の法定の債権　79, 101, 109, 119
賃貸借契約　108, 116, 159

通常の必要費　113, 169

登記　99
　　遺産分割と──　3
　　「相続させる」旨の遺言と──　2
　　相続分の指定と──　2
　　相続放棄と──　3
登記請求権　96, 101
同性カップル　223
特定遺贈　8
　　遺言執行者による──　56
特定財産承継遺言　9, 58, 61, 63
特別寄与者　218
特別寄与料　215, 218, 221
　　──の算定基準　225
　　相続人が複数いる場合の──の負担額　228
　　療養看護の場合の──　225
特別寄与料の額　225, 227
　　──の上限　226
　　──を定める審判の判断要素　224
特別受益　32, 179
　　──に該当する贈与　195
特別の寄与　221
　　──に関する処分の調停・審判事件　231
　　──に関する審判事件の手続　230
特別の寄与制度　215

内縁準婚理論　170
内縁配偶者　222

配偶者　15, 17

　　──の死亡　79, 160
　　──の生活を維持するために特に必要があると
　　　認めるとき　93
配偶者居住権　94, 96, 98, 102, 108, 111, 112, 116, 118, 120
　　──の遺贈　81, 87
　　──の混同消滅　89
　　──の死因贈与　81
　　──の譲渡　104
　　──の消滅　114, 116, 118, 123, 125, 127, 129
　　──の消滅請求　108
　　──の存続期間　94, 123, 125
　　──の評価額　153
　　──の放棄　105
　　──を取得することについての合意　93
配偶者短期居住権　134, 136, 140, 143, 145, 150, 156, 158, 162, 167, 169
　　──の収益　148
　　──の終期　136, 141
　　──の譲渡　164
　　──の消滅　156, 158, 163
　　──の目的　147
背信的悪意者　99

引渡し　5
比準価格　133
被相続人の財産　174, 176
非復活主義　76
費用負担　113, 169

複数の金融機関　37
複数の預貯金債権　37
復任権　68
　　遺言執行者の──　68
複利現価率　131
複利年金現価率　132
不相当な対価による有償行為　183, 189
附属物　156
　　──の収去　117
負担付贈与　181, 204
不動産鑑定士　132
不当利得　25

平均余命　131
返還義務　155
便宜払い　38

妨害排除請求　101
包括的な委任　69
法定相続分説　190
法務局における遺言書の保管等に関する法律（遺言書保管法）　233
保全処分　231
保存行為　161

無資力　208

滅失　204

持戻し免除　15, 91
　　──の意思表示　16

有益費　113, 169

用法遵守義務　107, 120, 147
預貯金以外の金融商品　63
預貯金契約の解約　61
預貯金債権　18, 34
　　──の行使　36, 38
　　複数の──　37
預貯金の払戻し　61

利益相反　67
療養看護　214, 217, 219
　　──の場合の特別寄与料　225

労務の提供　217, 225

割合的包括遺贈　188
割引率　133

判例索引

明治
大連判明 41・12・15 民録 14-1276 ……………… 2
大連判明 41・12・15 民録 14-1301 ……………… 2

大正
大判大 5・11・8 民録 22-2078 ………………… 8
大判大 10・7・11 民録 27-1378 ………………… 96
大判大 11・7・6 民集 1-455 …………………… 180

昭和元年〜9年
大決昭 2・9・17 民集 6-501 …………………… 68
大判昭 5・6・16 民集 9-550 …………………… 70
大判昭 9・9・15 民集 13-1792 ………… 183,201

昭和10年〜19年
大判昭 11・6・17 民集 15-1246 ………………… 183

昭和20年〜29年
最判昭 28・9・25 民集 7-9-979 ………………… 108
最判昭 28・12・18 民集 7-12-1515 ……………… 100
最判昭 29・4・8 民集 8-4-819 …………… 6,34,38

昭和30年〜39年
最判昭 30・4・5 民集 9-4-431 ………………… 100
最判昭 30・5・10 民集 9-6-657 ………………… 64
最判昭 31・4・24 民集 10-4-417 ………………… 99
最判昭 31・9・18 民集 10-9-1160 ……………… 53
最判昭 32・12・3 民集 11-13-2018 …………… 124
最判昭 33・4・11 民集 12-5-789 ……………… 170
最判昭 34・6・19 民集 13-6-757 ……… 10,12,206
京都地判昭 34・7・4 下民集 10-7-1458 ……… 113
最判昭 35・7・19 民集 14-9-1779 …………… 202
最判昭 36・12・21 民集 15-12-3243 ………… 129
最判昭 37・5・29 家月 14-10-111 ……………… 45
最判昭 38・2・22 民集 17-1-235 ………………… 2
最判昭 39・3・6 民集 18-3-437 ……………… 9,70
最判昭 39・10・13 民集 18-8-1578 …………… 171

昭和40年〜49年
最判昭 40・12・21 民集 19-9-2221 …………… 99
最判昭 41・5・19 民集 20-5-947 ……… 86,115,154,172

最判昭 42・1・20 民集 21-1-16 ………………… 3
最判昭 42・11・24 民集 21-9-2460 …………… 148
最判昭 43・5・31 民集 22-5-1137 ……………… 56
東京家審昭 44・2・24 家月 21-8-107 ………… 162
最判昭 44・10・30 民集 23-10-1881 ………… 4,59
最判昭 45・5・22 民集 24-5-415 ……………… 89
最判昭 45・10・16 民集 101-77 ………………… 95
最判昭 46・1・26 民集 25-1-90 ………………… 3
最判昭 48・11・22 金法 708-31 ………………… 6
東京家審昭 49・3・25 家月 27-2-72 …………… 16
最判昭 49・4・26 民集 28-3-540 ………………… 9
大阪高判昭 49・12・19 民集 30-7-778 ……… 203

昭和50年〜59年
仙台地判昭 50・2・27 判時 804-78 …………… 47
最判昭 50・11・7 民集 29-10-1525 …………… 87
東京高決昭 51・4・16 判タ 347-207 …………… 16
最判昭 51・8・30 民集 30-7-768 ……………… 210
名古屋地判昭 51・9・28 民集 36-3-244 ……… 203
最判昭 52・9・19 家月 30-2-110 ……………… 162
最判昭 54・4・17 民集 33-3-366 ……………… 41
最判昭 57・3・4 民集 36-3-241 …… 202,208,212
大阪地判昭 57・10・25 判タ 489-105 ………… 46
大阪高判昭 57・11・30 家月 36-1-139 ……… 222
最判昭 58・3・18 家月 36-3-143 ……………… 81
最判昭 58・4・14 民集 37-3-270 ……………… 171

昭和60年〜64年
最判昭 61・11・20 民集 40-7-1167 …………… 171
最判昭 62・4・23 民集 41-3-474 ……………… 70
最判昭 62・10・8 民集 41-7-1471 ……………… 44

平成元年〜9年
東京高決平元・12・28 家月 42-8-45 ………… 214
最判平 3・4・19 民集 45-4-477
……………………………… 8,58,60,70,72,74,210
最判平 5・7・19 家月 46-5-23 ……………… 2,74
最判平 5・10・19 家月 46-4-27 ………………… 44
最判平 7・1・24 判時 1523-81 ………………… 58
最判平 7・6・9 判時 1539-68 ………………… 213
最判平 8・1・26 民集 50-1-132 ……………… 190
東京高決平 8・8・26 家月 49-4-52 …………… 16

最判平 8・11・26 民集 50-10-2747
　……………………………… 190, 192, 194, 206
最判平 8・12・17 民集 50-10-2778
　………………… 88, 104, 106, 134, 136, 138,
　　　　　　　140, 142, 144, 148, 150, 152, 154,
　　　　　　　156, 158, 160, 162, 166, 168, 171, 172
東京地判平 9・1・30 判時 1612-92 ……… 113, 168
東京高決平 9・6・26 家月 49-12-74 ……………16
最判平 9・11・13 民集 51-10-4144 ……………77

平成 10 年～19 年
最判平 10・2・26 民集 52-1-255 ……………… 171
最判平 10・2・26 民集 52-1-274
　………………………… 188, 196, 197, 198, 210
最判平 10・2・27 民集 52-1-299 ………… 55, 58
最判平 10・3・24 民集 52-2-433 ………… 178, 204
最判平 11・2・25 集民 191-391………………… 95
高松高決平 11・3・5 家月 51-8-48 ……………16
最判平 11・12・16 民集 53-9-1989 …… 54, 58, 60
最判平 12・2・24 民集 54-2-523 ………… 25, 191
東京高判平 12・3・8 高民集 53-1-93 ……… 196
東京家審平 12・3・8 家月 52-8-35 ……… 215, 224
最決平 12・3・10 民集 54-3-1040 ……… 170, 222
最判平 12・4・7 集民 198-1 …………… 142, 161
札幌高決平 14・4・26 家月 54-10-54 …………44
最判平 14・6・10 家月 55-1-77 …… 2, 58, 70, 72, 74
最判平 16・4・20 家月 56-10-48 ………………34
東京地判平 19・7・12 判時 1996-51………………46

平成 20 年～29 年
最判平 21・3・24 民集 63-3-427 …… 10, 12, 74, 206
東京高決平 22・9・13 家月 63-6-82 …… 214, 220
最決平 24・1・26 家月 64-7-100 …… 179, 184, 188
最大決平 25・9・4 民集 67-6-1320 …………… 173
最判平 26・2・25 民集 68-2-173 ………………62
最大決平 28・12・19 民集 70-8-2121
　……………………………… 18, 34, 36, 38, 40, 42
最判平 29・4・6 集民 255-129 …………………34

平成 30 年～31 年
最判平 30・10・19 民集 72-5-900 …………… 187

条文索引

●新民法
- 1条 … 138, 139
- 94条 … 29, 70
- 96条 … 76
- 99条 … 64
- 105条 … 69
- 108条 … 66, 67
- 166条 … 213
- 177条 … 2, 3, 9, 71, 99
- 178条 … 4, 5, 9, 59
- 179条 … 89
- 192条 … 29
- 196条 … 113, 168, 169
- 198条 … 100
- 200条 … 100
- 206条 … 120
- 248条 … 107
- 249条 … 87, 115
- 250条 … 222
- 252条 … 86, 115, 161
- 253条 … 229
- 395条 … 143
- 400条 … 103
- 466条 … 105
- 467条 … 5, 6, 7, 9
- 472条 … 11
- 478条 … 7, 18, 19, 24, 29, 38, 39
- 520条 … 88, 89
- 550条 … 201
- 551条 … 49
- 554条 … 81, 197
- 583条 … 113, 159, 166, 168, 169
- 593条 … 114, 122
- 594条 … 106, 120, 126, 150
- 595条 … 112, 166, 167, 168
- 597条 … 79, 114, 122, 123, 129, 151, 160, 161
- 598条 … 95
- 599条 … 116, 117, 118, 156, 157, 158
- 600条 … 113, 121, 169
- 601条 … 78, 100, 101, 114
- 604条 … 115
- 605条 … 78, 81, 96, 99, 100, 101, 128
- 605条の2 … 100, 128
- 605条の4 … 100, 101
- 606条 … 110, 167
- 607条の2 … 110
- 608条 … 112, 169
- 612条 … 78, 107, 108, 109, 120, 127
- 613条 … 127, 128, 129
- 615条 … 167
- 616条の2 … 115, 124, 125, 129, 163
- 621条 … 109, 118, 119, 159, 161
- 622条 … 116
- 643条 … 218
- 644条 … 59
- 648条 … 223
- 656条 … 218, 223
- 697条 … 218, 223
- 702条 … 223
- 703条 … 218, 223
- 709条 … 159
- 725条 … 217, 218
- 730条 … 217
- 752条 … 139, 217
- 760条 … 170
- 762条 … 80, 215, 221
- 768条 … 170, 222
- 877条 … 93, 217, 219
- 887条 … 174, 194
- 890条 … 218
- 891条 … 136, 137, 218
- 892条 … 137, 218
- 898条 … 80, 82, 86, 88
- 899条 … 11, 80, 82, 86, 88
- 899条の2 … 3, 5, 7, 9, 55, 59, 71, 75
- 900条 … 80, 82, 84, 86, 88, 161, 174, 175, 176, 179, 180, 181, 183, 184, 185, 187, 193, 194, 195, 229
- 901条 … 174, 175, 176, 193, 194, 195, 229
- 902条 … 11, 193, 195, 229
- 902条の2 … 11, 13, 229
- 903条 … 15, 17, 20, 23, 91, 153, 193, 195
- 904条 … 174, 193, 194, 195, 204, 205
- 904条の2 … 214, 216, 220, 221, 222, 225, 226, 227
- 906条 … 30, 32

条文	頁
906条の2	19, 21, 23, 25
907条	27, 29, 31, 33
908条	8, 28, 29, 60
909条	3, 73
909条の2	19, 34, 36, 39, 41
915条	238
939条	3, 218
958条の2	220
958条の3	218, 220, 222
968条	44, 45, 47, 232, 233, 237, 241, 242
969条	232
986条	81, 91
990条	188
998条	49, 51
1002条	80, 82, 87
1004条	238, 240, 241
1005条	240
1006条	68
1007条	53, 59
1010条	68
1011条	62
1012条	53, 57, 59, 61, 65
1013条	71, 72, 75
1014条	5, 9, 55, 59, 61, 63, 197, 211
1015条	53, 57, 65, 67
1016条	69
1022条	76, 237, 239
1023条	76, 239
1024条	76
1025条	76, 77
1027条	81, 82, 87
1028条	15, 79, 81, 83, 85, 87, 89, 91, 93, 101, 103, 109, 111, 112, 117, 119, 120, 137, 152, 159
1029条	79, 93
1030条	79, 81, 85, 95, 101, 107, 123, 125, 127, 149
1031条	79, 81, 83, 85, 89, 97, 99, 101
1032条	79, 103, 105, 107, 109, 113, 115, 120, 125, 127, 129, 147, 149, 165
1033条	79, 111, 119, 167
1034条	79, 111, 113, 159, 167, 169
1035条	79, 109, 115, 117, 119, 123
1036条	79, 113, 114, 121, 123, 125, 127, 129
1037条	107, 135, 137, 138, 141, 143, 145, 149, 151, 152, 154, 157, 160, 163, 167, 169
1038条	107, 147, 149, 151, 159
1039条	153, 159
1040条	117, 153, 155, 157, 159, 161
1041条	111, 153, 159, 160, 163, 165, 167, 169
1042条	175, 177, 181, 185, 187, 194, 197
1043条	177, 181, 194, 197, 199, 201, 205
1044条	15, 179, 181, 195, 199, 201, 205
1045条	181, 183, 189, 199, 201, 205
1046条	177, 179, 181, 183, 185, 187, 189, 191, 193, 194, 205, 207, 209, 211, 213
1047条	183, 196, 198, 201, 203, 205, 207, 209, 211
1048条	213
1050条	215, 217, 218, 221, 223, 224, 227, 229, 230

●改正法附則

条文	頁
5条	35
11条	41

●旧民法

条文	頁
885条	189
902条	184, 185, 189
903条	14, 16, 22, 90, 174, 178, 186, 194, 195, 204
907条	28, 31
964条	8, 189
968条	46
998条	48, 51
1000条	50, 51
1012条	52, 54, 56, 58
1013条	52, 54, 56, 70, 72, 74
1014条	56
1015条	52, 53, 64, 65, 66, 68
1016条	68
1025条	76, 77
1028条	174, 175, 176, 179, 180, 184, 187, 190, 192, 194
1029条	176, 177, 178, 180, 182, 190, 192, 194, 204
1030条	178, 180, 182, 186, 194
1031条	179, 180, 183, 188, 190, 192, 204, 206, 210, 212
1033条	183, 196, 208, 209
1034条	198, 208, 209
1035条	200, 208, 209
1036条	189
1037条	208
1038条	180, 194, 205
1039条	178, 182, 189, 194
1040条	187, 202, 203, 205
1041条	183, 202, 207, 210

1042条 ……………………………………… 212
1044条 … 174, 176, 178, 184, 186, 194, 195, 204, 205

●債権法改正前民法
105条 ………………………………… 68, 69
106条 ……………………………………… 69
108条 ……………………………………… 67
166条 …………………………………… 213
167条 …………………………………… 213
551条 ………………………………… 48, 50
597条 ……………… 102, 104, 147, 148, 164
599条 …………………………………… 160

●家事事件手続法
73条 ……………………………………… 27
192条 …………………………………… 231
196条 ……………………………………… 97
200条 ……………………………… 19, 35, 40, 43
216条の2 ………………………………… 230
216条の3 ………………………………… 231
216条の4 ………………………………… 231
216条の5 ………………………………… 231
244条 …………………………………… 231
245条 …………………………………… 231

●法務局における遺言書の保管等に関する法律
1条 ……………………………………… 233
2条 ………………………………… 233, 242
3条 ……………………………………… 233
4条 ………………………………… 234, 241, 242

5条 ……………………………………… 234
6条 ……………………………………… 236
7条 ……………………………………… 236
8条 ……………………………………… 237
9条 ………………………………… 233, 237, 239
10条 ……………………………… 233, 239
11条 …………………………………… 241
12条 ………………………………… 239, 242
13条 …………………………………… 243
16条 …………………………………… 242

●借地借家法
10条 …………………………………… 100
15条 ……………………………………… 89
28条 ……………………………………… 94
31条 …………………… 78, 79, 98, 100, 101, 107, 128

●相続税法
21条の6 …………………………………… 91

●建物の区分所有等に関する法律
1条 …………………………………… 82, 83

●不動産登記法
3条 ……………………………………… 96
54条 ……………………………………… 82
60条 ……………………………………… 5, 8
63条 …………………………………… 5, 8, 60, 97
69条 …………………………………… 123
105条 ……………………………………… 99

【編著者】

潮見佳男	京都大学大学院法学研究科教授
窪田充見	神戸大学大学院法学研究科教授
中込一洋	弁護士
増田勝久	弁護士
水野紀子	白鷗大学法学部教授
山田攝子	弁護士

Before/After 相続法改正

2019（令和元）年6月30日　初版1刷発行
2020（令和2）年6月15日　同　4刷発行

編著者	潮見佳男・窪田充見・中込一洋 増田勝久・水野紀子・山田攝子
発行者	鯉渕　友南
発行所	株式会社 弘文堂　101-0062 東京都千代田区神田駿河台1の7 TEL03(3294)4801　振替00120-6-53909 https://www.koubundou.co.jp
装　丁	笠井亞子
印　刷	大盛印刷
製　本	井上製本所

Ⓒ 2019 Yoshio Shiomi. et al. Printed in Japan.

JCOPY 〈(社)出版者著作権管理機構 委託出版物〉
本書の無断複写は著作権法上での例外を除き禁じられています。複写される場合は、そのつど事前に、出版者著作権管理機構（電話 03-5244-5088、FAX 03-5244-5089、e-mail : info@jcopy.or.jp）の許諾を得てください。
また、本書を代行業者等の第三者に依頼してスキャンやデジタル化することは、たとえ個人や家庭内での利用であっても一切認められておりません。

ISBN978-4-335-35770-1

---- 好評発売中 ----

Before/After 民法改正

潮見佳男・北居功・高須順一
赫高規・中込一洋・松岡久和＝編著

改正の前後で、どのような違いが生じるのかを、シンプルな設例（Case）をもとに、「旧法での処理はどうだったか」(Before)、「新法での処理はどうなるか」(After) に分け、民法学者・実務家が、見開き2頁でわかりやすく解説。　A5判　504頁　本体3300円

実務解説 改正債権法［第2版］

日本弁護士連合会＝編

改正の経緯・条文の趣旨・実務への影響がこの1冊でわかる。日弁連バックアップチームによる逐条解説書。　A5判　600頁　本体4000円

実務解説 改正債権法附則

中込一洋＝著

改正債権法施行後のトラブル予防や早期解決に役立つ「附則」に特化した逐条解説書。経過措置対照表も有用。A5判　184頁　本体2000円

実務解説 改正相続法

中込一洋＝著

相続をめぐるトラブルの予防や早期解決をめざし、部会資料や会議録等を丁寧に読み込んだ逐条解説書。　A5判　368頁　本体2800円

詳解 相続法

潮見佳男＝著

642の具体的なCaseで、最新の相続法の全体像を詳説した信頼の厚い基本書。平成30年改正に完全対応。A5判　616頁　本体4000円

＊定価（税抜）は、2020年6月現在のものです。